AF454348

PETIT GUIDE PRATIQUE

DE

JARDINAGE

PETIT GUIDE PRATIQUE

DE

JARDINAGE

CRÉATION ET ENTRETIEN D'UN PETIT JARDIN — CULTURE ET MULTIPLICATION
DES VÉGÉTAUX — PLANTES POTAGÈRES — ARBRES FRUITIERS
ARBRES ET ARBUSTES D'ORNEMENT — PRINCIPALES FLEURS RUSTIQUES
— GAZONS — CALENDRIER DES SEMIS ET TRAVAUX, ETC., ETC.

PAR S. MOTTET

Membre de la Société nationale d'Horticulture
de France.

AVEC 340 FIGURES DANS LE TEXTE

PARIS

OCTAVE DOIN, ÉDITEUR

8, PLACE DE L'ODÉON

—

1894

PRÉFACE

Ce petit ouvrage s'adresse tout particulièrement à l'*amateur de jardinage*, celui qui veut cultiver lui-même le terrain dont il dispose, autant
et plus peut-être pour son agrément personnel
et l'exercice salutaire que ce travail lui fournit
que pour les produits qu'il peut en tirer. Toutefois, ceux-ci sont d'autant plus estimés qu'ils
constituent la juste récompense des efforts que
leur production a coûté.

Nous n'avons pas même l'idée de vouloir indiquer, dans ces quelques pages, toutes les finesses
du métier ; mais, en nous restreignant aux no-
tions élémentaires, aux points essentiels de la
pratique, peut-être arriverons-nous, sinon à rendre l'amateur un parfait jardinier, du moins à
lui éviter quelques insuccès. On ne s'étonnera
donc pas de l'insistance que nous avons mise à
traiter certaines questions élémentaires, car de

leur connaissance parfaite dépend souvent tout le résultat final.

C'est en particulier des soins culturaux que traite cette brochure et surtout des plantes qui croissent en pleine terre, légumes ou fleurs, sans exiger d'autre abri qu'un châssis ou une cloche à certain moment de l'année, pour avancer leur développement ou pour les protéger des froids excessifs.

Le nombre des plantes qui rentrent dans cette catégorie est excessivement grand et ne saurait trouver place dans un cadre aussi restreint ; c'est donc par élimination que nous avons procédé aux choix des plantes à mentionner, afin de ne nous occuper que des plus utiles pour le ménage et des plus belles pour l'ornement du jardin. Nous nous sommes en outre attaché à décrire leur culture et leur emploi, bien plus que leurs caractères distinctifs, travail que les grands ouvrages ou ceux qui sont spéciaux à telle ou telle sorte de végétaux peuvent seuls entreprendre. Toutefois, les très nombreuses figures qui illustrent notre texte montrent si nettement le port et les caractères des plantes, qu'elles complètent heureusement les indications sommaires que nous avons données.

C'est à l'inépuisable obligeance de MM. Vilmorin-Andrieux et Cⁱᵉ que nous devons le prêt gracieux de ces magnifiques réductions, faites d'après les belles figures qui illustrent leurs importantes publications, notamment les *Plantes potagères* et les *Fleurs de pleine terre*, ouvrages excessivement importants et d'une grande autorité.

Les figures de greffes et beaucoup de celles illustrant le chapitre des arbres fruitiers ont aussi été extraites de l'excellent *Traité d'Horticulture pratique* de M. G. Bellair.

D'autre part, l'Éditeur a fait des sacrifices pour donner à notre livre une forme élégante et l'offrir à un prix inférieur à celui des publications similaires.

Si nous sommes ainsi parvenu à réunir l'utile et l'agréable, à initier l'amateur débutant à la pratique du jardinage et à lui faire connaître les plantes les plus utiles et les plus belles, ce sera là notre plus vive satisfaction.

S. MOTTET.

PETIT GUIDE PRATIQUE

DE JARDINAGE

LE JARDIN

Les dimensions et le tracé d'un jardin sont, on le comprend, excessivement variables et subordonnés au but qu'on se propose, à la configuration du terrain et aux cultures que l'on désire y pratiquer.

Toutefois, en n'envisageant qu'un jardin d'amateur, dont la surface n'a que quelques centaines de mètres, on conçoit facilement qu'il devra être affecté à différentes cultures d'agrément et productrices. Le tracé devra donc en être effectué selon la disposition du terrain, de façon à se prêter le plus avantageusement à ces différentes cultures.

On divise ordinairement un jardin en trois parties distinctes : le *jardin d'agrément*, touchant ou entourant l'habitation, le *jardin potager* et le *jardin fruitier* contigus à celui-ci ; toutefois, quand l'espace fait défaut, ces deux dernières parties sont ordinairement réunies en une seule, et la culture y devient alors *mixte*.

Le *jardin d'agrément* est celui qui demande le plus

de goût et le plus de soins pour son tracé. Tout doit être prévu et soigneusement examiné, de façon à éviter les retouches futures, qui sont coûteuses et déparent souvent l'effet d'ensemble.

Il existe deux modes de *tracé :* celui dit *à la française,* se composant de lignes géométriques et de surfaces planes, et celui dit *à l'anglaise* ou *style paysager,* se composant de lignes courbes et de surfaces vallonnées ; c'est à ce dernier style qu'on accorde le plus généralement la préférence, même pour les petites surfaces.

Toutefois, quand celle-ci est très étroite par rapport à sa longueur, et qu'on ne peut décrire des courbes à rayon suffisamment développé, il est préférable d'employer le premier mode de tracé.

Le centre des motifs à la française est ordinairement garni de gazon et le tour disposé en plate-bande, pour la culture des fleurs, avec bordure de Buis.

Dans le style paysager, les allées ne doivent pas être trop nombreuses ni trop étroites ; chaque partie est couverte de gazon sur lequel on découpe des massifs ou corbeilles arrondies ou ovales, principalement aux angles d'intersection, et on place, sur les points bien en vue, de belles plantes isolées. Les allées sont ici bordées par le gazon lui-même. Les murs, les clôtures et autres objets peu agréables à l'œil doivent toujours être cachés par des arbustes, comprenant un certain nombre d'essences à feuilles persistantes, de façon à laisser ignorer leur existence.

Le *jardin potager* et le *jardin fruitier* occuperont la partie restante de la propriété ; selon l'étendue de celle-ci, on pourra les séparer ou les réunir en un *potager-fruitier* ou jardin mixte, comme nous l'avons dit précédemment. On tracera une large allée dans le milieu, puis une autre plus étroite longeant la clôture, à environ 1 mètre de distance, et, si la surface le comporte, on crééra aussi une ou plusieurs allées transversales. Chaque carré sera ensuite divisé en planches d'environ 1 m. 20 de large, séparées par des sentiers de 30 centimètres. Quand il y a lieu d'y planter des arbres fruitiers, autres que ceux garnissant les murs, on devra placer ceux-ci au bout des planches, en leur donnant une forme restreinte, telle que celles en pyramide, fuseau, contre-espalier ou cordon. Il est presque toujours nécessaire qu'un jardin soit clos, et si cela se peut par des murs de 2 à 3 mètres ; malgré leur prix de revient assez élevé, ils offrent de nombreux avantages, dont le principal réside dans l'utilisation de leurs faces pour la culture en espalier de plusieurs arbres fruitiers ou d'ornement ; ils forment en outre le meilleur abri contre les vents et captent une somme considérable de chaleur solaire.

L'amateur, achetant le plus souvent toutes venues les plantes qu'il désire cultiver, à tout avantage à s'adresser à des horticulteurs consciencieux, vendant il est vrai un peu plus cher, mais fournissant aussi des plantes bien portantes et sûrement de la variété qu'on leur demande.

LA PLANTE

La plante est un être organisé, qui vit et croît à l'aide d'éléments qu'il emprunte simultanément au sol et à l'atmosphère ; mais, deux autres facteurs, la chaleur et l'humidité, influent aussi d'une façon non moins importante sur son développement. Pour qu'une plante puisse parcourir normalement le cycle de son existence, il faut que ces éléments lui fournissent ce dont elle a besoin, autrement dit que le milieu lui soit approprié.

Le jardinage n'est en somme que l'art de domestiquer les plantes qui nous intéressent à un point de vue quelconque, c'est-à-dire de les faire naître et croître où et quand nous voulons, pour nos besoins ou notre agrément. Mais comment les faire naître et que leur faut-il pour qu'elles croissent? Sur ces deux questions reposent la plus grande partie de la science du jardinage, car chaque espèce a un mode de développement et de reproduction qui lui sont propres. On ne saurait donc trop s'attacher à connaître ces deux points excessivement importants.

Les plantes, on le sait, n'ont point été créées par l'homme, la plupart de celles qui existent dans nos jardins croissent à l'état sauvage, c'est-à-dire naturellement sur quelque point de la terre, dans les champs ou les bois, sur les montagnes ou les vallées, sur le bord des eaux ou dans les lieux arides, dans les zônes tempérées ou tropitales, et le sol ou elles enfoncent leurs racines est tantôt calcaire, granitique ou siliceux, tantôt argileux ou schisteux. De la nature du lieu qu'elles habitent viennent leurs besoins, et elles ne peuvent croître ailleurs que lorsqu'elles y trouvent à peu près les mêmes éléments.

Quant à leur mode de reproduction, il s'effectue, à l'état spontané, le plus souvent par production de graines. Toutefois, plusieurs de leurs organes tels que les tiges, les racines et même les feuilles sont susceptibles de reproduire, par voie de sectionnement, un individu en tout semblable à celui dont ils proviennent, lorsqu'on place ces organes dans des condi-

tions favorables. Nous reviendrons du reste spécialement et plus longuement sur ce sujet, au chapitre
de la *Multiplication*.

La durée et la constitution des plantes sont excessivement variables ; les unes ne vivent qu'un ou deux
ans et meurent après leur première fructification,
on les nomme pour cette raison *annuelles* ou *bisannuelles ;* d'autre persistent pendant un temps indé-
fini, ce sont des plantes *vivaces* lorsque leurs tiges
sont herbacées, des *arbustes* ou des *arbres* quand
leurs tissus deviennent ligneux, c'est-à-dire du bois.

Les unes ont des racines fibreuses, chez d'autres
elles sont épaisses et charnues, d'autre encores ont
pour système végétatif un renflement souterrain que
l'on nomme un *rhizome* s'il est allongé et rampant, un
tubercule s'il est de consistance solide, un *bulbe* s'il
est formé de feuillets qui se recouvrent plus ou moins
les uns les autres.

De même que les racines sont les organes absor-
bant les matières du sol nécessaires à la plante, les
feuilles sont les organes qui puisent dans l'atmosphère
le complément des éléments nutritifs.

La fleur, qui fait l'objet de notre admiration chez
beaucoup de plantes, n'est, on le sait, que la réunion
des organes propres à la reproduction de l'espèce ;
ce sont : le *calice* et la *corolle*, que l'on nomme collectivement enveloppes florales parce qu'ils ne servent
qu'à protéger les organes essentiels placés au centre,
et qui sont les *étamines* ou organes mâles, et le *pistil*
ou organe femelle, renfermant des *ovaires* qui de-
viendront par la suite des graines ou œufs propres à
reproduire l'espèce.

Nous avons tenu à faire un rapide examen de la
manière d'être des végétaux et surtout des éléments

nécessaires à leur existence et à leur accroissement, parce qu'il est très important de ne jamais les perdre de vue.

Nous entrerons maintenant dans les détails pratiques concernant les diverses opérations de la *culture* et de la *multiplication* générale des plantes; puis nous mentionnnerons sommairement, en chapitres spéciaux, les principales *plantes potagères*, les *arbres fruitiers*, les *arbres et arbustes d'ornement*, et enfin les *fleurs* qu'il est possible de cultiver dans un jardin d'amateur. Un chapitre spécial sera consacré aux *gazons*, et un calendrier des semis et plantations terminera notre travail.

CHAPITRE PREMIER

CULTURE

Par culture, on entend les soins que les plantes introduites exigent pour vivre et atteindre le terme de leur complet développement. Pour cultiver une plante avec succès et selon ce qu'on désire en obtenir, il est nécessaire de connaître son organisation, son tempérament, son mode de végétation, ses besoins, son degré de résistance, etc.

D'autre part, il faut aussi connaître les moyens et les procédés dont dispose la pratique du jardinage, de façon à appliquer à la plante le traitement le plus favorable, celui qui assurera le plus certainement sa réussite.

Les principaux éléments et les opérations culturales les plus importantes sont :

Les éléments

LE SOL

Le sol est, on le sait, l'élément dans lequel les végétaux enfoncent leurs racines pour y puiser les matières nécessaires à leur développement ; sa nature a une très grande importance au point de vue cultural. Les meilleures terres sont celles argilo-siliceuses (terre franche), profondes et saines ; mais, comme on est, le plus souvent, obligé de cultiver celle qui se présente, il faut faire son possible pour en modifier la nature, en y apportant, quand cela se peut, les éléments qui y font défaut. Celles qui sont fortes et compactes gagneront beaucoup à recevoir des amendements calcaires, tels que du plâtre ou de la marne ; les terres trop légères seront, au contraire, avantageusement modifiées par l'addition de terre argileuse ou de terreau gras, de préférence. Quand le sous-sol est humide, il ne faut pas hésiter à ouvrir des fossés ou mieux encore à poser des tuyaux de drainage, car, dès que les racines touchent l'eau stagnante, elles pourrissent et la plante périt.

Selon la nature du sous-sol, les défoncements fournissent aussi le moyen de modifier la terre végétale. Toutes les terres, et surtout celles de nature compacte, gagnent à être bêchées profondément, au moins une fois par an, à l'entrée de l'hiver, en les laissant en grosses mottes, afin que les pluies et les gelées les désagrègent et les pénètrent entièrement. On les laisse en cet état jusqu'au printemps, époque à laquelle on les laboure de nouveau en y enfouissant une bonne quantité d'engrais.

L'EAU ET LES ARROSEMENTS

L'eau est un élément absolument indispensable à tous les végétaux ; c'est par son intermédiaire que les matières nutritives des plantes contenues dans le sol sont dissoutes, puis transportées dans les tissus.

Le but des arrosements est de fournir aux plantes l'eau dont elles ont besoin pour leur développement, quand le sol n'en contient plus une quantité suffisante. On doit, de préférence, et surtout pour les plantes en pots, employer de l'eau qui a séjourné à l'air et, si cela se peut, au soleil pendant un certain temps, car les eaux des fontaines sont trop froides, et, comme on dit familièrement, trop dures.

Il y a toujours avantage à se servir de la pomme de l'arrosoir pour la répandre sur les plantes, et la quantité doit en être suffisante pour que toute la terre dans laquelle plongent les racines soit bien imprégnée; il vaut mieux arroser moins souvent et chaque fois copieusement. Lorsqu'on ne donne qu'une petite quantité d'eau, c'est la couche superficielle seule qui est humectée, tandis que le fond, où se trouvent la plupart des racines, reste constamment sec. Quand les plantes se trouvent placées dans de telles conditions pendant un certain temps, elles perdent bientôt leurs feuilles inférieures et n'émettent que des pousses courtes et chétives. Si, au contraire, l'eau séjourne dans le sous-sol, les racines pourrissent et l'état maladif de la plante ne tarde pas à se manifester. L'excès dans les deux sens se fait plus durement sentir chez les plantes en pots que chez celles qui sont en pleine terre.

Les arrosements doivent être administrées le matin et le soir, ou seulement à ce dernier moment pendant tout l'été; le matin pendant le printemps et l'automne; enfin, au milieu du jour pendant l'hiver, lorsqu'il y a lieu d'humecter les plantes que l'on hiverne sous châssis ou en serre.

LES BASSINAGES

Le bassinage consiste à mouiller simplement le feuillage des plantes, à l'aide d'un arrosoir à pomme

très fine, ou mieux, d'une seringue. Cette opération
est d'une très grande utilité pendant l'été pour les
plantes qui croissent avec vigueur; elle les débar-
rasse simultanément de la poussière et autres substances qui se déposent sur leurs feuilles, et leur fournit une certaine somme d'humidité atmosphérique qui
favorise beaucoup la végétation. Les bassinages ne
doivent jamais être administrés pendant le plein soleil; pendant l'été, c'est surtout le soir qu'ils ont un
effet salutaire. Nous avons dit dans le premier chapitre que la plante absorbait, à l'aide de ses feuilles,
les éléments chimiques contenus dans l'air, et éva-
porait ceux qui lui étaient inutiles; or, les bassinages favorisent beaucoup ces fonctions.

LA CHALEUR

La chaleur est aussi un des éléments indispensables de la végétation, et de ceux dont l'influence
bienfaisante se fait le plus visiblement sentir. Au
point de congélation, rien ne pousse; mais, à partir
de deux ou trois degrés, certaines plantes montrent
des signes évidents d'activité. Depuis ce point jusqu'à
trente degrés et même plus, il est des plantes exigeant tous les degrés intermédiaires.

Le degré de chaleur qu'exige chaque plante, de
même que les autres conditions climatériques, sont
ceux dont elle jouit dans son pays natal, et c'est pour
satisfaire à ce besoin qu'il est utile de connaître son
origine. Toutes les plantes qui peuvent résister à nos
hivers sont dites *rustiques*, et *demi-rustiques* quand
une légère protection leur suffit; toutes celles qui ne
peuvent supporter aucune gelée sont *de serre;* parmi
ces dernières, celles qui prospèrent chez nous en

plein air pendant l'été sont dites *d'orangerie* ou *serre froide*, et celles exigeant sans cesse la serre sont dites de *serre tempérée* ou *chaude*, selon leurs besoins. Toutes ces dernières ne rentrent pas dans le cadre de cet ouvrage ; les autres au contraire peuvent trouver place dans les petits jardins, où il devient possible de leur donner l'*abri* qu'elles exigent.

LES ENGRAIS

On nomme engrais toutes les matières propres à fertiliser la terre et à fournir aux plantes les éléments dont elles ont besoin pour leur développement. Les engrais sont de deux sortes; ils comprennent : 1° tous les résidus animaux et végétaux, que l'on nomme *engrais organiques ;* 2° les différents composés minéraux tels, que les nitrates, phosphates, etc., qui constituent les *engrais inorganiques* ou, plus familièrement, les *engrais chimiques.*

Ces derniers rendent aujourd'hui de grands services à l'agriculture et leur usage tend même à pénétrer dans la petite culture ; toutefois, leur emploi judicieux demande des connaissances spéciales, en dehors de la simple pratique du jardinage ; on pourra cependant les utiliser avantageusement pour les plantes en pots, mais alors sous forme d'engrais complet et en dissolution. Du reste, les engrais chimiques ne doivent être considérés que comme engrais complémentaire, car ils ne font pas de l'humus ou terreau et cet élément est indispensable à la végétation.

Les débris d'origine végétale ou animale constituent tous un engrais appréciable; mais le fumier bien décomposé est, on le sait, le meilleur engrais qu'on puisse employer. Le fumier de cheval, et en particulier celui provenant de vieilles couches, convient surtout aux terres un peu lourdes, tandis que ceux de vache et de porc donnent du corps aux terres trop légères ; toutefois, le choix n'a rien d'indispensable, et on peut employer sans crainte celui dont on dispose. Les fumiers de moutons, chèvres, lapins, poules, etc., sont aussi très précieux.

LE PAILLIS

Le paillis est un lit peu épais de fumier fait, tel que celui provenant de vieilles couches, étendu sur la terre des corbeilles nouvellement garnies de leurs plantes, sur les planches de légumes, au pied des arbres récemment plantés, etc. Ce fumier maintient d'abord la fraîcheur, préserve les racines de l'action directe des rayons du soleil et cède ensuite à la terre tous ses principes fertilisants, par l'intermédiaire de l'eau des pluies ou des arrosages. Le paillis n'est point désagréable a l'œil et est d'une grande utilité aux plantes à végétation rapide.

LES COMPOSTS

On entend par compost un mélange approprié de différentes sortes de terres, d'engrais et autres matières, préparé en vue de la mise en pots, du rempotage ou du rechaussage des plantes auquel on le destine. La terre franche ou terre à blé (argilosiliceuse) forme la base des composts les plus courants. La terre de bruyère, le terreau de couche et le sable sont les autres éléments d'un emploi le plus fréquent. Puis, viennent la terre de Saule, qu'on ex-

trait des vieux arbres, la terre de fournaise, le charbon de bois, le sphagnum, la brique pilée, sans parler d'autres substances telles que la suie, les débris
de corne et même les engrais chimiques qu'on y incorpore parfois.

L'introduction de ces diverses matières dans un
compost et la quantité elle-même sont naturellement
subordonnées au besoin des plantes. La terre franche
et le terreau en quantités égales forment un compost
convenable à beaucoup de plantes herbacées. La
terre de bruyère s'emploie avec avantage pour les
semis, boutures, etc., et pour les plantes en pots qui
ont peu besoin d'humus et qui redoutent le calcaire;
le sable et la brique conviennent à celles qui redoutent l'humidité stagnante, notamment aux plantes
grasses. La préparation d'un compost ne doit se faire
que lorsque les terres ne sont ni trop humides ni
trop sèches, et autant que possible un certain temps
avant son emploi.

Les opérations culturales

L'EMPOTAGE ET LES REMPOTAGES

L'empotage est la mise en pot d'une plante, et le
rempotage celle de son transfert dans un autre pot de
plus grandes dimensions ou simplement le renouvellement de la terre que celui-ci contient. Ces travaux
demandent toujours à être pratiqués avec beaucoup
de soins. Il faut d'abord et toujours *drainer* convenablement le fond du pot, c'est-à-dire placer un morceau de pot cassé, que l'on nomme *tesson*, sur le
trou, puis plusieurs autres petits tout autour et au

besoin même une poignée de petits graviers. Ces matériaux ont pour but de permettre à l'eau des arrosements de s'écouler rapidement. On met ensuite une couche de bonne terre, on place la plante en disposant soigneusement ses racines, on ajoute de la terre, on foule modérément avec les deux pouces, et enfin on nivelle la surface, en ayant soin de maintenir celle-ci à au moins 2 centimètres des bords du pot, afin de ménager une place suffisante pour l'eau des arrosements.

S'il s'agit d'un rempotage, on prend la plante, après avoir préparé un nouveau pot comme il vient d'être dit, on la tourne sens dessus dessous et on frappe modérément le bord de son pot, pour l'en faire sortir avec toute sa motte intacte, que l'on soutient d'une main. On la redresse ensuite et on procède à sa toilette : on enlève d'abord tout le chevelu, qui forme souvent un feutrage autour de la motte, puis on détache avec les doigts ou un bout de bois la terre sur toutes ses faces, pour ne conserver qu'une motte centrale proportionnée à sa grosseur; s'il y a des racines mortes on les coupe jusqu'au vif. Ainsi préparée, on place la plante dans son nouveau pot, on fait glisser de la terre autour de sa motte, on foule celle-ci à l'aide d'une spatule sur le pourtour, puis avec les pouces sur la surface, et l'opération est terminée. Il faut ensuite arroser la plante fortement et de préférence avec un arrosoir à pomme, puis l'abriter du soleil et du grand air pendant quelques jours.

L'époque à laquelle on doit pratiquer les rempotages est subordonnée au mode de végétation des plantes; celles qui sont herbacées et à végétation continue peuvent se remporter à toute époque,

lorsque le besoin s'en fait sentir, tandis que celles
qui ont une période de repos doivent l'être à la fin
de celle-ci, et le printemps est la saison la plus favorable pour beaucoup d'entre elles. Du reste, lorsqu'on
ne fait que de mettre la plante dans un plus grand
pot, sans toucher à sa motte, on peut la rempoter
sans danger en toute saison.

LE REPIQUAGE

Le repiquage consiste à transplanter, dans un
endroit que l'on nomme *pépinière*, de jeunes semis
encore trop faibles pour être mis en place. Cette opération a pour effet de faire développer un plus grand

Fig. 1. — Plants repiqués en pépinière sur côtière, au pied
d'un mur et abrités par un paillasson.

nombre de racines et de rendre la plante trapue et
robuste, alors qu'elle se serait étiolée, c'est-à-dire
qu'elle se serait allongée et aurait perdu ses forces,

par suite de sa trop grande proximité avec ses voisines, dans le lieu du semis. Le repiquage montre ses bons effets sur la plupart des légumes, des fleurs et même beaucoup d'arbres et d'arbustes. Nous ne saurions donc trop recommander de le pratiquer, et parfois même plusieurs fois successives pour les mêmes plantes.

LA PLANTATION

La plantation est la mise en place définitive de la plante. Il y a, certes, une énorme différence entre la plantation d'une salade et celle d'un Platane, par exemple, mais le fond du procédé reste néanmoins le même.

Pour les jeunes plantes issues de semis, légumes ou fleurs, et que l'on transplante habituellement à nu, c'est-à-dire sans terre adhérente à leurs racines, on se sert d'un piquet nommé *plantoir*. On l'enfonce en terre pour pratiquer un trou, dans lequel on place les racines, en ayant soin de ne pas rebrousser leur extrémité, puis on enfonce de nouveau le plantoir à côté, et par un mouvement de pression latérale on ramène la terre sur les racines ; on ménage ensuite une petite cavité au pied de chaque plante pour y verser un peu d'eau qui, tout en lui donnant de la fraîcheur, tasse la terre autour de ses racines.

Pour les plantes qui doivent être transplantées en motte, celles qui ont été repiquées par exemple, on creuse les trous à la main ou à l'aide d'un transplantoir ; instrument ressemblant un peu à une truelle de maçon.

Quant aux arbres et aux arbustes, on ouvre des trous proportionnés à leur grosseur, plutôt trop grands que trop petits. Lorsque cela se peut, il y a avantage à les ouvrir dès l'automne, afin que les intempéries rendent la couche inférieure plus perméable; en tous cas, il faut toujours bien bêcher le fond.

Avant de descendre l'arbre dans le trou, les racines doivent être parées à la serpette, c'est-à-dire que toutes celles qui sont meurtries ou qui ne paraissent pas saines doivent être coupées jusqu'au vif. Il faut ensuite placer l'arbre de façon à ce que son collet (point où commencent la tige et la racine) soit un peu au-dessous du niveau du sol, mais jamais profondément enterré. On étale ensuite les racines et on fait glisser de la terre entre elles : si celle qui a été extraite du trou n'est pas de bonne qualité, il faut la remplacer par un compost approprié. On ne doit jamais mettre de fumier nœuf sur les racines, car elles se couvrent alors presque toujours d'une moisissure blanche, qui fait périr l'arbre. Si l'on veut fumer, il faut employer du fumier bien fait et l'enfouir près de la surface du sol, mais cela n'est pas indispensable l'année même de la plantation. Pendant la durée de celle-ci, il est presque toujours nécessaire d'arroser les arbres, afin de faciliter leur reprise.

LES BINAGES

Biner, c'est labourer superficiellement la terre, à l'aide d'une binette ou d'une serfouette, autour des plantes, pour ameublir la surface et détruire simultanément les mauvaises herbes. On ne doit faire ce travail que lorsque la terre est plutôt sèche, afin que les mauvaises herbes ne puissent reprendre racine. Il faut du reste avoir soin de les couper sous terre, au lieu de se contenter de les changer simplement de place. Il n'est pas utile de fouiller la terre profondément, mais il est bon de faire ce travail fréquemment, car la terre dont la surface est tenue meuble se sèche bien moins rapidement et se laisse mieux pénétrer par les pluies et les rosées. On ramène parfois en binant la terre autour du pied de certaines plantes telles que Haricot, Pomme de terre, etc., pour leur assurer une plus grande fraîcheur; c'est ce que l'on nomme *butter*.

L'HIVERNAGE

On entend par hivernage les soins qu'exigent certaines plantes pour résister aux froids et aux intempéries de l'hiver, et continuer à végéter l'année suivante. Celles qui supportent nos hivers en pleine terre sans aucun abri, sont dites *rustiques*, puis, selon leur degré de résistance, on les dit : *demi-rustiques*, d'orangerie ou de *serre*. Les premières sont naturellement les plus précieuses pour l'ornement des petits jardins; mais, on emploie pour l'ornement estival des massifs et des plates-bandes, un certain nombre de plantes herbacées (celles dont les tiges n'acquièrent pas la consistance du bois), pour leurs belles fleurs ou leur feuillage décoratif. Elles prospèrent fort bien en pleine terre, pendant la saison chaude, mais, dès que les premiers froids se font sentir, elles ont besoin d'être mises à l'abri ou, autrement dit, hivernées. Il en est de même de beaucoup de plantes ou arbustes de collection, que l'on cultive ordinairement en pots.

Ces plantes ou arbustes sont très nombreux et

jouent un rôle important dans l'ornementation estivale, aussi est-il nécessaire de posséder quelques châssis ou mieux une petite serre pour les protéger, à moins qu'on ne préfère les acheter chaque année au printemps, à l'état de jeunes plantes.

Pendant la période d'hivernage, et après avoir mis en pots les plantes qui étaient en pleine terre, il faut leur donner le plus de lumière possible, les arroser juste ce qu'il faut pour les empêcher de se faner, donner de l'air chaque fois que le temps le permet, enlever soigneusement les feuilles qui tombent ou qui jaunissent, supprimer les fragments ou les plantes qui se pourrissent, couvrir les châssis ou la serre de paillassons, selon l'intensité du froid, et chauffer au besoin cette dernière, à l'aide de réchauds de charbon, si la construction ne comporte pas de système chauffage.

LA TAILLE

Dans son sens large, le mot taille signifie simplement retranchement; on taille ordinairement les parties aériennes et parfois les racines au moment de la plantation. L'opération s'effectue pendant la végétation, c'est-à-dire en *vert*, ou pendant le repos, c'est-à-dire en *sec* ou plus exactement sur *bois mûr*.

La taille a pour but de régulariser, c'est-à-dire d'équilibrer le développement des parties d'une plante, de la faire ramifier, la rendre plus courte, plus trapue et parfois, chez les arbres fruitiers, de faire aussi naître des bourgeons à fruit.

La taille en vert ou taille d'été comprend plusieurs opérations dont les plus importantes sont : l'ébourgeonnement, le cassement et le pincement.

L'*ébourgeonnement* consiste à supprimer les rameaux inutiles que l'on nomme *gourmands*, alors qu'ils sont encore tous jeunes, et dans le but de faire passer la sève dans les parties où elle sera utilisée au profit des fleurs, des fruits ou de la charpente de l'arbre lui-même. Quelle que soit la nature des arbres, fruitiers ou d'ornement, l'ébourgeonnement est toujours profitable. Pour aller plus vite on arrache ordinairement par un mouvement brusque ou de torsion ces gourmands au point de leur naissance, mais, lorsqu'ils sont déjà forts et menacent de laisser une large plaie, il est préférable de les trancher à la serpette, sur leur empattement.

Le *pincement* consiste à couper, à l'aide des ongles du pouce et de l'index, le sommet des rameaux dont on désire arrêter l'allongement, dans un but prémédité. Le pincement est un des plus puissants moyens que possède l'horticulture pour modifier la forme naturelle des plantes, hâter leur floraison, assurer le développement des jeunes fruits et leur maturité, faire naître des bourgeons à fleurs sur les parties où ils ne sauraient naître spontament, etc. On soumet une foule de plantes herbacées d'ornement à l'opération du pincement, dans le but de les rendre naines et compactes, de régulariser leur port, obtenir parfois de grandes fleurs. Chez les arbres fruitiers, cette opération a pour effet de transformer les rameaux à bois en branches fruitières ; nous y reviendrons du reste au sujet des *Arbres fruitiers*.

Le *cassement* diffère du pincement en ce qu'on le pratique sur des rameaux déjà lignifiés, qu'on casse brusquement au point désiré, entièrement ou partiellement, et en laissant alors pendre l'extrémité encore adhérente à la cassure. L'avantage du cassement réside dans la déchirure du tissu qui rend la cicatrisation plus lente et plus difficile, et refoule ainsi la sève vers les yeux inférieurs qui, de ce fait, se transforment fréquemment en bourgeons à fleur.

La *taille* proprement dite est une opération hivernale, et plus rarement estivale, qui a pour objet la suppression ou le raccourcissement des rameaux et parfois des branches, dans le but de donner à l'arbre ou à l'arbuste une forme régulière et déterminée, de proportioner son développement à sa vigueur, d'assurer le développement de ses fruits et de hâter la floraison des jeunes sujets, en ce qu'elle fait naître prématurement des rameaux secondaires ou tertaires, les seuls qui chez certaines plantes portent les fleurs.

On se sert à cet effet d'instruments tranchants, serpette et sécateur, le premier de préférence, et de la scie à main pour les grosses branches.

La taille est aux végétaux ligneux ce que les pincements sont aux plantes herbacées : le plus puissant moyen que le jardinier possède pour diriger l'arbre selon son gré. Celle des arbres fruitiers, étant tout à fait spéciale pour chaque essence, sera, comme les pincements, indiquée à leurs noms respectifs, au chapitre des *Arbres fruitiers.*

Quant à la taille des arbres ou arbustes d'ornement, son mode d'opération est basé sur la nature de ces végétaux eux-mêmes et sur la forme qu'on désire leur donner. C'est presque toujours en hiver, ou au moins avant le développement des feuilles, qu'on la pratique ; toutefois, il convient d'observer que, pour les essences telles que le Lilas, le Seringat, les Spirées, etc., dont les bourgeons floraux se développent dès l'année précédente, si on les taille avant la pousse, on supprime en même temps la floraison: c'est donc lorsque celle-ci vient de se terminer qu'il faut l'effectuer.

Toutes les essences à feuilles caduques supportent en général assez facilement la taille, tandis que les arbres toujours verts, et principalement les Conifères, la supportent très mal, à cause de l'écoulement résineux que la plaie occasionne ; il en est de même des plantes qui renferment un suc laiteux et abondant, lequel s'écoule alors de la plaie pendant fort long-temps, par suite de la lenteur que celle-ci met à se cicatriser.

LES ABRIS

Les abris sont les divers objets servant à protéger les plantes contre les intempéries et à maintenir au-

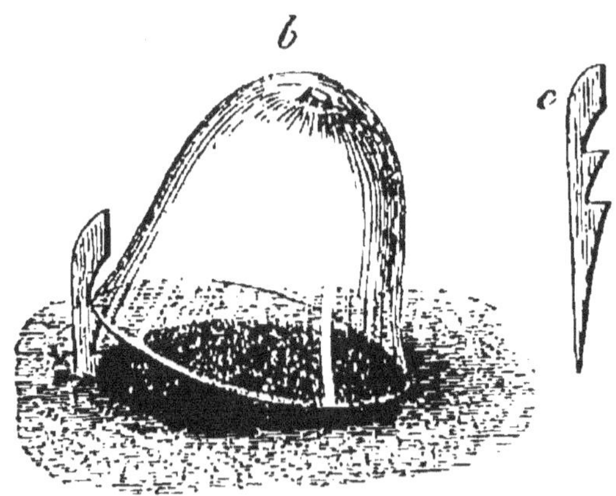

Fig. 2. — Cloche partiellement soulevée par une crémaillère et recouvrant un semis ; c, crémaillère.

tour d'elles une température qui leur soit favorable. Ils sont : 1° *fixes*, tels que les murs, les talus ; *naturels*, tels que les haies vives ; *artificiels*, tels que les haies mortes, les serres ; 2° *mobiles*, tels que les châssis,

les cloches, les claies, les paillassons et autres matériaux protecteurs.

Les *murs* offrent l'abri le plus efficace pour les cultures de plein air ; à leur défaut, les haies les remplacent dans une certaine mesure. Certains arbres
fruitiers tels que le Pêcher et plusieurs arbustes
d'ornement ne peuvent guère s'en passer sous notre

Fig. 3. — Coffre et châssis soulevé par une crémaillère,
protégeant des semis.

climat ; les plantes herbacées, légumes ou fleurs,
qu'on cultive dans leur voisinage, y acquièrent une
précocité très sensible ; c'est dans la planche qui les
longe et qu'on nomme *rotière*, qu'il convient d'effectuer les premiers semis et de repiquer les plantes
un peu sensibles.

Les *cloches* et les *châssis* sont d'une très grande
utilité pour conserver pendant l'hiver certaines
plantes qui ne sauraient résister aux gelées et pour
hâter au printemps le développement de celles qui,
sans cet abri, ne parviendraient pas à fleurir ou fruc-

tifier avant l'arrivée des froids ou du moins trop
tard pour qu'on puisse en jouir. Certains légumes
et beaucoup de fleurs sont dans ce cas.

Les *paillassons*, les claies, les toiles, les feuilles
mortes, etc., servent à protéger temporairement soit

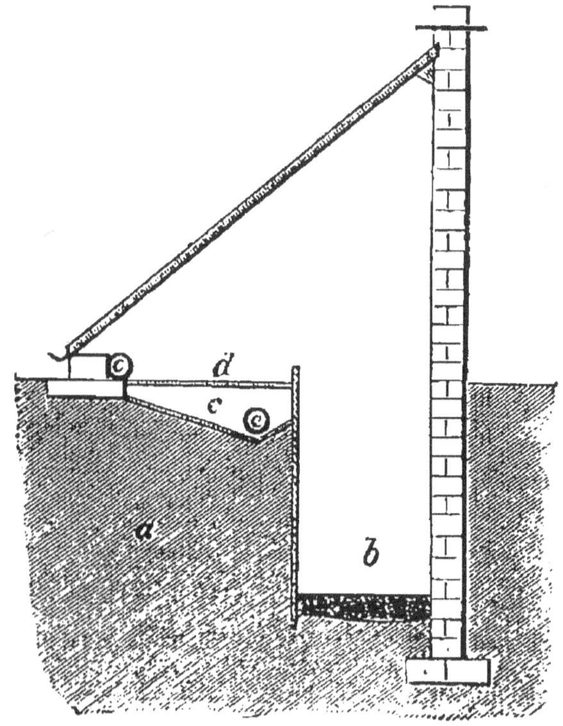

Fig. 4. — Serre (bâche) adossée.
a, sol; *b*, sentier; *c*, chambre; *d*, banquette;
e, tuyau de chauffage.

les plantes elles-mêmes, soit les châssis ou les cloches
qui les recouvrent, quand le froid devient très intense.

Les serres sont indispensables pour la culture des
plantes qui ne peuvent vivre en plein air chez nous,
pour hiverner beaucoup de plantes demi-rustiques
qui ne peuvent trouver place sous les châssis, et, à
ce titre, une petite serre froide rend de signalés
service dans un jardin d'amateur.

Il y a avantage à ce qu'une *serre froide* soit basse, ou du moins enterrée jusqu'à la hauteur des banquettes intérieures. Selon la disposition des lieux, on l'adosse contre un mur ou bien on lui donne deux pentes. Le premier mode de construction est plus économique, mais le deuxième permet aux plantes de recevoir la lumière sur toutes leurs faces, et par suite, de pousser plus régulièrement. Il est utile d'y aménager un système de chauffage, destiné à en exclure la gelée quand les paillassons deviennent insuffisants.

LA COUCHE

La couche est un tas de fumier de cheval, neuf et chaud, préparé et mis en tas, pour fournir pendant un certain temps une chaleur souterraine, dont l'influence est des plus heureuses sur la végétation de beaucoup de plantes.

Une couche est presque toujours couverte de châssis vitrés, reposant sur un cadre de bois qu'on nomme *coffre*. Les châssis mettent les plantes à l'abri de l'air extérieur, tout en laissant la lumière arriver librement sur elles et retiennent simultanément la chaleur humide que dégage la couche.

La confection d'une bonne couche est un travail beaucoup plus délicat qu'on ne le croit généralement; dans bien des cas il ne faut pas chercher ailleurs la cause de l'insuccès d'un semis. Une couche mal préparée s'échauffe rapidement d'une façon intense et brûle tout ce qu'on lui confie, puis, sa chaleur s'abaisse au bout de peu de temps. Pour que la couche développe une chaleur modérée et soutenue, il faut avoir soin, au moment de sa confection, de mouiller fortement le fumier, le brasser plusieurs fois avec la fourche, puis monter la couche elle-même, c'est-à-dire mettre le fumier en tas bien régulier, le piétiner fortement et l'arroser encore au besoin. Arrivée à la hauteur voulue, environ à 20 cent. du vitrage pour les semis, on place le coffre et on la recouvre enfin d'environ 10 centimètres de terre légère et fine, fortement additionnée de terreau. On laisse la couche en cet état pendant une huitaine et, lorsque la chaleur, qui se sera d'abord élevée, redescendra à environ 25 degrés, on pourra lui confier les graines, boutures ou autres jeunes plantes qu'on lui destine. Dans le but de prolonger la durée d'une couche, on peut ajouter au fumier une certaine quantité de feuilles mortes.

Lorsque la couche commence à se refroidir, on met autour du coffre une bande de fumier chaud, préparé comme il est dit plus haut; c'est ce que les jardiniers nomment un *réchaud;* celui-ci constitue en outre une protection efficace pendant l'hiver.

La durée d'une couche est, selon son épaisseur, de deux à quatre mois, au bout de ce temps, le fumier a développé toute sa chaleur est excellent pour fumer le jardin ou pailler les massifs ; plus tard, il se décompose entièrement et devient de *l'humus* ou *terreau*, dont l'emploi ne saurait être trop fréquent et copieux pour la plupart des cultures et surtout celles en pots.

CHAPITRE II

MULTIPLICATION

On entend par multiplication les diverses opéra
tions qu'il faut effectuer pour faire naître ou aug
menter le nombre des individus d'une espèce désirée. Les végétaux ne se prêtent pas indifféremment
à tous les procédés que l'on emploie à cet effet ; chacun d'eux, au contraire, n'a qu'un ou parfois plusieurs
modes de multiplication qui lui sont favorables. Les
principaux modes de multiplication sont le semis, la
bouture, la marcotte et la greffe. Nous allons étudier
successivement chacune de ces opérations.

LES SEMIS

Les semis se font en plein air ou sous abri, en pépinière ou en place, à la volée, en lignes ou poquets,
et pendant presque toute l'année, selon la nature des
plantes.

Tout semis doit être fait dans une terre bien ameu-
blie et amendée, bien nivelée et finement émiettée à
la surface. Les graines doivent être répandues aussi
régulièrement qu'on le peut et plutôt un peu clair
que trop épais.

La profondeur à laquelle il convient de placer les
graines est en général subordonnée à leur grosseur ;
il suffit de presser sur le sol celles qui sont excessive-

ment fines, tandis qu'on peut enterrer de quelques centimètres celles qui sont très grosses, comme les Haricots, les Fèves ou certaines graines d'arbres. Le diamètre d'une graine peut, dans une certaine mesure, servir de guide pour la profondeur à laquelle il convient de la placer; mais, hâtons nous de le dire, cette règle comporte de nombreuses exceptions. Lorsque la surface ensemencée a peu d'étendue, il est avantageux de la recouvrir avec du terreau tamisé, en donnant à cette couche l'épaisseur que la grosseur des graines demande ; quand, au contraire, la surface est grande, on enfouit les graines qui ont été semées à la volée en piochant légèrement et régulièrement la surface à l'aide du râteau, on nivelle ensuite, puis on la bat à l'aide d'une planche disposée pour cet usage, et que l'on nomme *batte*. Quand on peut étendre par-dessus une légère couche de terreau ou de fumier de couche presque entièrement décomposé ; celle-ci favorise beaucoup la germination et le développement rapide des jeunes plantes.

Une des conditions essentielles pour assurer la germination de tout semis est de tenir le sol dans un constant état de fraîcheur ; il est évident que si la terre vient à se sécher lorsque la jeune plante sort de la graine, celle ci se dessèche sans sortir de terre, et le semis est perdu. C'est à ce manque de soins, aussi souvent peut être qu'à la qualité des graines, qu'on peut attribuer les insuccès.

Pour parer à cet inconvénient, et aussi parce qu'on a remarqué que la germination s'effectuait plus régulièrement et plus rapidement dans l'obscurité qu'en pleine lumière, on couvre fréquemment les semis, surtout ceux faits sous châssis ou autres abris, à l'aide de paillassons ou autres

matières. Toutefois, il est esentiel d'enlever ceux-
ci dès que les jeunes plants se montrent à la surface, sans quoi ils s'étioleraient et ne tarderaient
pas à être, sinon perdus, du moins impropres à
former des sujets trapus et vigoureux.

La chaleur a une influence des plus évidentes sur
la germination ; certaines graines germent dès que
le thermomètre marque quelques degrés au-dessus
de zéro, tandis que d'autres demandent une température constante, pouvant atteindre 25 degrés et
plus pour certaines plantes de serre. Les plantes
rustiques sont naturellement celles qui demandent
le moins de chaleur, mais celle-ci active toujours
leur germination d'une façon notable. Pour toutes
les plantes exigeant une chaleur artificielle, celle que
fournit la couche est la plus favorable à la germination, car elle donne simultanément aux graines
l'humidité, cet autre agent indispensable pour l'ac-
complissement des réactions chimiques qui s'opèrent
dans la graine, pendant sa germination.

La durée de la germination des graines est excessivement variable chez les différentes plantes ; il en
est qui germent en quarante huit heures et même
moins, telles que la Chicorée ou le Cresson alénois,
tandis que d'autres mettent deux ou même trois ans,
telles que celles des Ifs.

D'autre part, la durée des facultés germinatives
des graines est soumise aux mêmes variations ; les
unes doivent être mises en terre dès leur maturité
ou peu après, les autres peuvent être conservées au
sec pendant plusieurs années, jusqu'à huit ou dix
ans et même bien plus longtemps.

Quoique fort intéressant et très utile à connaître,
le cadre de cet ouvrage ne nous permet pas d'entrer

dans ces détails ; nous signalerons cependant à leur nom respectif celles dont la durée de germination est exceptionnellement courte.

L'époque à laquelle il faut effectuer les semis est subordonnée à bien des conditions, et parmi lesquelles on peut citer d'abord l'époque à laquelle on désire que les plantes soient arrivées à leur complet développement, celles du climat, de la rusticité et de la durée de la plante, etc., ou encore de la saison pendant laquelle elle donne les meilleurs résultats ; cette dernière condition s'observe surtout chez plusieurs plantes potagères. Le printemps, de mars en mai, est cependant l'époque pendant laquelle on effectue le plus de semis.

Les semis de fleurs se font fréquemment sous châssis, sur couche, à même celle-ci ou dans des pots ou des terrines, parce qu'en général les fleurs

Fig. — 5. Semis en pots, dont un est recouvert
d'une feuille de verre.

sont plus délicates que les légumes, parce qu'on en sème une plus petite quantité et un grand nombre de sortes, et surtout parce qu'il est nécessaire d'avoir des plants déjà forts au moment où la température commence à permettre de les livrer à la pleine terre, cela dans le but de jouir le plus tôt et le plus longtemps possible de leur floraison.

C'est pour cet usage surtout, que quelques châssis

sont des plus utiles, même dans un tout petit jardin.
A défaut de ceux-ci, on y supplée dans une certaine
mesure en semant dans des caisses ou au pied d'un
mur, quand les gelées ne sont plus à craindre, et on
couvre au besoin les semis pendant la nuit avec des
toiles, paillassons, planches ou autres objets mobiles.

Quand la germination est opérée et que les plantes
commencent à développer leurs premières feuilles,
on les repique en pépinière, en pleine terre ou sous
châssis si la température est encore trop froide, ou
directement en place s'ils sont assez forts et si la
saison le permet.

Pendant l'été, la plupart des semis se font en plein
air, et même à mi-ombre pour les fleurs délicates.
Fréquemment aussi, et il y a même avantage à le
faire, on sème dès l'automne, en août-septembre,
un certain nombre de fleurs dont on hiverne les
plants sous châssis ou au pied d'un mur, dans
le but d'obtenir, l'été suivant, des plantes plus
fortes, fleurissant plus tôt et plus abondamment.
Cette époque est, du reste, celle où l'on sème les
fleurs telles que les Pensées, Myosotis, Silènes, etc.,
qui commencent à fleurir dès les premiers beaux
jours.

En terminant, faisons remarquer que le semis ne
peut être employé pour propager certaines variétés
horticoles, car, produites par une circonstance for-
tuite ou provoquée, elles ne peuvent en général
transmettre à leurs descendants, par voie de semis,
les améliorations qu'elles présentent sur leur type
primitif. Pour certaines races de fleurs et de légumes,
on est cependant parvenu, par voie de sélection, à les
fixer de telle façon qu'elles reproduisent, par semis
et au moins chez la plupart des individus, les carac-

tères qui les font apprécier. Pour les variétés qui se refusent à cette fixation, notamment les variétés d'arbres fruitiers, d'arbustes ou de fleurs d'ornement, etc., et pour toutes celles qui, pour une cause quelconque, ne produisent pas de graines, on est donc obligé d'avoir recours à un des moyens suivants.

Faisons toutefois remarquer que ces divers procédés ne font, en réalité, que de continuer l'individu dont on détache à cet effet certaines parties; mais, il arrive fréquemment que la vigueur des sujets s'épuise et il faut alors avoir recours de nouveau aux semis.

LES BOUTURES

On nomme bouture un fragment, et le plus souvent un rameau, que l'on détache d'une plante nommée *pied mère*, en vue de sa multiplication, et qui, placé dans des conditions appropriées à ses besoins, émet d'abord des racines et forme par la suite un individu en tout semblable à celui dont il est issu.

Le bouturage est, après le semis, un des moyens les plus employés pour propager les végétaux. C'est du reste celui auquel on a recours pour les variétés ou formes horticoles, pour les plantes qui ne produisent pas de graines ou qui ne s'accommodent pas des autres moyens de multiplication. On a, en outre, remarqué bien des fois que les plantes obtenues par boutures fleurissent beaucoup plus tôt que celles issues de graines. Pour certaines plantes, il y a des époques qu'il est utile de choisir pour le bouturage; pour d'autres, au contraire, la saison a peu d'importance, lorsqu'on peut placer les boutures dans un milieu convenable.

En général, les conditions dans lesquelles il convient de placer les boutures dépendent de la nature de la plante elle-même, du sol, du traitement et de la température qu'elles exigent; elles sont donc très variables. La plupart des boutures de plantes herbacées demandent à être placées dans un endroit plus chaud et plus étouffé que celui dans lequel

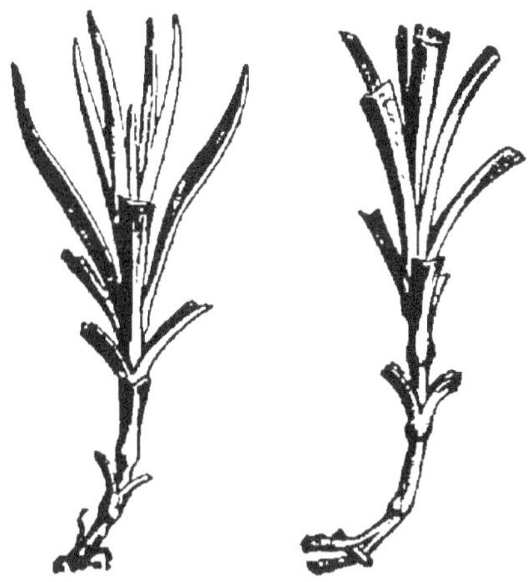

Fig. 6. — Boutures d'Œillet, dont une est fendue pour faciliter l'enracinement.

poussent les plantes mères; on accélère ainsi le développement des racines, tout en empêchant l'évaporation excessive. Beaucoup d'autres plantes exotiques et ligneuses exigent un traitement semblable, plus ou moins intense. Certaines boutures de plantes plus rustiques se font lorsque le bois est mûr et en repos; il leur faut en conséquence plus de temps pour s'enraciner, et elles exigent pendant cette période une température uniforme.

Les plantes herbacées dont on désire avoir au printemps une certaine provision de boutures, doivent être placées au préalable dans une serre ou sur couche chaude, afin de favoriser le développement de jeunes rameaux qui servent de boutures.

Pour les plantes sub-ligneuses, on peut employer des rameaux presque aoûtés et de préférence des

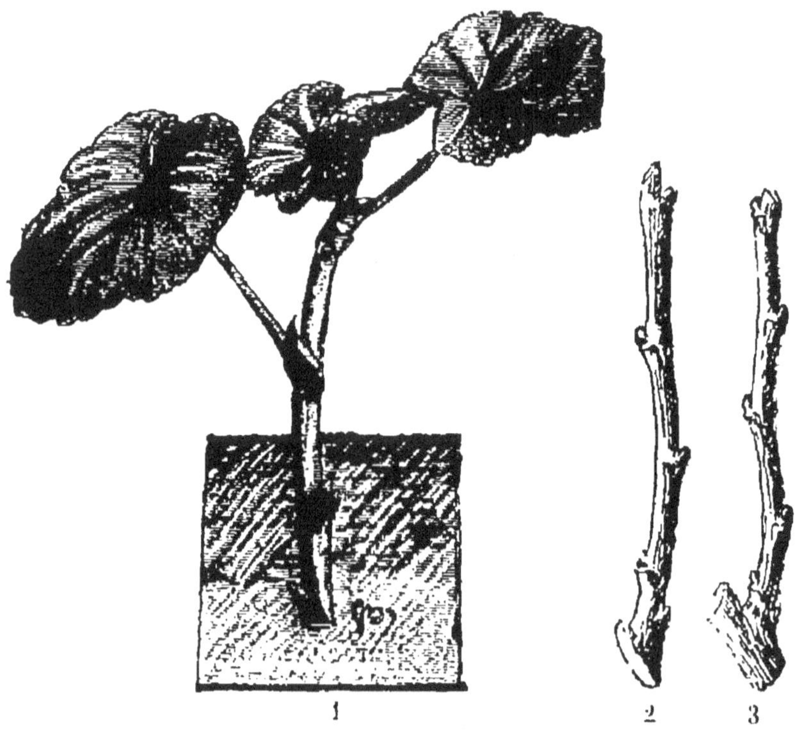

Fig. 7. — Boutures.
1, herbacée de Pélargonium ; 2, à talon ; 3, à crossette de Vigne.

pousses latérales avec talon. Dans la plupart des cas, les racines ne se forment qu'aux nœuds ; la coupe doit en conséquence être faite avec un outil bien tranchant, à 1 ou 2 millimètres au plus au-dessous du nœud. Quelques plantes émettent cependant des racines sur toute la longueur des entre-nœuds ; il n'est pas alors indispensable de les couper au-dessous d'un nœud.

On doit toujours prendre les boutures sur des plantes vigoureuses et en parfait état de santé, et leur laisser au moins la plus grande partie de leurs feuilles. Lorsqu'on les plante, il est très important de mettre la base en contact parfait avec le sol et de presser la terre, afin de fixer solidement la bouture sur toute la longueur enterrée. Lorsqu'on le peut, il est avantageux d'étendre sur le sol, avant la plantation, une mince couche de sable, que l'eau des arrosements entraîne dans les interstices qui pourraient se former par suite des vents ou autres ébranlements accidentels. Un grand nombre d'arbres, d'arbustes, certaines Conifères et même beaucoup de plantes herbacées, se multiplient ordinairement par boutures que l'on fait au commencement de l'automne, de préférence avec des sommités de rameaux.

La longueur à donner aux boutures dépend beaucoup de la nature des plantes que l'on multiplie; en général, celles de longueur moyenne, munies d'environ trois nœuds, ni trop herbacées ni trop ligneuses, sont les meilleures. On donne ordinairement environ 20 centimètres de longueur aux boutures ligneuses, mais il faut naturellement tenir compte de la longueur des entrenœuds; toutefois, les boutures de certains arbustes, comme la Vigne, s'enracinent parfaitement avec deux yeux seulement.

Parfois aussi, on prend, en coupant les boutures sur le pied mère, une certaine épaisseur de la tige qui leur a donné naissance, et qui forme alors une sorte de talon à la base de celles-ci, d'où leur nom de boutures *à talon*. Si l'on coupe, non pas le rameau-bouture, mais la tige qui le supporte, à quelques centimètres au-dessous et au-dessus de celui-ci, on fait alors une bouture-dite *à crossette*.

Le bouturage avec talon est recommandable pour la plupart des végétaux, car l'enracinement est d'autant plus facile qu'en cet endroit se trouve un amas de tissu qui forme un bourrelet naturel. Les boutures de certaines plantes refusent même de s'enraciner sans talon.

On fait encore des boutures avec des racines coupées en tronçons, que l'on place horizontalement en terre ; elles émettent des bourgeons qui forment bientôt de jeunes plantes. C'est un procédé rapide et facile, que l'on emploie pour plusieurs plantes. Les feuilles de certaines plantes, mais principalement de serre, sont parfois employées comme boutures. Il suffit d'enfoncer leur pétiole en terre ou d'y appuyer simplement leur limbe pour y voir se développer des bourgeons et plus tard de jeunes plantes. On peut propager par ce moyen plusieurs plantes grasses, en ayant soin de placer leurs feuilles sur du sable et d'arroser très peu.

LES MARCOTTES

Cette opération, que l'on nomme encore *couchage*, consiste en effet à coucher en terre un rameau, dans le but de lui faire développer des racines pendant qu'il reçoit encore les éléments nutritifs de son pied mère ; la marcotte ne diffère de la bouture que par ce dernier point, lequel est cependant essentiel.

Le marcottage ne se pratique que lorsque le bouturage est impossible ou qu'il donne de meilleurs résultats. C'est un procédé utile, surtout dans les petits jardins, parce qu'il est simple, certain, qu'il ne demandeaucuns soins spéciaux ; mais, par contre, il est un peu long et exige la possession d'un nombre de pieds mères relativement grand.

Le couchage a pour effet de forcer la sève descendante à former des racines sur le point qui a été placé dans un milieu approprié. Quand ces racines seront en état de fournir au rameau les sucs qui lui sont nécessaires, on pourra le séparer du pied mère, et il constituera alors une plante indépendante.

Chez certaines plantes, les racines se développent sur toutes les parties fermes du rameau ; chez beaucoup d'autres, au contraire, il est nécessaire d'interrompre partiellement la circulation de la sève pour l'obliger à s'accumuler sur un certain point et y former un bourrelet, duquel partiront plus tard les racines. Cette interruption s'effectue à l'aide de torsion, de strangulation et plus souvent d'incisions, que l'on pratique de différentes manières, selon les plantes que l'on désire propager. Les différentes formes de marcottes sont :

La *marcotte simple*, qui consiste à coucher le rameau

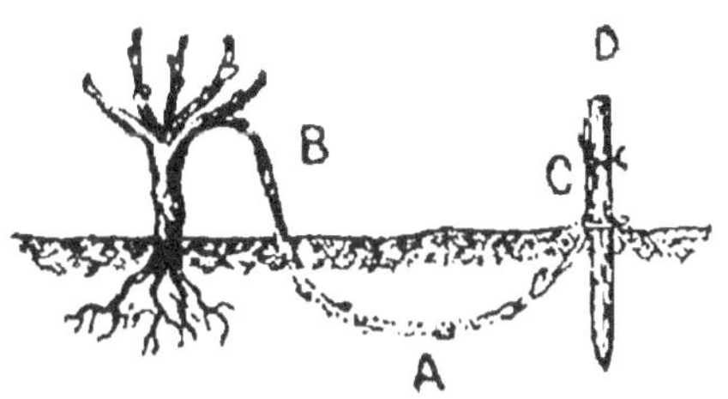

Fig. 8. — Marcotte simple de VIGNE.

en terre, à l'y fixer à l'aide d'un crochet ou en foulant simplement la terre, puis à redresser son extrémité, en la fixant après un tuteur. Il faut, au préalable, supprimer toutes les feuilles sur la partie que l'on va enterrer. Quand le rameau est très long et qu'on peut le coucher et le redresser plusieurs fois successives, la marcotte est dite en *arceaux* ou en *serpentins*.

La *marcotte par torsion*, qui se fait en tordant le rameau sur le point que l'on va enterrer.

La *marcotte par strangulation*, qui s'effectue en serrant fortement, à l'aide d'un fil de fer, la partie du rameau où l'on veut faire naître les racines.

La *marcotte par circoncision*, dans laquelle on enlève un anneau d'écorce sous un œil de la partie où doivent se développer les racines.

Les *marcottes par incisions*, qui diffèrent des autres en ce qu'on entame le bois : on distingue la *m. en fente simple*, qui se fait en enfonçant la pointe d'une ser-

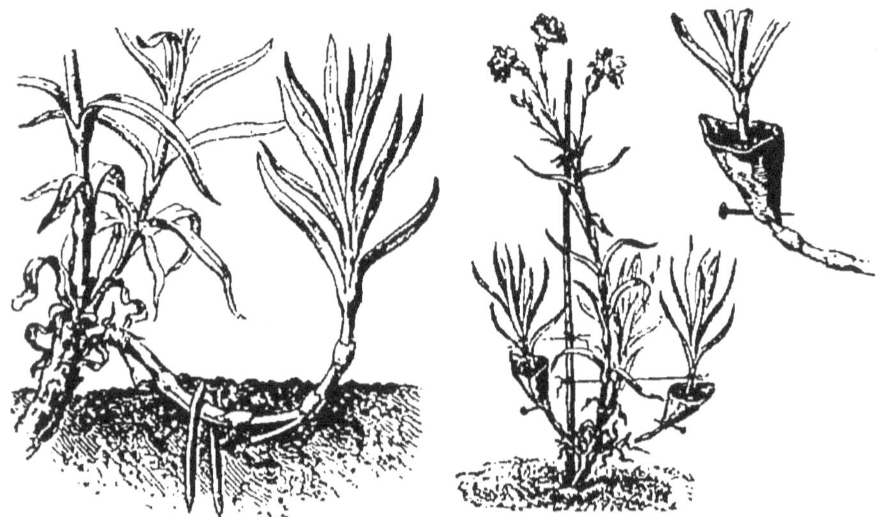

Fig. 9.
Marcotte avec talon, d'Œillet.
Fig. 10.
Marcottes en l'air, d'Œillet.

pelle dans le milieu du rameau pour le fendre sur quelques centimètres de longueur, on tient ensuite la fente béante en y plaçant un objet quelconque ; la *m. en fente avec talon*, qui consiste à couper le rameau jusqu'au milieu de son bois, puis à re-dresser l'instrument et à le fendre en remontant sur un ou deux centimètres de longueur. En re-dressant le sommet du rameau, la partie entaillée s'écarte et forme une sorte talon, sur lequel se développeront les racines ; la *m. par amputation*, pour laquelle on fait une entaille en forme de V et allant jusqu'à mi-bois.

La plupart des marcottes se font à terre, mais, pour certaines plantes élevées ou celles dont les branches ne peuvent se courber, on est alors obligé d'opérer en l'air. Pour cela, on se sert de paniers, de caisses ou pots spéciaux, dans lesquels on fait passer le rameau, après l'avoir incisé s'il y a lieu, puis, on remplit le récipient avec de la terre légère et on l'assujettit en-fin après un pieux ou tout autre support. On rem-place parfois les vases ou caisses par un cornet d'é-tain, et quelquefois même on se contente de mettre un gros tampon de mousse ou de sphagnum autour de l'incision. Par la suite, il faut entretenir la terre ou la mousse constamment humide et veiller à ce que la marcotte ne soit pas secouée par les vents.

Le sevrage des marcottes ne doit avoir lieu que lorsque les racines sont bien développées et en état de nourrir le rameau ; au lieu d'opérer en une seule fois, il y a souvent avantage à effectuer cette sépara-tion à plusieurs reprises, ce qui oblige les racines à se développer plus rapidement.

LES GREFFES

La greffe ou greffage est l'art d'implanter sur un végétal, un fragment d'un autre végétal devant par la suite remplacer totalement ou partiellement sa partie aérienne, et conserver *tous* les caractères de l'individu dont il est issu.

La greffe est une opération des plus intéressantes, mais des plus difficiles de la pratique du jardinage ; elle demanderait à elle seule beaucoup plus de place que n'en comporte cette brochure entière pour être étudiée, même brièvement. Aussi, n'en donnerons-nous ici qu'un aperçu des plus sommaires.

La pratique de la greffe remonte à plusieurs siècles, car les auteurs les plus anciens en ont parlé. Elle repose sur ces deux principes fondamentaux : 1° l'aptitude que possèdent toutes les parties d'un végétal de pouvoir reproduire un individu exactement semblable, dans ses caractères essentiels, à celui dont il est issu ; 2° la faculté que possèdent beaucoup de végétaux Dicotylédones de pouvoir se souder entre eux par leurs tissus en voie de formation et de tirer ensuite leurs éléments nourriciers l'un de l'autre. Toutefois, hâtons-nous de le dire, l'union ne peut avoir lieu qu'entre végétaux présentant une certaine affinité, c'est-à-dire appartenant au même genre ou au plus à une même famille ; on connaît cependant d'assez nombreuses exceptions à cette règle. La greffe est impossible entre les végétaux Monocotylédones et Acotylédones (Liliacées, Palmiers, Fougères, etc.).

Des deux parties sur lesquelles on opère, l'une, la plante devant supporter et nourrir l'autre, se nomme *sujet*, le fragment, bourgeon ou rameau de la plante à reproduire et que l'on insère sur le sujet, se nomme *greffe* ou *greffon*.

La greffe est un des moyens les plus puissants que l'homme possède pour modifier ou propager à son gré les plantes qu'il cultive. On l'emploie pour multiplier une foule de végétaux, notamment les innombrables variétés d'arbres fruitiers et beaucoup d'autres plantes qu'il serait impossible ou fort lent de propager autrement.

En dehors des connaissances qu'exigent le choix du sujet, celui du greffon, l'époque la plus propice, etc., l'opération elle-même est une des plus délicates et de celles qui demandent le plus d'habileté de la part de celui qui l'exécute. C'est un fait bien connu, que les greffeurs n'opèrent pas tous avec un même succès. Le cadre de cette brochure ne nous permet pas d'étudier en détail tout ce qui peut concourir au succès de la greffe, ni même de décrire les nombreuses formes de greffe que l'on pratique d'une façon plus ou moins générale.

Du reste, la greffe n'est point indispensable pour la conduite d'un petit jardin, et, si l'amateur y a recours, c'est bien plus pour son agrément que par nécessité. Il est en effet bien plus simple et plus rapide d'acheter, greffés et tout venus, les quelques arbres ou arbustes dont on peut avoir besoin. Nous ne décrirons en conséquence que les formes de greffe les plus importantes.

Un des points les plus essentiels à observer pour la réussite de toutes sortes de greffes, est celui qui consiste à toujours placer en contact immédiat et aussi parfait que cela se peut, la partie interne des deux écorces, c'est-à-dire la couche génératrice ou cambium, point par lequel a lieu l'accroissement des végétaux Dicotylédones. L'écorce du greffon étant souvent plus mince que celle du sujet, il faut dans ce cas placer celui-ci un peu en dedans. Les parties ligneuses, le bois ou la moelle, ne se soudent jamais. En tenant compte de ce principe fondamental, on peut varier à l'infini les procédés d'opération.

La greffe doit, en principe, être pratiquée quand la sève est en circulation, et par conséquent, lorsque les tissus sont en voie de formation ; le moment où elle se met en mouvement au printemps et celui auquel elle se ralentit à l'automne sont les meilleurs, en évitant le milieu de l'été et les journées chaudes.

L'opération doit être faite avec adresse et le plus rapidement possible ; quand on tâtonne et qu'on s'y reprend à plusieurs fois, le succès devient douteux. Il y a le plus souvent lieu de faire une ligature appropriée, avec de la laine, du raphia ou autre matière, et de mettre enfin les parties entaillées à l'abri de l'influence desséchante de l'air, à l'aide d'une composition nommée *mastic à greffer*, qu'il est facile et peu coûteux de se procurer dans le commerce. Certaines greffes, telles que celles en écusson n'exigent cependant pas d'engluement.

On divise les différentes sortes de greffes en trois catégories :

1° Les greffes par approche.

2° Les greffes par rameaux détachés.

3° Les greffes par œils ou bourgeons.

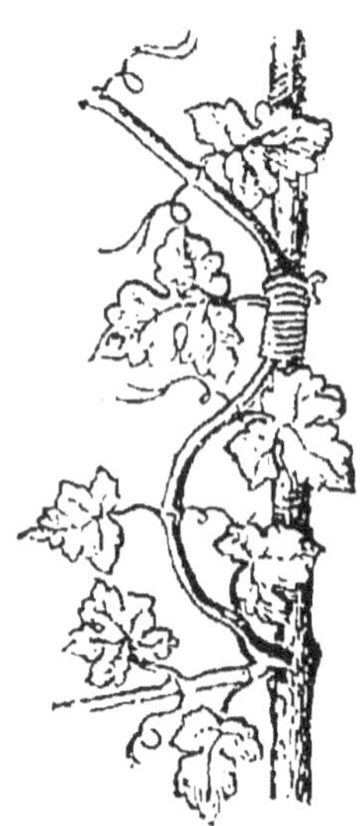

Fig. 11. — Greffe par approche herbacée, de Vigne.

La *greffe par approche* consiste à rapprocher les deux parties, sans les détacher de leurs pieds mères, après avoir enlevé sur chacune d'elles une languette atteignant le bois et aussi identique que possible ; on ligature et on mastique ensuite. Le sevrage du greffon et la suppression de la tête du sujet n'ont lieu au plus tôt que l'année suivante, et de préférence en opérant en plusieurs fois. Dans le but de faciliter la reprise et d'assurer la solidité de la greffe, on donne parfois différentes formes aux entailles. La greffe par approche est une des plus simples, des plus certaines et des plus anciennement connues.

Les greffes *par rameaux détachés* sont, sinon les plus employées, au moins celles qui comportent le plus de variations ; on les fait au printemps ou à l'automne. Le sujet peut être très âgé ou de grosseur égale à celle du greffon ; il est toujours nécessaire de ligaturer et souvent d'engluer les parties entaillées. Le plus souvent ces sortes de greffes exigent la suppression de la tête du sujet, au moment de l'opération, mais parfois aussi on opère sur son côté, pour ne l'étêter que lorsque la reprise est certaine. Voici quelques-unes des formes les plus courantes :

La greffe *en fente* consiste à étêter le sujet à la hau-

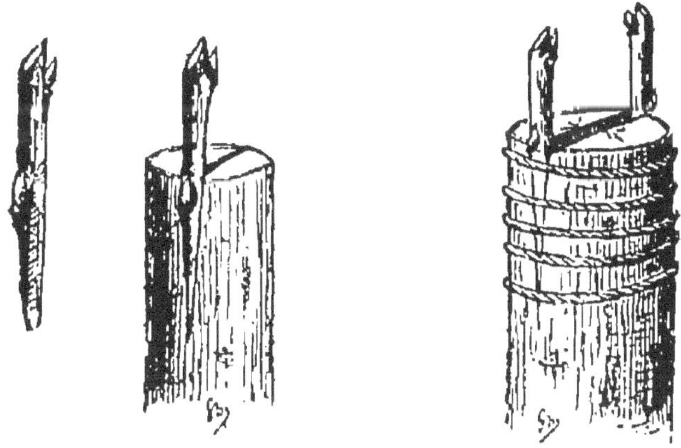

Fig. 12. — Greffes en fente, simple et double.

teur voulue, à le fendre sur 4 à 5 centimètres de longueur, en deux, quatre ou seulement sur un côté, puis à insérer dans chaque fente un greffon taillé en

coin allongé et un peu plus épais sur le côté externe
que sur l'interne, de façon que son écorce adhère
bien exactement à celle du sujet. Pour faciliter la
mise en place des greffons, on se sert ordinairement
d'un petit coin en bois. Il ne reste plus ensuite qu'à
ligaturer et couvrir les parties amputées du sujet
avec du mastic à greffer; à son défaut, on se sert
d'un mélange d'argile et de bouse de vache, qu'on
nomme *Onguent de Saint-Fiacre*, et dont on fait une
sorte de poupée assujettie par un vieux linge, d'où
le nom familier de *greffe à la poupée*.

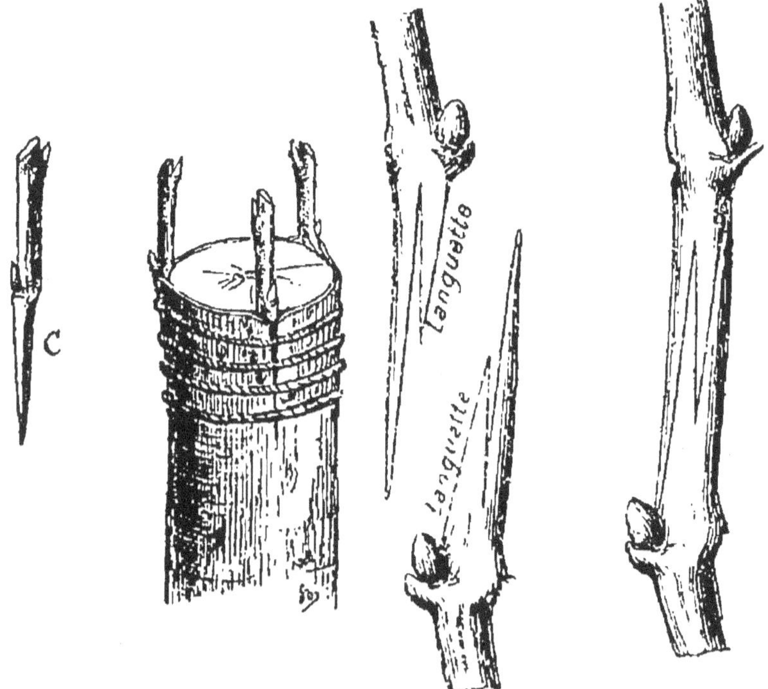

Fig. 13. — Greffe   Fig. 14. — Greffe à l'anglaise,
en couronne. — c, greffon.   avant et après le rapprochement
                              des deux parties.

Dans la greffe *en couronne*, au lieu de fendre le sujet,
on écarte son écorce à l'aide d'un coin en bois, et
on enfonce, dans chaque cavité, un greffon taillé en

biseau et sur un seul côté. On peut ainsi placer plusieurs greffons sur un même sujet; il faut ensuite ligaturer et mastiquer.

La greffe *anglaise* est très compliquée, mais néanmoins aujourd'hui très employée pour le greffage de la Vigne. Le sujet et le greffon doivent avoir une grosseur à peu près égale. On les entaille tous deux en biseaux allongés et égaux; on fait ensuite une fente longitudinale vers le tiers supérieur du biseau du sujet et une semblable sur celui du greffon, puis on fait glisser celui-ci dans l'entaille du sujet, en ayant bien soin de mettre les écorces en contact, au moins sur un côté.

La greffe *en placage* ne nécessite pas la suppression de la tête du sujet, mais elle a beaucoup de rapports avec les greffes en couronne et en fente; on pratique en effet une entaille longitudinale sur le côté du sujet et atteignant presque le milieu, on détache la languette qui en résulte par une coupe inférieure, puis une autre horizontale, et on la remplace par un greffon taillé comme pour la greffe en couronne. Quant on laisse la languette adhérer au sujet, le greffon doit être taillé comme pour la greffe en fente, et l'opération se nomme alors *greffe de côté*. On peut encore se contenter d'ouvrir l'écorce par une incision en T, puis y insérer un greffon taillé en biseau sur un seul côté.

Le greffage par *œil* ou *bourgeon* repose sur le même principe que les greffes précédentes : la mise en contact des tissus en formation, mais il en diffère essentiellement en ce qu'on n'opère que sur l'écorce, et que le greffon ne se compose que d'un fragment d'écorce muni d'un ou de plusieurs bourgeons à bois ou parfois à fleur.

Les différentes formes en sont assez nombreuses; mais l'une d'elles, la *greffe en écusson*, est à elle seule plus employée que toutes les greffes connues, car elle est applicable à un très grand nombre de végétaux et réunit les conditions les plus avantageuses de simplicité, rapidité et succès.

Les points essentiels de la greffe en écusson sont : d'opérer quand la sève est en pleine circulation dans les deux parties, et de posséder la dextérité nécessaire pour enlever et poser les écussons rapidement et sûrement.

On la pratique à deux époques principales :

1° Lorsque les bourgeons de l'année sont bien développées et que la sève circule encore abondamment; on la dit alors à *œil poussant.*

2° Quand la deuxième sève, dite sève d'août, est en circulation; on la dit alors à *œil dormant.*

Dans le premier cas, la greffe pousse la même année, et dans le second au printemps suivant.

C'est à l'aide de la greffe en écusson que l'on propage commercialement la plupart des variétés d'arbres fruitiers, les Rosiers et une foule d'arbres et d'arbustes d'ornement. Voici comment on la pratique :

On se sert d'une sorte de couteau *nommé greffoir,*

Fig. 15. — Greffoir dit anglais, pour la greffe en écusson, à manche d'ivoire, servant de spatule.

très tranchant et muni au sommet du manche d'une spatule en os ou en ivoire. Les rameaux-greffons, bien choisis, ont toutes leurs feuilles coupées au sommet du pétiole. On fait d'abord sur le sujet, à

l'emplacement choisi, une insicion en forme de T, et
on soulève les lèvres de l'écorce avec la spatule. On
prend ensuite le rameau-greffon et on tranche un œil,
en commençant à environ 2 centimètres au-dessus
de lui, pour finir à la même distance au-dessous, et
en enlevant un peu de bois. On détache ensuite la lan-

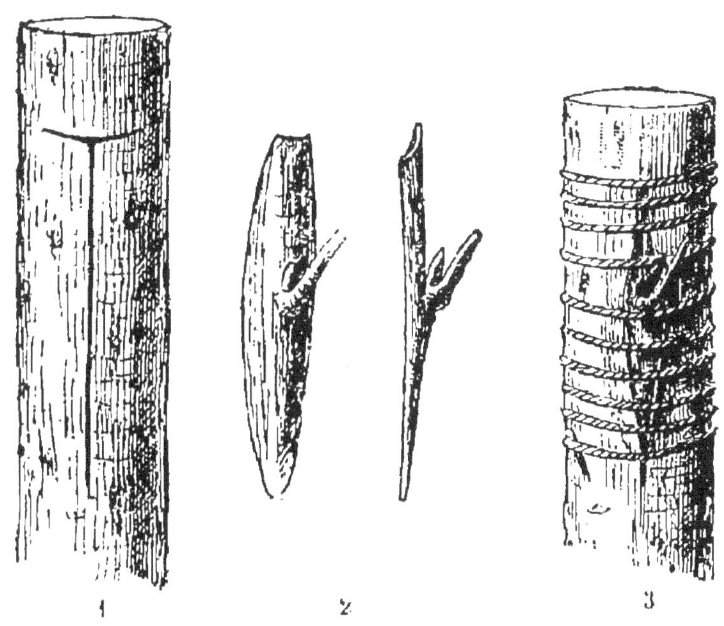

Fig. 16. — Greffe en écusson.
1, rameau incisé ; 2, écussons, vus de face et de profil ;
3, écusson posé et ligaturé.

guette de bois adhérente à l'écusson ; pour cela, on
glisse la pointe du greffoir entre elle et l'écorce, et,
par un léger mouvement de torsion, cette languette
se décolle. Cette petite opération est la plus délicate de tout le procédé, car, si on vide l'œil, c'est-
à-dire si on arrache ses « radicelles », l'écusson est
perdu. L'œil est vidé quand, au point interne de l'é-
corce qui lui correspond, existe une cavité, et que la
languette de bois détachée porte une petite proémi-
nence au point correspondant.

L'écusson prêt, on l'insère dans l'incision, en le faisant glisser par le haut, en écartant les lèvres à l'aide de la spatule et en le tenant par le pétiole conservé ; on tranche ensuite la partie d'écorce qui émerge encore au sommet des lèvres. Il ne reste plus alors qu'à ligaturer avec de la laine ou du raphia, en faisant plus ou moins toucher les tours de spires.

Par la suite, on ne délie l'attache que lorsque la greffe commence à pousser, et cela en donnant un simple coup de greffoir sur le côté opposé au bourgeon, sans enlever l'attache. Peu après, on coupe le sujet à quelques centimètres au-dessus de la greffe et en biseau.

Mentionnons enfin les *greffes en flûte* ou *sifflet* et *g. en anneau*, qui ne diffèrent de la greffe en écusson que par leur forme.

Dans la première on étête le sujet, on enlève au sommet de la coupe un anneau d'écorce que l'on remplace par un anneau muni de un ou deux yeux, pris sur un greffon de même grosseur.

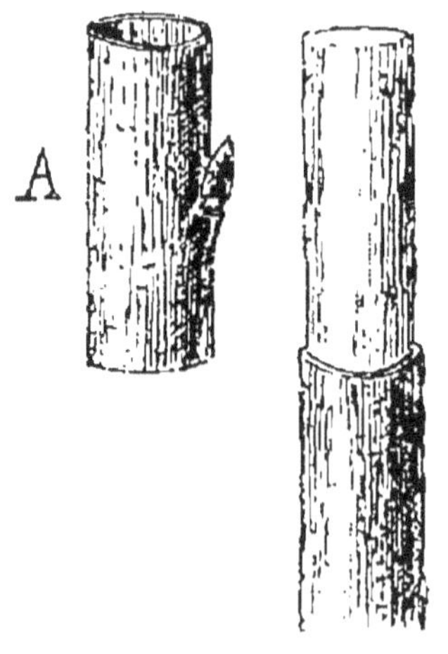

Fig. 17. — Greffe en flûte.
A, greffon.

La seconde ne diffère de celle-ci que parce qu'on ne supprime pas la tête du sujet et que pour enlever et poser les anneaux on est en conséquence obligé de les fendre sur le côté. Ce procédé permet ainsi d'employer des sujets de différentes grosseurs, et, si l'opération ne réussit pas, le sujet n'étant pas tronqué, peut recevoir une autre sorte de greffe.

LES ÉCLATS ET LES DIVISIONS

On entend par *éclats*, des fragments séparés d'une souche mère, et par *divisions* le sectionnement de celle-ci en plusieurs parties. Tantôt, en effet, il suffit d'enlever autour du pied mère les rejets qu'il a émis à une distance variable, et qui sont plus ou moins munis de racines, pour en obtenir en peu de temps de jeunes pieds ; tantôt, et lorsque la souche mère est touffue ou autrement dit cespiteuse, il faut trancher celle-ci en fragments munis chacun d'au moins un, et si l'on peut de plusieurs bourgeons et de quelques racines. On plante ensuite ces éclats ou divisions en pépinière ou directement en place, et ils ne tardent pas à former de belles plantes.

Cette opération doit toujours s'effectuer pendant la période de repos de la plante, à l'automne ou de préférence au commencement du printemps pour toutes celles qui sont un peu délicates. C'est, comme on le voit, le mode de multiplication le plus simple et le plus rapide. On l'emploie beaucoup pour les plantes herbacées, pour celles qui sont rhizomateuses, et fréquemment pour certains arbustes ou arbrisseaux touffus ou traçants.

Quant aux plantes bulbeuses, on sépare les petits bulbes ou caïeux qui se développent sur les côtés du bulbe mère. Pour celles qui sont tuberculeuses, on sépare les tubercules, et on peut même sectionner ceux-ci, selon le nombre et la position des yeux dont ils sont pourvus.

En résumé, la division ne diffère du bouturage qu'en ce que les parties qu'on détache sont le plus

souvent déjà pourvues de racines, c'est aussi pourquoi ce procédé est si simple qu'il est à la portée des
plus inexpérimentés; il n'y a donc pas lieu de nous
étendre plus longuement à son sujet.

CHAPITRE III

LES LÉGUMES

Par légumes ou *plantes potagères*, on entend les plantes herbacées dont certaines de leurs parties entrent dans l'alimentation de l'homme ; quelques-unes, telles que la Pomme de terre, comptent pour une part très importante. La partie du jardin où on cultive ces plantes se nomme le *jardin potager* ou simplement le *potager*.

Chez certaines plantes potagères, comme celle que nous venons de citer, ce sont les tubercules ou bien la racine renflée, comme dans la Carotte et le Navet, qui constitue la partie comestible ; chez d'autres, ce sont les parties foliacées, comme dans le Chou, la Laitue, l'Épinard ; ou bien on mange les fruits, jeunes, comme dans le Haricot, la Fève, le Cornichon, mûrs, comme dans la Tomate, la Fraise, etc. Chez les Pois on consomme les graines encore tendres et chez les Haricots on mange celles-ci fraîches ou sèches. L'Asperge nous fournit sa tige quand elle sort de terre, le Poireau la sienne quand elle est développée et blanchie, l'Ognon, son bulbe, et enfin l'Artichaut son capitule de fleurs ou plus exactement la partie charnue qui les supporte et que l'on nomme *fond*.

Les légumes cultivés sous notre climat prospèrent presque tous en plein air pendant l'été, mais beaucoup ne peuvent résister aux froids rigoureux que nous supportons. Leur végétation rapide leur permet en général d'atteindre leur complet développement dans l'espace de quelques mois; toutefois, quelques-uns, tels que l'Aubergine, la Tomate, etc., demandent à être semés de très bonne heure, sur couche, afin que les plants soient déjà forts au moment où la température extérieure sera devenue propice, et même, le Melon et le Concombre ne peuvent guère se dispenser de la couche et des châssis.

Dans le voisinage des centres bien approvisionnés, le jardinier-amateur, trouvant facilement à se procurer les légumes dont il a besoin, consacre généralement une bonne partie de son jardin aux cultures d'agrément, et, les arbres fruitiers étant encore le plus souvent plantés dans la partie potagère, celle-ci devient alors bien restreinte. Toutefois, il est encore possible d'y cultiver, sinon toutes sortes de légumes, mais au moins les plus faciles ou ceux qu'il est le plus agréable d'avoir sous la main, en outre des herbes d'assaisonnement qui sont à peu près indispensables.

Nous mentionnerons donc, dans ce chapitre, à peu près tous les légumes cultivables en plein air, mais nous ne citerons que quelques-unes de leurs variétés les plus méritantes, afin de pouvoir nous étendre un peu plus longuement sur leur mode de culture.

Ail ORDINAIRE (*Allium sativum*). — On plante les gousses dont sont formés ses bulbes à la fin de l'hiver. en lignes espacées de 20 centimètres, dans un terrain sain et fertile, et la maturité arrive en août; dans le Midi, on plante l'ail à l'automne, pour le récolter en juin. — L'*Ail rose hâtif* est une variété plus précoce, que l'on plante à l'automne, sous le climat parisien.

Ansérine BON-HENRI (*Chenopodium Bonus-Henricus*).

— Plante vivace et rustique, haute de 80 centimètres, à feuilles un peu en fer de flèche, assez charnues. On mange celles-ci en guise d'Epinards. Multiplication par semis faits au printemps, en pépinière, et repiquage en place, à environ 40 centimètres de distance en tous sens.

Arroche BLONDE (*Atriplex hortensis*). — Plante annuelle, atteignant 1 m. 50 à 2 mètres, à feuilles amples et molles. On emploie celles-ci comme celles de l'Ansérine et plus fréquemment qu'elles, souvent pour adoucir l'acidité de l'Oseille. Les *Arroche rouge foncé* et *A. verte* se distinguent par leur couleur et sont moins employées. On sème l'Arroche en mars, en place et en rayons, et on éclaircit ensuite le plant s'il y a lieu.

Artichaut (*Cynara Scolymus*). — L'Artichaut est une plante volumineuse, à feuilles amples, découpées et très glauques, émettant une tige forte, haute de 1 mètre et plus, portant plusieurs gros capitules. On consomme, cru ou cuit, le fond charnu de ces capitules et la base des écailles qui les entourent.

Sa multiplication peut s'effectuer par semis ou par séparation des rejets ou œilletons qui se développent

Fig. 18. — ARTICHAUT VERT DE LAON.

au pied ; ce dernier procédé est le plus généralement employé. Ces œilletons poussent au printemps, en assez grand nombre sur les vieux pieds, et, comme ils sont trop abondants, on les supprime, sauf les deux ou trois plus beaux. Il faut opérer avec précaution, afin de ne pas endommager le pied mère et ménager un talon aux œilletons que l'on destine à la plantation ; ou les pare à cet effet avec la serpette et on coupe l'extrémité de leurs feuilles, puis leur plantation se fait immédiatement en place.

On a pour cela défoncé et fumé le terrain qu'on leur destine, et on les y repique au plantoir, à environ 1 mètre en tous sens et en quinconce ; on a soin de tasser fortement le sol autour de chaque œilleton et d'arroser ensuite copieusement, et plusieurs fois si cela est nécessaire. Dans de bonnes conditions, la production commence dès l'automne et peut durer quatre années.

A la fin de l'automne, on coupe les tiges florifères au niveau du sol, on enlève toutes les vieilles feuilles, on raccourcit et on lie les autres, puis on ramène la terre autour et au dessus de chaque pied, de façon à former une butte conique, que l'on recouvre encore, s'il fait très froid, avec du fumier, des feuilles ou autre matières.

L'*Artichaut gros vert de Laon* est le plus estimé et le plus cultivé dans le centre de la France, son fond est large, charnu et succulent ; puis, viennent les *A. camus de Bretagne* ou *de Roscoff* à tête globuleuse, *A. violet* et *vert de Provence*, etc.

Asperge (*Asparagus officinalis*). — L'Asperge est munie d'une souche que l'on nomme *griffe*, à racines longues, simples et charnues, rayonnant presque horizontalement en tous sens. Ses tiges atteignent environ 1 m. 50 ; elles sont ramifiées et garnies de feuilles excessivement ténues. On consomme ces tiges, cuites, quand elles commencent à sortir de terre.

La multiplication de l'Asperge s'effectue spécialement par semis et les jeunes griffes se mettent en place quand elle ont deux ou trois ans ; la récolte des asperges ne doit guère commencer avant la troisième année après la plantation, mais aussi la production peut se prolonger pendant dix à douze ans.

Les terrains sains et légers sont ceux qui conviennent le mieux à l'Asperge. Après avoir défoncé profondément le sol avant l'hiver, on creuse des fosses espacées de 80 centimètres à 1 m., larges de 30 centimètres et profondes de 20 à 25 centimètres ; on y répand une couche de bon fumier fait, puis on forme des petits monticules de terre fine, à 80 centimètres les uns des autres, et au sommet desquels on place une griffe, en étendant soigneusement les racines tout autour. On répand sur celles-ci un peu de terreau, puis de la terre, que l'on foule modérément et on nivelle enfin le terrain. Il ne reste plus qu'à biner et arroser la plantation quand il fait très sec.

A l'automne suivant, et tous les ans à la même époque, on coupe les tiges, on découvre légèrement les griffes et on répand sur la surface une bonne couche de fumier gras, que l'on enfouit au printemps suivant, au moment du buttage. A la troisième année, on commence à butter les griffes avec de la terre que l'on prend entre les rangs, et l'on peut, si les plantes sont bien vigoureuses, commencer à cueillir une demi-douzaine d'asperges par pied. Par la suite, on butte chaque année les griffes avant la pousse et on les découvre lorsque la cueillette, qui ne doit pas dépasser le 15 juin, est terminée.

Il est important de ne pas ménager les engrais de toutes sortes, car peu de plantes sont aussi voraces que l'Asperge ; la quantité qu'on lui en donne se retrouve toujours dans la quantité du produit. Le sel, le plâtre, la marne, etc., ont été recommandés comme amendements, pour la culture des Asperges.

La récolte des asperges demande à être faite avec soin, afin de ne pas endommager les griffes ; on se sert à cet effet d'une gouge à longue tige que l'on enfonce perpendiculairement le long de l'asperge, puis

Fig. 19. — Gouge à asperge.

on éclate celle-ci de la griffe par un mouvement de bascule ; cette opération demande cependant une certaine pratique.

Les variétés d'Asperges sont peu nombreuses et peu distinctes entre elles ; la *hâtive d'Argenteuil* est la plus belle et la plus cultivée, puis viennent la *tardive d'Argenteuil* et la *violette de Hollande*.

Aubergine (*Solanum Melongena*). — Sous notre climat, l'Aubergine demande à être cultivée presque continuellement sur couche, ce qui n'est guère possible dans les petits jardins ; ses fruits sont du reste peu estimés dans le Nord.

Basilic (*Ocimum Basilicum*). — Le Basilic est principalement cultivé dans le Nord comme plante d'agrément, pour le parfum aromatique qu'il répand. On le sème en mars-avril, sous châssis, et sur couche si cela est possible ; on repique les plants en pépinière, puis on les met en pleine terre en mai, ou bien on les élève en pots. Il en existe plusieurs variétés ; les plus répandues sont : *B. grand vert* et *B. grand violet* ; *B. à feuilles de Laitue*. Le *B. fin vert* (*O. minimum*) est moins élevé, très ramifié, touffu et à feuilles bien plus petites et plus nombreuses.

Betterave (*Beta vulgaris*). — Les B. potagères seules intéressent le jardinier amateur. Elles aiment les terres meubles, fraîches et fertiles. On les sème au commencement de mai, en rayons espacés de 30 à 40 centimètres, puis on éclaircit les plants à

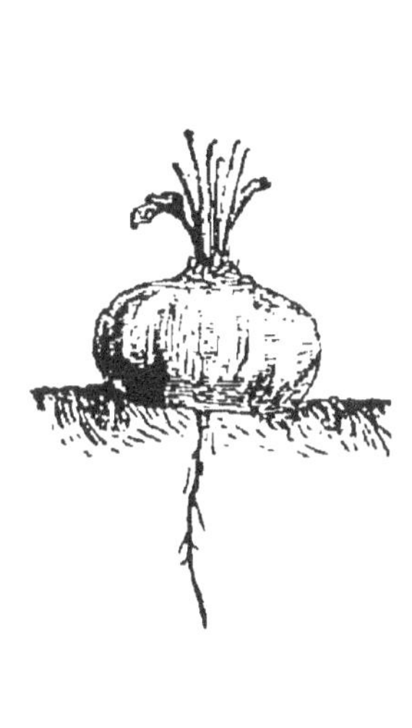

Fig. 20. — BETTERAVE ROUGE-NOIR PLATE D'ÉGYPTE.

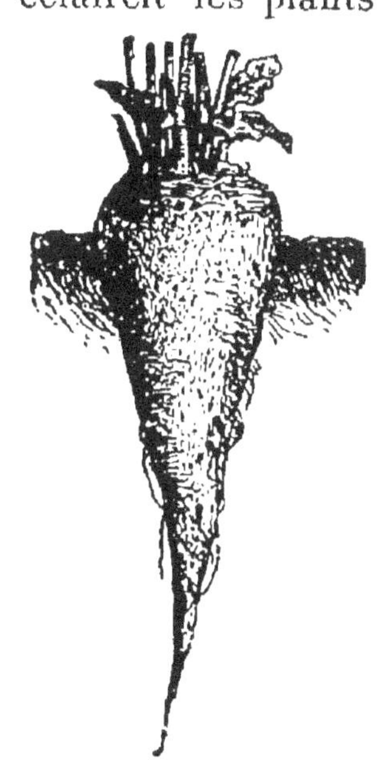

Fig. 21. — BETTERAVE CRAPAUDINE.

une distance un peu moindre, au moment du premier binage. Les soins se bornent ensuite à tenir la terre meuble et propre. L'arrachage des racines s'opère au commencement d'octobre, avant les premières gelées. On rase les feuilles au niveau du collet, puis on rentre les racines dans une cave, à l'abri des gelées ; elles s'y conservent pendant tout l'hiver.

Ces racines se consomment cuites entières, à l'eau ou au four, puis assaisonnées seules ou avec d'autres salades.

Les variétés de Betteraves potagères sont nombreuses ; parmi les meilleures nous mentionnerons :

B. rouge-noir plate d'Egypte, très hâtive, arrondie, aplatie, à chair rouge-sang foncé; bonne surtout quant elle est jeune.

B. crapaudine ou *B. à écorce*, de forme conique, à peau noirâtre et crevassée comme l'écorce de certains arbres; sa chair est très rouge, tendre et sucrée.

B. rouge grosse ou *B. rouge longue*, d'environ 50 centimètres de long et la grosseur du bras, presque droite, à chair très rouge et tendre. C'est la plus cultivée pour l'approvisionnement des marchés.

B. pyriforme de Strasbourg, pyriforme, à peau, chair et feuillage rouge très foncé, presque noir. C'est la plus colorée.

Cardon (*Cynara Cardunculus*). — Cette plante, dont le type primitif paraît être le même que celui de l'Artichaut, en diffère surtout par les pétioles de ses feuilles qui sont épais, charnus et succulents; on les consomme cuits et apprêtés au jus ou au gratin.

Fig. 22. — CARDON PLEIN INERME.

Le Cardon demande beaucoup de place, près de 1 mètre en tous sens, une terre profonde, fertile et des arrosements pendant les temps secs. On le sème en mai, en poquets, à la place que chaque plante doit occuper, à raison trois graines par trous, pour ne conserver par la suite que le plus beau plant. A l'automne, on lie les feuilles, on les enveloppe de paille et on butte le pied pour les faire blanchir; trois semaines après ils sont bons à consommer. Comme la moindre gelée les fait pourrir, on les rentre auparavant en cave, pour les prolonger le plus possible.

Les variétés de Cardon se distinguent entre elles par leurs côtes épineuses ou inermes et plus ou moins succulentes; les meilleures sont : *C. de Tours*, à côtes très épaisses et très pleines, mais très épineuses ; *C. plein inerme*, à côtes dépourvues d'épines, plus courtes, plus larges, mais moins épaisses et se creusant parfois.

Carotte (*Daucus Carota*). — La Carotte est, on le sait, un des légumes les plus utiles; on peut facilement l'obtenir dans les petits jardins et en différentes saisons. Comme pour les Betteraves, les *C. potagères et sans cœur*, sont les seules qui nous intéressent, à moins qu'il ne s'agisse de pourvoir à la nourriture de quelques lapins.

Tout terrain bien fumé et meuble convient à la Carotte, on la sème de février jusqu'en automne, par carrés successifs pour en avoir toujours de jeunes et tendres. Le semis se fait en lignes espacées d'environ 25 centimètres et assez clair, on éclaircit ensuite quand les racines sont déjà à mi-grosseur, en plusieurs fois, pour laisser celles qui restent grossir successivement. Les soins consistent en binages et arrosages selon le besoin. Les Carottes destinées à la conservation hivernale doivent avoir atteint tout leur développement avant l'approche des froids. On les rentre alors en cave, après les avoir privées de toutes leurs feuilles et on les y conserve dans du sable. Les variétés les plus recommandables sont :

C. rouge très courte ou *C. grelot*, entièrement ronde, de la grosseur d'une pêche, très rouge et tendre. C'est la plus précoce et la plus cultivée pour obtenir au printemps des Carottes nouvelles, que l'on consomme à demi-grosseur..

C. rouge courte hâtive, plus allongée, plus grosse, de même qualité et succédant à la précédente comme précocité.

C. rouge demi-longue nantaise, allongée, presque cylindrique et très obtuse au sommet ; sa chair est

Fig. 23.

CAROTTE ROUGE TRÈS
COURTE A CHASSIS.

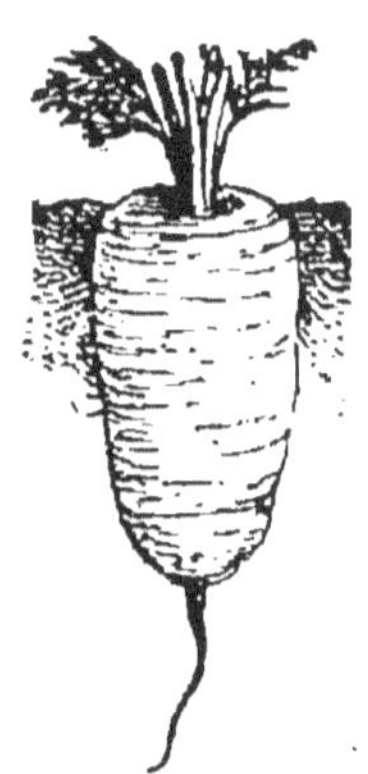

Fig. 24.

CAROTTE ROUGE
COURTE HATIVE.

Fig. 25.

CAROTTE ROUGE
½ LONGUE DE LUC.

très rouge, tendre et absolument sans cœur. C'est une des plus répandues et très estimée.

Les *C. rouge demi-longue obtuse*, *C. demi-longue de Luc*, et *C. demi-longue de Carentan*, possèdent à peu près les qualités de la précédente, et ne s'en distinguent que par des détails secondaires pour l'amateur.

C. rouge longue obtuse sans cœur, très longue, mince et irrégulièrement annelée, sa chair est très fine et sans cœur ; bonne variété pour la conserve.

Citons en passant la *C. blanche à collet vert*, comme une des plus productives pour la nourriture des animaux.

Céleri (*Apium graveolens*). — Ce légume demande une terre bien douce, très fertile et fraîche. Il en existe deux races très distinctes : les *Céleris à côte* et les *Céleris-raves* ; dans les premiers, on consomme surtout les côtes blanchies, en salade ; dans les seconds c'est au contraire la racine renflée que l'on accommode de la même manière ou parfois cuite au jus. Sauf les soins de blanchiment nécessaires pour les premiers, les deux races se cultivent à peu près de la même manière.

On sème les graines de mars en mai, ou plus tôt pour primeur, à la volée et clair ; quand le plant est déjà fort, on le plante en place, en lignes, à 25 ou 30 centimètres en tout sens. Parfois, et pour opérer plus facilement le blanchiment, on plante deux rangs dans des tranchées de 20 à 30 centimètres de profondeur. Arrivées à leur complet développement, on lie les côtes ensemble, puis on entasse des feuilles, du fumier sec ou de la terre autour des pieds et jusqu'au niveau des dernières feuilles.

Les Céleris-raves se consomment dès l'automne et

Fig. 26.

Céleri plein blanc d'Amérique.

Fig. 27.

Céleri-rave.

se conservent comme les Betteraves. Parmi les meilleures variétés des deux races nous mentionnerons :

C. plein blanc court à grosses côtes, celles-ci sont très larges, bien pleines et charnues ; ne drageonne pas.

Les *C. plein blanc doré* et *C. plein blanc d'Amérique*, sont des variétés remarquables par la teinte blanche de leurs côtes, qui permet de les consommer sans les blanchir au préalable ; toutefois, ils sont beaucoup plus tendres si on a eu soin de leur faire subir cette petite opération.

Céleri-rave de Paris amélioré, à racine volumineuse, bien nette.

Céleri-rave d'Erfurt, plus petit, mais aussi plus précoce.

Cerfeuil (*Anthriscus cerefolium*). — L'emploi du Cerfeuil comme assaisonnement est si fréquent et si général qu'il est à peu près indispensable. Sa culture ne présente aucune difficulté et environ deux mois après le semis il est bon à consommer.

On le sème pendant toute la belle saison, en place, à la volée et clair, un peu à l'ombre pendant l'été, et on l'arrose copieusement. C'est sans doute le légume demandant le moins de soins et de temps pour se développer, aussi, on peut l'obtenir dans les plus petits jardins, voire même dans des caisses ou des pots, sur les fenêtres.

Fig. 28. — CERFEUIL TUBÉREUX.

On distingue des variétés, *frisé*, *à feuilles de Fougère*, mais le *C. commun* est le plus généralement cultivé.

Le *Cerfeuil tubéreux* diffère totalement des précédents par sa racine qui prend les proportions d'une petite Carotte demi-longue, à chair blanche, fine, et qui constitue un mets des plus fins. Il faut le semer comme les Carottes, à l'automne, ou bien employer au printemps des graines stratifiées.

Champignon DE COUCHE (*Agaricus campestris*). — Bien que ce légume, très recherché, fasse l'objet d'importantes cultures industrielles, celle-ci n'est guère praticable dans un petit jardin d'amateur; d'autre part, le cadre de cet ouvrage ne nous permet pas d'en donner des détails suffisants pour permettre quelques chances de succès; du reste, les traités spéciaux sont nombreux.

Chicorée. — On comprend sous ce nom deux ou même trois sortes de plantes potagères très distinctes, et que l'on consomme presque toujours en salade; ce sont : les CHICORÉES FRISÉES (*Cichorium endivia*) et leurs proches voisines les *Scaroles* ; puis la CHICORÉE SAUVAGE ou C. AMÈRE (*Cichorium Intybus*). Nous allons les étudier successivement.

CHICORÉES FRISÉES. — A l'aide de cultures spéciales on en obtient pendant presque toute l'année, mais en pleine terre, la production s'achève avec les premières gelées. On les sème en pleine terre dès le mois d'avril, dans un endroit abrité ou plus tôt sous châssis, puis successivement pendant le cours de l'été. Quand le plant est suffisamment fort, on le repique en planches meubles et fumées, à 25 ou 30 centimètres de distance, on paille avec du fumier fait, et on arrose selon le besoin.

Avant de les cueillir pour la consommation, il faut les faire blanchir; pour cela, on les lie ou bien on les couvre d'un paillasson, d'une planche ou d'un pot renversé, mais il faut opérer quand la plante est bien sèche et éviter par la suite que l'eau ne rentre dans le cœur, ce qui en déterminerait la pourriture.

Les *Scaroles* se traitent de la même façon ; elles sont plus résistantes que les Chicorées et par cela préférables pour la production automnale. On peut du reste, et de même que les Chicorées, les rentrer en cave et en motte, à l'approche des fortes gelées. Nous ne citerons que quelques-unes des meilleures variétés.

Fig. 29.

CHICORÉE FRISÉE FINE D'ÉTÉ
OU D'ITALIE.

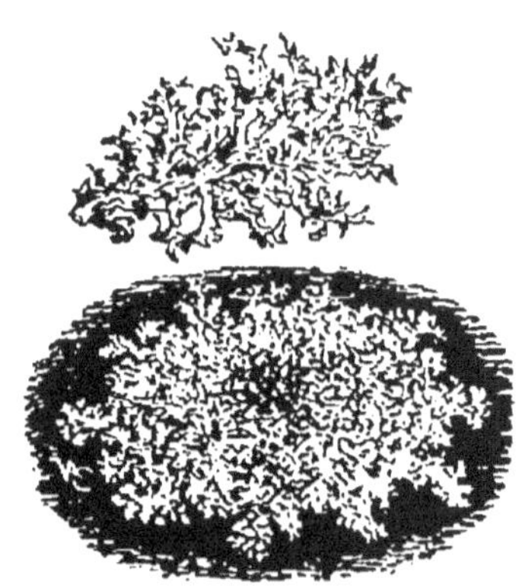

Fig. 30.

CHICORÉE FRISÉE TOUJOURS
BLANCHE.

C. f. fine d'été, peu volumineuse, à feuilles très finement découpées ; convient bien pour l'été.

C. f. de Meaux, très grosse, à feuilles larges, moins finement découpées que les autres et crépues ; bonne variété pour l'automne et pour faire cuire à la façon des épinards.

C. f. de Rouen ou *Corne-de-cerf,* à cœur très plein, blanchissant facilement et à divisions des feuilles un peu pointues et dressées ; convient pour l'arrière-saison.

C. f. toujours blanche, à cœur peu garni, mais toute la plante est d'un vert très pâle.

C. f. Reine d'hiver, se rapproche des Scaroles par ses

feuilles amples et faiblement découpées ; surtout méritante par sa grande rusticité.

Scarole ronde ou verte, à feuilles amples et à côtes très larges ; son cœur est très plein et blanchit facilement ; c'est la plus résistante et la plus cultivée par les maraîchers.

S. blonde, un peu plus forte que la précédente, plus blonde, mais moins résistante ; convient surtout pour l'été.

Chicorée sauvage. — Quatre modes de culture s'appliquent à cette plante, pour l'obtention d'autant de produits distincts : 1° culture ordinaire en pleine

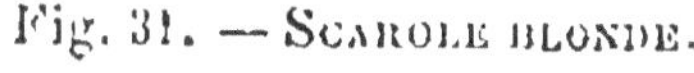

Fig. 31. — Scarole blonde.

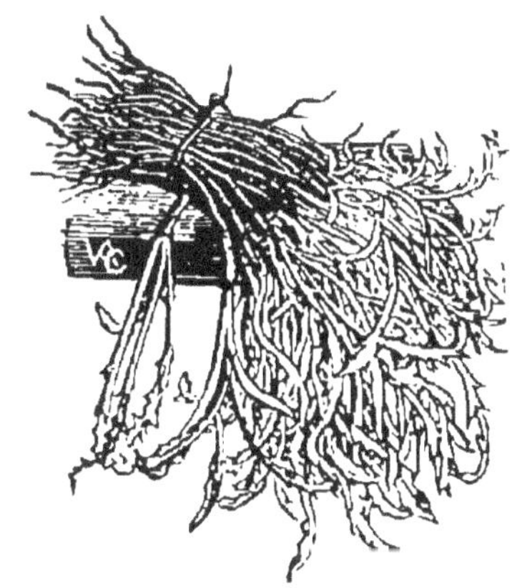

Fig. 32. — Chicorée sauvage, à l'état de Barbe de capucin.

terre ; 2° blanchiment printanier sur place, pour l'obtention du chicotin ; 3° forçage en cave, pour la production de la Barbe de capucin ; 4° forçage en fosses pour obtenir, d'une variété spéciale, l'Endive ou Witloof.

Dans le premier cas, on sème au printemps, en lignes ou à la volée, et on récolte les feuilles pour la consommation. Dans le second, on couvre au printemps les plantes de quelques centimètres de terre, pour faire blanchir les premières feuilles, quand elles commencent à se développer; on les consomme alors en cet état.

Pour la production de la *Barbe de capucin*, on récolte à l'automne les longues racines que contiennent les planches de semis de l'année, on les lie en bottes, puis on les place dans un endroit obscur, sur un lit de fumier chaud. Toutefois, cette culture, de même que la suivante, est presque exclusivement faite par des spécialistes.

L'obtention du *Witloof*, *Endive* ou *Chicorée pommée*, a lieu dans des fosses, d'une façon rappelant un peu le procédé d'obtention de la Barbe de capucin. On y place les racines debout, et on les couvre de fumier chaud. Les détails de cette culture, qui fournit un excellent légume, sont relativement minutieux et demandent des explications que nous ne pouvons donner ici; on les trouvera longuement décrits dans l'excellent ouvrage sur les *Plantes potagères*, de MM. Vilmorin-Andrieux et Cie.

Chou (*Brassica oleracea*). — Le Chou est un des légumes les plus anciennement cultivés, son origine se perd dans la nuit des temps, et c'est à peine si l'on reconnaît dans la plante qui croît spontanément sur les côtes de l'Océan, le type qui a donné naissance aux nombreuses races et variétés que l'on cultive aujourd'hui.

Les différentes races de Choux sont : Ch. CABUS ou POMMÉS LISSES; les Ch. DE MILAN, POMMÉS FRISÉS ou CLOQUÉS; les Ch. DE BRUXELLES ou Ch. A REJETS ; les Ch. VERTS ou NON POMMÉS ; les *Ch. fourragers;* les *Ch. Colza* ou *à huile;* les CHOUX-FLEURS et Ch. BROCOLIS; enfin les CHOUX-NAVETS ou RUTABAGAS et les CHOUX-NAVES, qui produisent de grosses racines renflées et charnues, enterrées dans le premier, et hors terre dans le dernier.

Étant données l'utilité et la diversité de ces légumes, nous allons étudier séparément et rapidement chacun d'eux, en omettant, bien entendu, ceux qui ne rentrent pas dans la série des plantes potagères.

CHOUX CABUS OU POMMÉS LISSES. — Les variétés sont excessivement nombreuses et diffèrent entre elles par leur volume et par leur époque de production. Un certain nombre, les plus volumineuses, sont bien plus cultivées comme plantes fourragères ou pour la fabrication de la choucroute que pour la table, ou du moins on ne consomme que la partie la plus blanche et la plus tendre de la pomme.

Tous les Choux aiment les terres substantielles, fraîches, meubles et très fertiles ; les climats humides leur conviennent mieux que ceux dont l'atmosphère est sèche. Quelques variétés se sèment dès la fin de l'été pour obtenir leur production au printemps suivant, mais, la plupart se sèment de mars en juin, et les premiers semis de printemps se font parfois sous châssis, pour hâter la production.

On sème en pépinière et assez clair ; on repique les plants une fois en pépinière, quand ils sont encore tout jeunes, ou bien on les met, un peu plus tard, directement en place, en lignes, à 30-50 cent., selon les dimensions qu'ils sont susceptibles d'atteindre. Par la suite, on bine et on arrose chaque fois que le besoin s'en fait sentir. A l'entrée de l'hiver, on peut prolonger la durée de consommation des variétés tardives en rentrant les pommes avec leurs racines dans une cave ou tout autre endroit sain, ou encore en les couchant dans une tranchée, après les avoir débarrassés de leurs feuilles extérieures, la tête tournée au nord et enterrés jusqu'au-dessus de la base de la pomme ; pendant les fortes gelées, on les couvre alors de litière ou d'un paillasson.

Parmi les variétés potagères les plus recommandables pour la culture dans les petits jardins, nous mentionnerons :

Ch. Express, le plus précoce, à pomme allongée, conique ; peut se cultiver très serré.

Ch. d'York petit hâtif, à pomme ovale et à feuilles externes étalées ; variété très cultivée.

Ch. pain de sucre, précoce, à pomme très longue, ayant la forme d'une Romaine et vert pâle.

Ch. cœur de bœuf moyen de la Halle, assez hâtif et volumineux, à pomme large, un peu pointue et serrée ; très cultivé par les maraîchers.

Ch. de Saint-Denis, gros, tardif, à pomme serrée, aplatie et rougeâtre ; le pied est assez haut.

Ch. de Vaugirard, très rustique, à pomme arrondie,

Fig. 33.
CHOU CŒUR DE BŒUF MOYEN
DE LA HALLE.

Fig. 34.
CHOU ROUGE FONCÉ HATIF
D'ERFURT.

déprimée, dure, rouge violacé en dessus ; c'est un des plus rustiques et des meilleurs pour l'hiver.

Ch. rouge foncé hâtif d'Erfurt, à pomme presque ronde et extrêmement foncée ; s'emploie surtout pour les salades et pour les conserves au vinaigre.

Ch. de Milan court hâtif, à feuilles externes amples
et très cloquées; pomme ferme et assez serrée; pied
très court; excellente variété d'été.

Ch. de Milan des Vertus, à pomme grosse, aplatie
au sommet, très serrée et presque lisse, feuilles
externes amples, étalées et peu cloquées; variété très
productive et beaucoup cultivée.

Ch. de Milan de Norvège, à feuilles externes nom-

Fig. 35. — CHOU DE MILAN DES VERTUS.

breuses, dressées et peu cloquées; pomme arrondie,
un peu petite, devenant violacée pendant les froids;
c'est le plus rustique des Ch. de Milan.

CHOUX DE BRUXELLES. — Leur culture est semblable à
celle des Choux pommés; on les sème en mars-avril,
et les petites pommes ne se montrent qu'à l'approche
des gelées, pour se récolter pendant une partie de
l'hiver, ce qui rend ce légume très précieux. Les
quelques variétés cultivées diffèrent surtout entre
elles par la hauteur de leur pied, qui atteint 0 m. 75
à 1 mètre chez le *Ch. de B. ordinaire*, et seulement

0 m. 50 chez le *Ch. de B. nain;* la suivante est aujourd'hui la plus estimée.

Ch. de B. demi-nain de la Halle, d'environ 60 cent. de haut, garni de petites pommes ou rejets serrés et arrondis, persistant longtemps avant de s'ouvrir.

CHOU-FLEUR et BROCOLI. — Chez ces Choux, c'est l'inflorescence qui reste courte et devient volumineuse et blanche, qui constitue un légume fin et très recher-

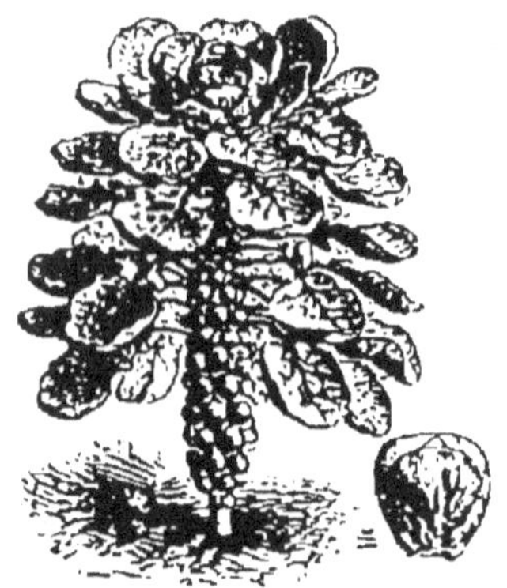

Fig. 36.
CHOU DE BRUXELLES
DEMI-NAIN DE LA HALLE.

Fig. 37 — CHOU-FLEUR
LENORMAND A PIED COURT.

ché. On sème les Choux-fleurs au printemps et ils donnent leur produit avant les froids, tandis que les Brocolis passent l'hiver et ne pomment qu'au printemps suivant ; c'est là la principale différence des deux races.

La culture des Choux-fleurs et Brocolis est plus difficile que celle des Choux pommés ; elle ne donne guère des résultats satisfaisants qu'entre des mains expérimentées et dans des sols très fertiles et frais ; dans les petits jardins, au contraire, les insuccès sont assez fréquents.

Les Choux-fleurs se sèment au printemps, de préférence de bonne heure et sous châssis, et se traitent d'une façon très analogue aux Choux pommés, en ayant surtout soin de ne jamais les laisser manquer d'humidité; on couvre la pomme d'une feuille dès qu'elle se forme, pour lui conserver toute sa blancheur.

Les *Brocolis* se sèment en avril-mai et se traitent, pendant l'été, comme les précédents; à l'entrée de l'hiver, on les couche et on couvre le pied de terre jusqu'aux premières feuilles, ou bien on les met en jauge, la tête au nord et également penchés; en mars, on les redresse; la pomme commence à se former de suite et se consomme de mai en juin. Voici quelques variétés des plus méritantes :

Ch.-f. Lenormand à Pied court, rustique, hâtif, à pomme volumineuse et très belle, venant facilement pendant tout l'été; c'est un des plus estimés et des plus cultivés.

Ch.-f. tendre de Paris, très hâtif, à pomme belle, mais se conservant peu; convient surtout aux semis précoces.

Ch.-f. géant d'automne, variété très volumineuse, résistante, donnant sa pomme à l'automne.

Ch. Brocoli blanc hâtif, à feuillage abondant; la pomme est blanche, ferme et de longue durée; variété rustique, de culture facile, assez hâtive et très répandue.

Ch. Brocoli blanc Mammouth, à pomme très grosse, blanche et se formant tardivement.

Ch. Brocoli de Pâques, à feuilles grisâtres, peu abondantes et courtes; pomme bien faite, blanche, et se formant très tôt.

Chou-navet. — On a ici affaire à un Chou dont la *racine* se renfle fortement en terre, devient charnue, tendre, et se consomme ensuite comme les Navets.

Rentrées en cave, ces racines s'y conservent longtemps et constituent une précieuse ressource pour l'hiver.

On sème les Choux-navets, encore nommés *Ruta-bagas*, en mai-juin, en place mais très clair, puis on éclaircit les plants à 30-35 centimètres les uns des autres ; pendant l'été, on bine et on arrose selon le besoin ; les racines se renflent et se consomment à demi-grosseur, ou bien on les arrache à l'automne et on les rentre, après les avoir privées de toutes leurs feuilles, pour les utiliser en hiver. Certaines variétés

Fig. 38.

CHOU-NAVET JAUNE
A COLLET VERT.

Fig. 39.

CHOU-RAVE BLANC HATIF
DE VIENNE.

volumineuses sont cultivées pour l'alimentation du bétail ; les plus estimées pour la table sont :

Ch.-n. blanc, à racine arrondie, turbinée, un peu irrégulière, à peau et chair blanches et à collet ver-dâtre ; sa forme *à courtes feuilles* est plus hâtive et moins feuillue.

Ch.-n. jaune ou *Rutabaga à collet vert*, à racine ar-rondie, souvent volumineuse, à peau jaune inférieurement et verdâtre supérieurement, surtout au collet qui est souvent allongé; la chair est jaunâtre et fine; cette variété est très généralement cultivée.

CHOU-RAVE. — Ces Choux diffèrent principalement des précédents par leur *tige*, qui se renfle au-dessus de terre et porte des cicatrices de feuilles sur le renflement; celui-ci peut atteindre la grosseur de la tête, mais, pour qu'il soit tendre et succulent, il faut le consommer jeune, à la grosseur du poing ou au plus des deux.

On les sème en pépinière, de mars en juin; environ six semaines après, on repique les plants en place, à 30-40 centimètres de distance, et au bout d'à peu près deux mois, les pommes sont bonnes à récolter. On ne possède que quatre variétés, dont deux diffèrent des autres par leur couleur *violette*; ce sont:

Ch.-r. blanc hâtif de Vienne, à pomme petite, mais très fine et précoce;

Ch.-r. blanc, à pomme plus grosse, mais plus tardive et moins fine.

Concombre et **Cornichon** (*Cucumis sativus*). — Ces excellents légumes ne peuvent guère se cultiver dans les petits jardins que lorsqu'on possède une couche, pour y pratiquer le semis, ou bien en achetant quelques plants que l'on placera dans un endroit abrité et bien ensoleillé, sur une couche sourde. Celle-ci se fait en creusant un trou ou un fossé de 30 à 40 centimètres de profondeur et autant de largeur, qu'on remplit de fumier encore chaud et sur lequel on rejette ensuite 10 à 15 centimètres de terre. Des cloches, des pots ou même des cornets en papier servent à protéger les jeunes plantes pendant les nuits froides.

Les variétés de Concombres sont très nombreuses;

nous recommanderons les *C. blanc long parisien, C. jaune gros, C. vert long d'Athènes.*

Le *Cornichon* ne diffère du Concombre que par sa consommation qui a lieu alors que le fruit est tout jeune, et après avoir été confit dans le vinaigre. En raison de l'époque de sa cueillette, sa culture présente

Fig. 40. — CONCOMBRE BLANC LONG PARISIEN.

Fig. 41. — CORNICHON FIN DE MEAUX.

plus de certitude en pleine terre que celle du Concombre ; le *C. fin de Meaux* est un des meilleurs.

Courge (*Cucurbita.*) — Les variétés de Courges sont excessivement nombreuses et souvent très différentes les unes des autres par leurs dimensions, leurs formes et leurs modes de consommation ; elles descendent de trois espèces distinctes (*C. maxima, C. moschata, C. Pepo*) dont ne pouvons nous occuper ici. Leur culture est analogue à celle des Concombres, mais elles sont rustiques, ce qui permet de les semer directement en place, sur couche sourde, au commencement de mai. Toutefois, la plupart des variétés couvrent de leurs rameaux traînants une grande surface, et ne peuvent ainsi trouver place dans les petits jardins.

Le Potiron n'est qu'une sorte de très grosse Courge, à chair épaisse et de très bonne qualité ; il s'en fait une très grande consommation à Paris.

Le Patisson est aussi une Courge très curieuse par sa forme aplatie et anguleuse, mais peu charnue.

Le Giraumon ou *Bonnet de Turc* est encore une Courge de forme très singulière, volumineuse, d'excellente qualité et de longue garde.

Selon la grosseur que les fruits sont susceptibles

Fig. 42. — Giraumon ou Bonnet de Turc.

Fig. 43. — Courge marron.

d'atteindre, on n'en laisse que un à quatre sur chaque pied ; il y a du reste avantage à récolter de petits fruits, car on a alors le temps de les consommer dans le ménage avant qu'ils se gâtent.

Parmi les meilleurs Courges proprement dites, nous citerons :

C. brodée galeuse, grosse, aplatie, jaune orangé, très rugueuse et à chair épaisse, d'excellente qualité.

C. marron, presque ronde, rouge-brique vif, lisse, à chair très épaisse et farineuse ; d'excellente conservation.

C. pleine de Naples, allongée en massue, grosse, vert foncé, à chair jaune orangé et parfumée.

C. sucrière du Brésil, petite, ovoïde, verruqueuse,

jaune vif, à chair épaisse, jaune et très sucrée ; conservation très longue.

C. blanche non coureuse, allongée, à cinq côtes,

Fig. 44. — COURGE SUCRIÈRE DU BRÉSIL.

Fig. 45. — COURGE BLANCHE NON COUREUSE.

blanche et lisse ; ses fruits se consomment avant qu'ils aient atteint la moitié de leur grosseur et la chair est alors tendre et moelleuse ; cette variété a en outre le mérite de rester en touffe.

Fig. 46. — PATISSON JAUNE.

Fig. 47. — POTIRON ROUGE VIF D'ÉTAMPES.

Parmi les POTIRONS, les *P. vert d'Espagne* et surtout le *P. rouge vif d'Étampes* sont les plus recommandables ;

pour les obtenir moins gros, on laisse deux ou trois fruits sur chaque pied.

Les Patissons, *jaune* et *blanc américain*, sont les plus recommandables pour l'usage culinaire ; un excellent moyen de les apprêter est celui qui consiste à les ouvrir circulairement au sommet, à enlever les graines, à remplir la cavité avec de la chair à saucisse, à replacer le couvercle et à les faire cuire au four, sans autre apprêt.

Cresson. — On désigne ainsi trois plantes, dont les feuilles et sommités se consomment crues ou en salade, mais nettement distinctes les unes des autres et de culture différente ; nous allons les étudier séparément.

C. alénois (*Lepidium sativum*). — Plante à végétation

Fig. 48. — Cresson alénois
nain très frisé.

Fig. 49. — Cresson
de fontaine.

très rapide et des plus faciles à cultiver ; il suffit d'en semer les graines à la volée, dans une planche, en bordure, etc., un peu au frais et à l'ombre en été, pour en récolter les feuilles au bout d'environ trois semaines ; la plante monte ensuite rapidement à graine. Il faut ainsi faire de nombreux semis successifs, pour pouvoir en récolter pendant toute la belle saison.

Ce sont les graines de cette plante, dont la germination peut s'effectuer en moins de 24 heures, que l'on vend sous des noms fantaisistes, pour orner de verdure des vases et autres objets d'appartement; il suffit pour cela d'entourer ceux-ci de ouate, de mousse ou d'argile, de les saupoudrer de graines et d'entretenir une humidité constante.

On cultive les variétés : *frisé*, *nain très frisé*, *doré* et *à larges feuilles*, dont les noms indiquent les caractères.

C. DE FONTAINE (*Nasturtium officinale*). — Plante aquatique, vivace, croissant fréquemment d'elle-même dans les fossés et les petits cours d'eau claire, peu rapide. Sa culture ne peut ainsi s'effectuer que dans les endroits inondés ou du moins très humides, mais on peut aussi le cultiver dans des bacs ou de vieux tonneaux, à demi remplis de bonne terre, sur laquelle on entretient sans cesse quelques centimètres d'eau.

Une cressonnière s'établit en creusant des fosses inondables, de 2 à 4 mètres de large, peu profondes et à pente peu rapide. Après avoir labouré et fumé le fond, on y sème le Cresson en lignes et clair, ou bien on y pique au plantoir, à 10 centimètres en tous sens, des tiges vigoureuses et munies de quelques racines; dans le premier cas, on mouille d'abord à l'arrosoir, puis on submerge les plantes au fur et à mesure qu'elles s'allongent; dans le second, on submerge immédiatement après la plantation, et par la suite, on maintient le niveau de l'eau à environ 10 centimètres du sol. Pendant l'hiver, on fait monter l'eau bien au-dessus du Cresson pour le préserver de

la gelée. La récolte du Cresson ne doit se composer
que du sommet feuillé des pousses, avant la floraison, et se répète plusieurs fois dans le cours d'une
année.

C. DE JARDIN (*Barbaræa præcox*). — Encore nommée
C. de terre ou *Cressonnette*, cette plante est vivace et se
sème au printemps, en bordure ou en planche, en
lignes et très clair. Les feuilles ont une saveur piquante, un peu âcre ; elles sont dures et inférieures
à celles des deux espèces précédentes. On conseille
de faire des semis successifs pour les obtenir plus
tendres.

Crosne (*Stachys affinis.*) — Nouveau légume dont
les petits tubercules blancs et annelés constituent un

excellent mets d'hiver. La
plante est vivace, très rustique et prospère très facilement. On plante les tubercules au printemps, par touffes de 2 à 4 tubercules ;
puis on bine en été, quand il
y a lieu. L'arrachage s'effectue depuis novembre jus-
qu'au printemps suivant, à
mesure des besoins, car la
conservation des tubercules
hors terre est très courte.

Fig 50. — CROSNES DU
JAPON.

Échalote (*Allium ascalonicum*). — Les bulbes de cette
plante, analogue à l'Ail, constituent un condiment
très recherché. Elle ne donne pas de graine et ne se
multiplie que par ses caïeux ou bulbes. Il lui faut une
terre légère, chaude et fertile. On plante ces derniers
aussitôt après l'hiver, peu profond, espacés de 10
centimètres environ, en bordures ou en planches.

L'arrachage s'effectue lorsque les feuilles sont entièrement desséchées; on conserve ensuite les bulbes dans un endroit sec et à l'abri des gelées. On distingue :

E. ordinaire, à bulbes allongés, à saveur assez forte et agréable.

E. de Jersey, à bulbes plus gros, arrondis, et à saveur plus douce; le feuillage en est très glauque.

Épinard (*Spinacia oleracea*). — Les feuilles de cette plante constituent une des herbes les plus recherchées pour la consommation, à cause de leur goût agréable et de leurs qualités rafraîchissantes. La végétation de l'Épinard est rapide, mais ne s'effectue bien que lorsqu'il ne fait pas trop chaud ; pendant l'été, il monte souvent rapidement à graine et ne donne alors que très peu de feuilles. Il aime les terrains frais et gras; on le sème en planches, à la volée et très clair, ou de préférence en lignes espacées de 20 à 30 centimètres, et un peu à l'ombre pendant les mois les plus chauds de l'été. Il faut effectuer plusieurs semis, entre mars et septembre, arroser copieusement, surtout pendant l'été, et couvrir les feuilles de litière ou de paillassons pendant les froids, pour prolonger la durée de la récolte; celle-ci se fait avec les ongles, en ne coupant que les feuilles entièrement développées. Les meilleures variétés sont :

Fig. 51. — ÉPINARD DE VIROFLAY.

E. d'Angleterre, à graines piquantes, résistant à la chaleur sans monter ; convient aux semis de printemps et d'été.

E. de Viroflay, à feuilles très larges et nombreuses, très productif, mais demande des terres très riches.

E. à feuille de Laitue, de petite taille, touffu et compact, à feuilles moins étalées que dans le précédent.

E. paresseux de Catillon, tardif, précieux par son peu de disposition à monter pendant les chaleurs, et recommandable pour les semis de printemps et d'été.

Estragon (*Artemisia Dracunculus*). — Les sommités feuillues de cette plante sont très recherchées comme condiment, à cause de leur odeur et de leur goût fin et aromatique. L'Estragon est vivace et rustique, mais ne produit pas habituellement des graines; on le multiplie toujours par éclats; il aime les endroits frais et demande à être légèrement protégé contre les grands froids.

Fève (*Faba vulgaris.*) — On consomme les grains lorsqu'ils sont encore verts, cuits, ou quelques personnes mangent la cosse avec du sel quand elle est toute jeune. La Fève a le grave défaut d'être toujours envahie par les Pucerons, dès qu'il commence à faire chaud, ce qui empêche d'obtenir son produit pendant l'été. On la sème de très bonne heure, en terrain bien fertile, en touffes de deux à trois pieds, et en lignes, à raison de trois à quatre par planche. On pince ordinairement le sommet des tiges quand un nombre suffisant de gousses sont bien nouées. Les plus recommandables sont :

F. de marais, à cosses contenant 2-4 gros grains plats, dressées ou étalées et au nombre de 10-15 par tige; variété très cultivée.

F. de Séville à longues cosses, celles-ci sont très

longues, pendantes et contiennent 4 à 8 gros grains; un pied n'en porte guère que 4 de bien développées.

F. Julienne, à cosses petites, dressées, de la grosseur du doigt, contenant 3-4 grains arrondis, et réunies par 3-4; variété rustique et presque aussi productive que les précédentes.

Fraisier (*Fragaria*). — On cultive deux races bien

Fig. 52. — Fève de marais.   Fig. 53. — Fraise des quatre
saisons Belle de Meaux.

distinctes : *Fraisier des quatre saisons, des Alpes* ou à *petits fruits* et *Fraisier à gros fruits* ou *anglais*. Les premiers produisent tout l'été et jusqu'en septembre, et les autres seulement en juin-juillet.

Leur culture est très analogue; on les met en bordures, ou de préférence en planches, à 35 cent. de distance en tous sens pour les premiers et jusqu'à 50 cent. pour les derniers, dans une terre légère et bien fumée.

La multiplication s'effectue le plus souvent par la

séparation des coulants ou filets que les vieux pieds émettent en grande quantité ; on peut les laisser acquérir une certaine force, en les buttant légèrement avant de les détacher, ou bien les prendre jeunes et les repiquer en pépinière, en attendant leur mise en place. Celle-ci a lieu à l'automne ou au printemps. Dans ce dernier cas, les Fraisiers à gros fruits ne produiront que l'année suivante, tandis que les Fraisiers des quatre saisons donneront déjà à l'automne. Il convient de couvrir le sol au printemps, avec du fumier pailleux, pour éviter que les fruits ne se salissent en traînant sur le sol. Les arrosements ne doivent pas être ménagés pendant la sécheresse, et surtout pour les Fraisiers à petits fruits, afin que leur production ne soit pas interrompue. Les filets doivent toujours être supprimés à mesure qu'ils se développent, sauf bien entendu ceux qui font besoin pour la multiplication. Dans de bonnes conditions, les mêmes pieds restent productifs pendant deux ou trois saisons.

F. DES QUATRE SAISONS (*F. alpina.*) — Cette race est surtout estimée et précieuse pour les jardins d'amateur à cause de sa longue production et du parfum très accentué de ses fruits.

F. Belle de Meaux, variété très recommandable par son abondante production de fruits gros, excessivement foncés et très parfumés.

F. rouge améliorée, à fruit rouge, allongé, pointu, d'un beau rouge et très parfumé.

On possède une race *sans filet*, dite *F. à bouquet*, qui forme en effet des touffes très serrées et convient surtout à la plantation en bordure; toutefois ses fruits, *rouges* ou *blancs*, sont moins abondants.

F. A GROS FRUIT ou F. ANGLAIS (*F. hybrida*). — Les

variétés de cette section sont très nombreuses et diffèrent entre elles par leur forme, leur grosseur, leur coloration et leur époque de production; celle-ci s'effectue entre le 15 mai et le 15 juillet. Voici quelques-unes des plus recommandables.

Belle bordelaise, Capron (*F. elatior*), à fruit gros, arrondi, dépourvu de graines à la base, rouge vif,

Fig. 54. — Fraise Reine des hatives.

Fig. 55. — Fraise Vicomtesse Héricart de Thury.

d'un goût framboisé très prononcé et particulier; remonte quelquefois.

Dr *Morère*, à fruit très gros, un peu court, rouge pâle et parfumé.

Edouard Lefort, à fruit ayant la forme du Capron, à chair très colorée, d'excellente qualité; très productif.

Marguerite, très précoce, à fruit gros, conique, mais, peu sucré et parfumé.

Noble, à fruit gros, arrondi, rouge et excellent.

Reine des hâtives, de première saison, à fruit assez gros, allongé et rouge foncé.

Vicomtesse Héricart de Thury, à fruit moyen, très

coloré et parfumé, de qualité supérieure ; c'est une des plus estimées dans les marchés.

Haricot (*Phaseolus*). — Plante annuelle, à végétation rapide, demandant une température constamment chaude pour mûrir ses grains en quelques mois. Les variétés en sont excessivement nombreuses et souvent bien différentes par leur taille *naine* ou *élevée-grimpante*, par leurs gousses minces, *munies* d'une peau dure ou *parchemin*, qui les rend immangeables quand elles sont entièrement formées, tandis que, chez d'autres variétés, elles sont épaisses et *dépourvues* de ce parchemin, et peuvent alors être consommées jusqu'à ce qu'elles commencent à se dessécher ; de plus, les grains présentent des colorations, panachures, etc., très nombreuses et qui permettent souvent de distinguer les variétés entre elles.

Les gousses se consomment : 1° toutes jeunes, à l'état d'aiguilles ou filets ; 2° quand le grain est déjà bien formé, pour les H. sans parchemin ou H. mange-tout. On mange ensuite le grain, 1° quand il est mûr mais encore frais ; 2° quand il est entièrement sec ; à cet état, il constitue un aliment des plus nutritifs.

Le Haricot aime les terres légères, fertiles et bien ensoleillées ; étant très frileux, on ne peut le semer en plein air que du commencement de mai à la fin de juillet.

Les arrosements ne doivent pas lui être ménagés pendant les chaleurs, et le sol devra, autant que cela se peut, avoir été fortement fumé l'année précédente. Les grains de l'année précédente sont les meilleurs pour semence, car la durée de leur germination diminue rapidement, et devient presque nulle au delà de 3 ans. Le semis se fait en lignes ou plus souvent en poquets ou touffes de 3 à 4 pieds. On butte ordinairement les touffes au premier binage, puis les autres soins se bornent à tenir le terrain meuble et propre et à arroser selon le besoin. La cueillette se fait successivement, tous les quatre-cinq jours, au fur et à mesure du développement des gousses.

Les Haricots grimpants sont plus productifs que les Haricots nains; mais ils demandent plus de place et nécessitent l'emploi de branches ou rames pour soutenir leurs tiges; ces derniers nous paraissent en conséquence préférables pour les petits jardins.

On réunit ordinairement les Haricots en quatre classes, d'après leur taille et la consistance de leurs gousses; nous allons citer quelques-unes des meilleures variétés en suivant cet ordre :

H. A RAMES A PARCHEMIN.

H. de Soissons, d'environ 2 mètres de haut, à grain blanc, gros et aplati.

H. riz, peu élevé, à cosses nombreuses, renfermant cinq ou six grains petits et arrondis.

H. d'Espagne (*P. multiflorus*), distinct des autres variétés par certains caractères et notamment par ses fleurs abondantes, grandes, rouges et parfois blanches ou panachées, qui le font souvent cultiver comme plante d'ornement; le grain est gros, ventru, rouge moucheté de noir, gris ou blanc, selon les variétés, farineux et plus estimés à l'étranger que chez nous.

H. NAINS A PARCHEMIN.

H. flageolet, race naine, très productive, estimée pour la production des filets et pour son grain petit, un peu plat et peu farineux, blanc, jaune, noir, rouge ou vert, que l'on mange frais ou sec; les variétés en sont aujourd'hui nombreuses; les plus importantes sont : *très hâtif d'Étampes*, à *feuille gaufrée*, très rustique ; *Roi des Verts* ; *rouge* (Rognon de coq) très estimé pour la consommation en sec.

H. noir hâtif de Belgique, précoce, très productif, à fleurs lilas et grain noir ; très cultivé.

H. gris de Bagnolet, très estimé pour ses filets droits, fins et très nombreux ; fleurs lilas et grain noirâtre, bigarré de jaune.

H. Shah de Perse, très vigoureux, atteignant 40 cen-

Fig. 56. — HARICOT DE BAGNOLET.

Fig. 57. — HARICOT FLAGEOLET TRÈS HATIF D'ÉTAMPES.

timètres, à aiguilles très longues, droites et fines ; grain noir ; très recommandable.

H. jaune cent pour un, à cosses très nombreuses ; grain petit, jaune foncé.

H. A RAMES SANS PARCHEMIN.

H. Prédomes, à cosses très charnues, franchement sans parchemin et sans filet ; grain petit, rond, blanc ; un des meilleurs.

H. d'Alger ou *beurre noir*, à cosses jaunes, très tendres ; grain noir ; productif, très estimé à cause de la teinte beurre de ses gousses.

H. beurre ivoire, à cosses blanc jaunâtre et à grain blanc.

H. Coco blanc, à cosses vertes, renflées ; grain gros, globuleux et blanc.

H. NAINS SANS PARCHEMIN.

H. beurre nain du mont d'Or, à cosses nombreuses, bien pleines, jaune-paille ; grain brun foncé ; productif et très précoce.

H. beurre blanc nain, à cosses blanc de cire, trans-

Fig. 58. — HARICOT D'ALGER OU BEURRE NOIR.

Fig. 59. — HARICOT NAIN LYONNAIS.

parentes ; grain blanc, arrondi ; peu délicat et productif.

H. nain lyonnais à très longues cosses, celles-ci sont charnues, très longues ; grain mince, chamois ; excellente variété.

H. nain blanc hâtif, à cosses longues, vertes, plates, très grosses ; grain blanc, aplati ; très productif et précoce.

Hyssope (*Hyssopus officinalis*). — Sous-arbrisseau toujours vert, à odeur très aromatique, dont on emploie parfois les extrémités comme assaisonnement. Les terrains chauds et légers lui conviennent.

On le multiplie au printemps, par semis ou par division des touffes.

Laitue (*Lactuca sativa*). — Ce légume est un des plus importants pour la confection des salades ; l'ancienneté de sa culture et sa grande consommation expliquent facilement le très grand nombre de variétés cultivées. Celles-ci présentent entre elles de notables différences dans leur dimension, leur forme, leur coloration et leurs aptitudes culturales. On en obtient pendant toute la belle saison en plein air, et toute l'année à l'aide de châssis ou de cloches. Leur consommation s'effectue ordinairement quand elles sont entièrement développées, mais on peut déjà les manger à l'état de jeune plant, lequel est alors très tendre. Selon l'époque pour laquelle ces variétés sont le mieux adaptées, on les réunit en trois classes, dont nous ne citerons plus loin que quelques-unes des meilleures et des plus distinctes.

Le semis se fait toujours en pépinière, et à différentes époques, selon les variétés, soit : en *mars*, pour les premières *Laitues de printemps*, en plein air, au pied des murs, ou un peu plus tôt si on peut les abriter avec des cloches ; depuis *mai* jusqu'en *juillet* pour les *Laitues d'été* ; et en *août-septembre* pour les *Laitues d'hiver* ; celles-ci sont assez rustiques pour résister à nos hivers, à l'état de jeunes plantes, à l'aide d'une légère protection, et elles ne donnent alors leur pomme qu'en avril-mai, avant celles de printemps.

Le repiquage est nécessaire ; on l'effectue quand les plants ont cinq ou six feuilles, en lignes, en ménageant 15 à 20 centimètres d'espacement entre eux. On couvre ensuite le sol avec du bon paillis, et pendant l'été, on donne de copieux arrosements. L'ordre des variétés suivantes indique l'époque de leur production ; nous désignons en outre d'un P. celles de *printemps*, d'un E. celles d'*été* et d'un H. celles d'*hiver*.

L. crêpe, P., petite, peu serrée, vert pâle ; la plus précoce.

L. gotte, P., plus grosse que la précédente, assez pommée et serrée, vert presque doré et plus productive.

Fig. 60. — LAITUE A BORD ROUGE.

L. à bord rouge, P., assez grosse, lavée de rouge en dessus, très pommée et serrée, mais un peu plus tardive que les précédentes ; excellente variété.

L. blonde d'été, E., ressemble à la L. gotte par sa forme et par sa teinte, mais elle est plus tardive et moins résistante.

L. grosse brune paresseuse, E., grosse, étalée, peu serrée, brunâtre et très résistante.

L. Merveille des quatre saisons, E., de taille moyenne, pommée, ramassée et fortement teintée de rouge vif ; cette variété est rustique et réussit pendant tout l'été.

L. Batavia frisée allemande, E., très grosse, à pomme arrondie, peu serrée, vert tendre et à feuilles frisées.

L. Passion, H., moyenne, pommée, un peu lavée de rouge ; une des plus rustiques.

L. grosse blonde d'hiver, H., à pomme arrondie, grosse, blonde, à feuilles extérieures très cloquées ; hâtive et très productive.

L. rouge d'hiver, H., pomme assez haute, grosse,

dure et assez fortement teintée de rouge brunâtre;
une des plus rustiques.

L. à couper, E. — On désigne ainsi quelques variétés

Fig. 61. — LAITUE BATAVIA FRISÉE ALLEMANDE.

ne formant jamais de pomme, et dont on coupe plusieurs fois les feuilles pour la consommation. La
blonde et la *frisée* sont
très recommanda-
bles.

L. — ROMAINE. — Ce
n'est guère qu'une
race de Laitue, carac-
térisée par la forme
allongée de sa pomme,
dont les feuilles, un
peu en cuilier, ont une
côte médiane très for-
te et épaisse. On lie
fréquemment la pom-
me pour la tenir bien
serrée. Les époques
de semis et les soins

Fig. 62. — LAITUE-ROMAINE BLONDE
MARAICHÈRE.

culturaux sont du reste exactement ceux des Laitues.

L.-R. blonde maraîchère, P. et E., à pomme allongée,

arrondie au sommet, vert bond, à côtes fortes et blanchâtres ; c'est une des plus cultivées.

L.-R. Alphange, E., à pomme oblongue, pointue, ouverte au sommet, teintée de brun ; rustique et réussit bien à l'automne.

L.-R. verte d'hiver, H., à pomme un peu courte, mais ferme, d'un vert très foncé ; peu sensible au froid et très productive.

Mâche (*Valerianella olitoria*). — Salade précieuse par sa production automnale et se prolongeant pendant une partie de l'hiver, à l'aide d'une légère couverture de litière. On la sème ordinairement à la volée, en août, puis on éclaircit et on arrose si le besoin s'en fait sentir. La récolte se fait au fur et à mesure des besoins, en coupant la plante à la racine. Les graines d'un an germent mieux que celles de la nouvelle récolte.

M. ronde, diffère du type, qui croît souvent abon-

Fig. 63. — MACHE VERTE D'ÉTAMPES.

damment dans les champs, par ses feuilles plus nombreuses, plus larges, à demi dressées. La *M. à grosse graine* en est une variété prenant un plus grand développement.

M. verte d'Etampes, compacte, à feuilles vert foncé, épaisses, charnues, ondulées et se fanant moins que la précédente.

M. verte à cœur plein, plus petite, mais plus pleine et plus ramassée que la précédente ; très estimée mais moins productive qu'elle.

La *M. d'Italie* (*V. eriocarpa*) a des feuilles un peu velues-dentées ; elle est sensible aux froids.

Marjolaine (*Origanum*). — Plantes annuelles ou vivaces, dont les extrémités fleuries sont souvent employées comme assaisonnement.

La M. VIVACE (*O. vulgare*) se plaît en tous terrains et se multiplie par éclats ou par semis faits au printemps.

La M. A COQUILLE (*O. Majorana*) est annuelle en culture, ses fleurs forment de nombreuses petites boules au sommet des ramilles, son parfum est plus aromatique que celui de la précédente et lui fait donner la préférence ; on la sème en mars, en lignes.

Mélisse (*Melissa officinalis*). — Plante vivace et rustique, dont les tiges feuillées ont une odeur aromatique, très agréable, et des propriétés digestives, qui la font employer en infusions et pour la fabrication de certaines liqueurs. On la multiplie facilement au printemps, par semis et plus souvent par division des touffes.

Melon (*Cucumis Melo.*) — Ce que nous avons dit des Concombres et Cornichons s'applique encore plus strictement au Melon, qui exige forcément la couche et l'abri de châssis ou au moins de cloches, pour mûrir ses fruits sous notre climat. A moins qu'on ne possède les éléments nécessaires pour cette culture, il est à peu près inutile de l'entreprendre. Parmi les variétés les moins délicates, citons cependant : *M. Ananas, M. d'Amérique à chair rouge et à chair verte, M. vert à rames, M. muscade des Etats-Unis, M. Cantaloup noir des Carmes, M. Cantaloup prescott petit hâtif.*

Fig. 64. — MELON ANANAS D'AMÉRIQUE A CHAIR VERTE.

Fig. 65. — MELON CANTALOUP PRESCOTT PETIT HATIF.

Menthe (*Mentha*). — Deux espèces : la **M.** verte (*M. viridis*) et la **M.** poivrée (*M. piperita*), sont surtout cultivées pour le parfum aromatique et très pénétrant qu'exhalent toutes leurs parties. On les emploie en infusions stomachiques, pour la préparation de divers produits et quelquefois comme assaisonnement de certains mets. Tout terrain leur convient, et on les multiplie très facilement par division des touffes ou par séparation des nombreux rejets souterrains qu'elles émettent.

Navet (*Brassica Napus.*) — Ce légume-racine est essentiellement d'automne, car ce n'est pas sans difficultés qu'on parvient à en obtenir en été, époque pendant laquelle il monte le plus souvent rapidement à graines, sans produire de racine charnue. Les variétés en sont nombreuses ; toutes sont mangeables, mais les plus volumineuses sont surtout employées pour l'alimentation du bétail ; leurs racines sont cylindriques, sphériques ou aplaties, et ces dernières sont fréquemment nommées *Raves*. Il y a des Navets *blancs*, des *jaunes* et même deux *noirs*.

On les sème toujours en place, à la volée ou parfois en lignes ; les semis d'été se font depuis mars jusqu'en juillet, mais l'époque principale va de juillet à la fin d'août.

Le Navet aime une terre meuble et très fertile, et l'humidité ne doit jamais lui faire défaut. Les racines des variétés tardives se conservent bien en cave, enterrées dans du sable ; consommées avant leur complet développement elles sont plus tendres et plus délicates. Parmi les variétés les plus recommandables citons :

N. long des Vertus marteau, blanc, allongé et renflé inférieurement ; c'est le plus généralement cultivé et un des meilleurs pour les semis d'été ; il se forme en moins de trois mois.

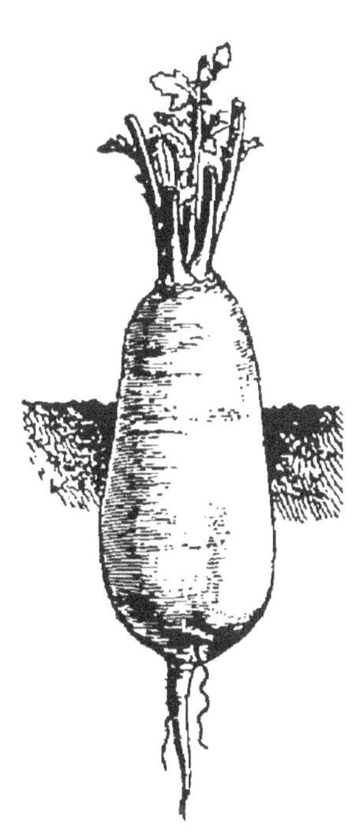

Fig. 66. — NAVET LONG DES VERTUS MARTEAU.

N. de Freneuse, allongé, pointu et grisâtre, très estimé pour sa chair sèche et sucrée.

N. de Meaux, très gros, allongé, tordu, verdâtre au collet ; c'est un de ceux qui se conservent le mieux pendant l'hiver.

N. blanc rond de Jersey, un peu en toupie et d'excellente qualité.

N. plats hatifs blanc et rouge, à racines aplaties se formant sur le sol et de très bonne qualité ; on en cultive des variétés à *feuilles entières* ; leur qualité est excellente.

N. de Milan, semblable aux précédents, mais plus hâtif et convenable pour les semis printaniers et la culture forcée.

Fig. 67. — NAVET ROUGE PLAT HATIF A FEUILLES ENTIÈRES.

N. Rave d'Auvergne, également aplati ; et plus volumineux mais moins fin.

N. jaune boule d'or, sphérique, lisse, jaune assez vif, à chair éga lement jaune et très fine, mais un peu amère.

Ognon (*Allium Cepa*). — L'usage de l'Ognon comme assaisonnement est général ; dans le Midi, on le mange même cru ou simplement cuit sous la cendre. Les variétés en sont très nombreuses et souvent bien différentes entre elles. Tantôt, et surtout dans les climats doux, on cultive les Ognons à cheval sur deux années ; tantôt ils atteignent tout leur développement dans le cours d'une seule saison ; à une exception près, celle de l'O. blanc hâtif de Paris, c'est ainsi qu'on les cultive dans tout le nord de la France. Dans un autre cas, celui de *l'O. de Mulhouse*, il faut près de deux ans pour que la plante atteigne son entier développement, car la première année le bulbe reste, à cause du semis qui a été fait très dru, de la grosseur d'une noisette ; ces petits bulbes sont hivernés en cave, replantés au printemps et grossissent alors en quelques mois.

L'Ognon aime une terre légère, saine, fertile, mais assez tassée dans le fond. Pour l'O. blanc hâtif de Paris, le semis se fait en pépinière, en août-septembre ; on repique en octobre et on abrite pendant les grands froids ; la consommation commence alors en mai.

Pour tous les autres, et même pour cette dernière variété, on sème à la fin de février, souvent à la volée et en place, mais très clair, on désherbe, on n'arrose qu'exceptionnellement, et la maturité des bulbes arrive alors environ en juillet. On conserve ensuite ceux-ci dans un endroit sain et abrité pour la consommation hivernale. Les bulbilles d'O. de Mulhouse se plantent à la même époque, à 10 centimètres en tous sens. Les meilleures variétés sont :

O. blanc hâtif de la reine, petit, blanc ; le plus précoce, mais ne se conservant pas.

Fig. 68. — Ognon blanc hatif de Paris.

O. blanc hâtif de Paris, moyen, aplati, blanc, précoce, le plus rustique, mais de conservation médiocre.

O. jaune des Vertus, gros, jaune, très aplati, d'excellente qualité et de très bonne garde ; c'est la variété la plus répandue dans les environs de Paris.

O. de Mulhouse, forme de l'O. jaune des Vertus, adaptée à la production des petits bulbes dont nous avons parlé plus haut.

O. de Madère rond, très gros, rose saumoné, très doux ; variété méridionale, de conservation médiocre ;

c'est elle que l'on voit chez les marchands de comestibles.

O. rouge pâle ordinaire, moyen, aplati, demi-hâtif,
rustique et se conservant assez bien.

O. Rocambole, ou *O. d'Égypte*, ne produit pas de
graines, mais bien un paquet de petits bulbes
qu'on replante au printemps pour cet usage. Les
bulbilles se traitent comme ceux de l'O. de Mulhouse et donnent naissance à des bulbes rouge cuivré,
doux, mais de conservation difficile.

Fig. 69. — OGNON JAUNE
DES VERTUS.

Fig. 70. — OSEILLE
DE BELLEVILLE.

Oseille (*Rumex Acetosa*). — Plante vivace et rustique, dont les feuilles sont très acides, mais néanmoins
recherchées pour la préparation d'herbe cuite, analogue à l'Épinard. On la multiplie le plus souvent par
semis faits au printemps, en lignes espacées de 15 à
20 centimètres et très clair. Quelques mois après, on
peut commencer à récolter les feuilles extérieures,
puis on opère toujours ainsi. En empêchant les
plantes de monter à graine, la même plantation peut
durer trois ou quatre ans, si on a en outre soin de
fumer, de tenir le terrain propre et d'arroser quand
il fait sec. On cultive principalement :

O. de Belleville, presque seule cultivée aux environs
de Paris, à cause de sa vigueur et de ses feuilles
abondantes et très amples.

O. vierge (*R. montanus*), plus petite que la précédente et se faisant ordinairement en bordure ; comme elle ne produit pas de graine, on la multiplie par division des touffes.

O. Epinard ou *Patience* (*R. Patientia*), à grandes feuilles dressées, pointues, moins acides que les précédentes ; précoce et produisant de bonnes graines.

Panais (*Pastinaca sativa*). — Plante bisannuelle, à racine tuberculeuse, analogue pour la forme à celle des Navets, et servant surtout pour donner du goût au bouillon et autres aliments. La culture s'effectue comme celle des Carottes, mais, étant plus rustique, on le sème plus tôt et on le récolte plus tard, à l'automne ou même en hiver, à mesure des besoins.

On cultive les *P. long*, *P. demi-long de Guernesey* et *P. rond;* ce dernier est le plus hâtif.

Persil (*Petroselinum sativum*). — Plante bisannuelle, c'est-à-dire ne produisant que des feuilles la première année, saison pendant laquelle on les utilise beaucoup comme assaisonnement, puis montant à graines l'année suivante. On sème le Persil tous les ans, de mars en septembre, en bordures ou en rayons. La germination demande au moins un mois. Il convient de ne pas le laisser souffrir de la sécheresse et de ne cueillir que les feuilles extérieures.

Fig. 70 *bis*. — PERSIL NAIN TRÈS FRISÉ.

Comme il supporte mal le froid, il est bon d'en semer en pots ou dans une caisse, qu'on place sous châssis, afin de ne pas en manquer pendant l'hiver.

En outre du *P. ordinaire*, on cultive les *P. frisé*, *P. nain très frisé* et *P. à feuille de Fougère*, plus décoratifs pour les garnitures de table.

Piment (*Capsicum*). — Dans le Midi, on consomme crus les fruits des variétés douces quand ils sont verts et jeunes, et ceux des variétés piquantes à maturité et seulement pour assaisonnement. Le Piment est fort peu estimé dans le Nord et demande le même traitement que l'Aubergine, c'est-à-dire à être cultivé sur couche : condition qu'il n'est guère facile de lui fournir dans les petits jardins.

Pissenlit (*Taraxacum officinale*). — Ce légume-salade, qu'on récolte souvent au printemps, dans les champs, acquiert de bien plus fortes proportions dans les jardins, où on le cultive facilement; les variétés perfectionnées surtout, deviennent aussi grosses qu'une petite Chicorée. On le sème en mars-avril, en place et très clair, ou de préférence en pépinière, et on repique le plant en lignes et à 30 centimètres en tous sens. La récolte s'en fait au printemps suivant, en coupant le pied entier, alors que de nouvelles feuilles se sont développées; toutefois, il est bon de le faire blanchir au préalable, en buttant les pieds, ou de préférence en les couvrant d'un pot quelque temps à l'avance.

Fig. 71.—Pissenlit amélioré très hatif.

En outre du *P. ordinaire*, on cultive les *P. à cœur plein*, *P. amélioré*, à très larges feuilles, et *P. Chicorée*.

Poireau (*Allium Porrum*). — Le Poireau est si généralement utilisé en cuisine qu'il y devient un véritable aliment. Il est bisannuel, c'est-à-dire qu'il ne monte à graine que l'année qui suit celle pendant laquelle il a développé son pied ou fausse tige blanche, laquelle constitue la partie culinaire.

On le sème en mars, en pépinière ou même jusqu'en mai, pour en obtenir pendant l'hiver. On repique les plants dans un terrain frais, bien labouré et fumé, quand ils ont la grosseur d'un porte-plume, en lignes espacées de 35 à 40 centimètres, et à 20 centimètres sur les rangs. On ne les enterre d'abord qu'un peu plus profondément qu'ils ne l'étaient dans la pépinière ; mais, par la suite, on les butte pour les faire blanchir ; l'opération devient plus facile si on a eu soin de les placer dans des sillons creusés à cet effet. Les premiers semis ne donnent qu'à la fin d'août ; pendant les froids, il est bon de rentrer en cave ou de recouvrir ceux qui restent dans le jardin. Les arrosements pendant les temps secs contribuent beaucoup à augmenter leur volume. On cultive surtout :

P. long d'hiver, à pied un peu mince, mais très long ; c'est la variété la plus résistante aux froids.

P. gros court, à pied assez épais ; hâtif, mais peu rustique ; convenable pour l'été.

P. très gros de Rouen, à pied court, très gros et presque entièrement enterré, avec de grandes feuilles en éventail ; rustique, productif et très estimé.

Poirée (*Beta vulgaris.*) — Sorte de Betterave à racine non charnue et immangeable, dont le vert des feuilles de la variété *blonde* se consomme comme les

Épinards, tandis que dans la *P. à carde blanche*, la nervure médiane devient très large, blanche, charnue et se consomme comme les Cardons. La culture est exactement celle de la Betterave. On peut rentrer les pieds en cave, à l'approche de l'hiver, pour prolonger la durée de leur consommation.

Fig. 72. — Poireau gros court.

Fig. 73. — Poirée blonde a carde blanche.

Pois (*Pisum sativum.*) — Ce légume nous fournit son grain, que l'on consomme le plus souvent alors qu'il est encore jeune et tendre, ou, chez quelques variétés *sans parchemin*, on mange la cosse tout entière, comme dans les Haricots présentant ce même caractère. Le Pois est beaucoup plus résistant au froid que ce dernier, il redoute même la chaleur. Il en existe un très grand nombre de variétés qui sont, *naines* ou *élevées grimpantes*, à grain *lisse* ou *ridé*, vert ou blanc à la maturité et à cosse munie ou plus rarement dépourvue de parchemin.

Le Pois aime les terrains légers et chauds ; on le sème aujourd'hui presque uniquement au printemps, dès février et successivement jusqu'en juin, l'expérience ayant prouvé que les semis de novembre, dits de Sainte-Catherine, arrivent à peine à donner quelques jours plus tôt que ceux faits de très bonne heure au printemps, au pied des murs, avec des variétés très hâtives. De même que chez les Haricots, les variétés grimpantes présentent l'inconvénient de nécessiter des supports ou rames; aussi les Pois nains sont-ils préférables pour la culture dans les petits jardins. Le semis s'effectue aussi de la même manière que pour ces derniers. Voici quelques-unes des meilleures variétés, groupées d'après les caractères que nous avons indiqués plus haut.

P. A RAMES A GRAIN LISSE.

P. Prince-Albert, 60 à 80 centimètres, à grain rond, blanc ; le plus précoce.

P. Express, de même taille et précocité, mais à grain vert.

P. Michaux, 1 mètre à 1 m. 25, à grain blanc; plus rustiques et plus productifs, mais moins hâtifs que les précédents; on en distingue trois formes; c'est le *P. M. ordinaire*, dit : de *Sainte-Catherine*, qu'on sème le plus souvent à l'automne.

P. d'Auvergne ou *P. serpette*, 1 m. 30, à grain gros, rond, blanc et à cosse courbée en avant, en forme de serpette; très productif, demi-tardif et rustique.

P. sabre ou *P. serpette à rebours*, analogue au précédent, mais en différant entièrement par sa cosse arquée en sens inverse.

P. A RAMES A GRAIN RIDÉ.

P. Téléphone, 1 mètre à 1 m. 20, à cosse très grande et grosse; grain blanc verdâtre et très gros.

P. ridé de Knight, 1 m. 50 à 2 mètres, à grande cosse et à grains carrés, blanc verdâtre ; tardif, mais très productif et résistant bien à la chaleur, comme, du reste, la plupart des Pois ridés.

P. NAINS A GRAIN LISSE.

P. nain très hâtif à châssis, 20 à 25 centimètres, à grain blanc; le plus précoce, réussit bien en pleine terre.

P. très nain Couturier, 30 à 40 centimètres, à grain blanc; de demi-saison; très productif et rustique.

P. nain hâtif ou P. Lévêque, 50 centimètres, à grain blanc et gros; très productif et de demi-saison.

P. Fillbasket, 60 à 75 centimètres, à grain vert; excessivement productif.

P. NAINS A GRAIN RIDÉ.

P. Merveille d'Amérique, 25 centimètres, à grain

Fig. 74. — POIS MERVEILLE D'AMÉRIQUE.

petit, verdâtre; très hâtif et excessivement productif; c'est un des meilleurs.

P. ridé nain blanc hâtif, 60 à 80 centimètres, à grain blanc, assez gros; très productif et de demi-saison.

P. SANS PARCHEMIN OU P. MANGE-TOUT.

P. Corne de bélier, 1 m. 30, à fleur blanche et à cosse très longue; qualité excellente.

P. gris géant, 1 m. 30, à fleur violette; cosse très longue et très large, contournée; grain grisâtre foncé; très productif.

P. nain très hâtif, 20 à 25 centimètres, à cosses étroites, petites et à grain blanc; excessivement précoce.

Pomme de terre (*Solanum tuberosum*). — Aucun légume n'a aujourd'hui pour nous plus d'importance que la Pomme de terre, celle-ci venant en effet immédiatement après celle du Blé. Les variétés sont innombrables, mais les différences sont relativement peu saillantes et s'observent surtout dans les tubercules. On les consomme à demi-grosseur ou à maturité complète, et souvent après une longue conservation en cave. Ils entrent aussi pour une bonne part dans l'alimentation du bétail, et l'industrie en extrait de la fécule. Quoique toutes les Pommes de terre soient très mangeables, les variétés *potagères* l'emportent beaucoup en qualité et précocité sur les autres; nous ne nous occuperons ici que de ces dernières, et ne citerons que quelques-unes des meilleures. A tort ou à raison, les variétés à chair jaune sont les seules estimées dans le nord de la France, tandis que celles à chair blanche sont préférées à l'étranger.

Les Pommes de terre de semence gagnent à être entières et de dimensions moyennes; on les plante depuis mars jusqu'en juin, en terrain léger, meuble et bien fumé; les premières dans les endroits bien abrités et en couvrant au besoin les jeunes pousses pendant la nuit, avec des pots renversés. On les met en lignes, à 50-80 centimètres en tous sens, selon le développement qu'elles doivent prendre, puis on les butte pendant le second binage. L'arrachage partiel peut commencer quand les jeunes tubercules ont atteint la dimension d'une grosse noix; mais, pour la conservation, il convient d'attendre que les tiges soient entièrement desséchées.

Pour hâter la production, on plante en première saison des tubercules choisis et déjà *germés*. On fait développer le germe en plaçant les tubercules, dès l'automne, debout dans des paniers ou des caissettes, que l'on tient pendant tout l'hiver exposés à la lumière. Ils présentent alors une quinzaine d'avance sur les autres.

P. de t. Caillou blanc, ovale, aplatie, lisse, très bien faite, à peau et chair jaunes.

P. de t. Early rose, allongée, à peau rose et chair blanche, farineuse, fondant facilement; très productive et précoce.

P. de t. Flocon de neige, ovale, aplatie, très bien faite, à peau jaune pâle et chair blanche, farineuse.

Fig. 75.
POMME DE TERRE MARJOLIN
germée.

P. de t. Marjolin, allongée, pointue, à peau et chair jaunes ; c'est la plus hâtive, celle qu'on emploie le plus pour la culture sous châssis, mais elle est peu productive et il est presque indispensable de la planter en tubercules germés.

P. de t. Princesse, très longue, mince, à peau et chair jaunes; exceptionnellement fine et très convenable pour fritures et salades.

P. de t. Quarantaine de la Halle ou de *Noisy,* oblongue, assez grosse, à peau et chair très jaunes; d'excellente qualité, très productive mais relativement tardive; c'est la P. de t. dite : *de Hollande*.

P. *de t. Reine des Polders*, allongée, pointue, très

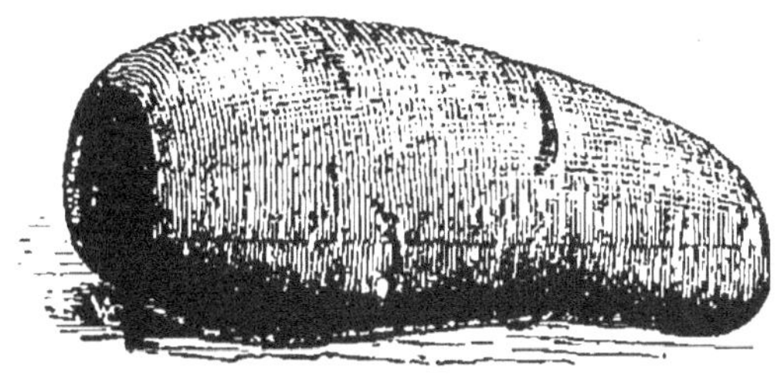

Fig. 76. — Pomme de terre Quarantaine de la Halle.

lisse, à peau jaune et chair blanche; demi-hâtive et très productive.

P. *de t. Royale*, demi-longue, à peau et chair jaunes; presque aussi hâtive que la *Marjolin*, plus

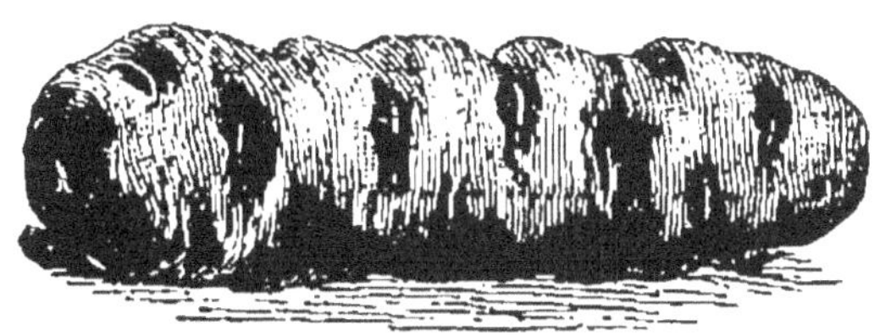

Fig. 77. — Pomme de terre Vitelotte.

rustique et plus productive, préférable pour la pleine terre; se plante souvent germée.

P. *de t. Saucisse*, ovale, aplatie, grosse, à peau rouge vif et à chair jaune, très farineuse; tardive, très productive et d'excellente conservation; c'est la variété vulgairement nommée : *la rouge*.

P. *de t. Victor*, oblongue, aplatie, à peau et chair très jaunes, aussi hâtive que la Marjolin, plus productive et plus rustique, aussi convenable pour la culture sous châssis que pour la pleine terre; se fait souvent germée.

P. de t. violette grosse, arrondie, très grosse, à peau violette, rugueuse, et à chair blanche, farineuse ; très productive et de bonne garde.

P. de t. Vitelotte, allongée, cylindrique, à yeux très nombreux et enfoncés ; peau rouge et chair blanche ou rougeâtre ; peu productive, mais de bonne garde et estimée pour les ragoûts et salades parce qu'elle ne fond pas.

Pourpier (*Portulaca oleracea*). — On mange parfois en salade les tiges feuillées, charnues et aqueuses de cette plante. Elle est annuelle ; on la sème de mai en août, en lignes ou à la volée, pour récolter le produit environ deux mois plus tard. On cultive les *P. vert* et *P. doré à large feuille*.

Radis (*Raphanus sativus*). — Plante bisanuelle, à racine tuberculeuse, constituant la partie comestible et se développant en quelques semaines, ou au plus en quelques mois chez certaines variétés. Il y a plusieurs races de Radis bien distinctes ; ce sont : *R. de tous les mois*, *R. longs* ou *Raves*, *R. d'été* et *R. d'hiver*. Les premiers et les derniers sont les plus cultivés et les plus estimés ; la culture, l'époque de production, la grosseur, etc., de ces différentes races sont bien différentes.

Les R. DE TOUS LES MOIS, ou *petits Radis*, se développent en trois à cinq semaines ; pour les avoir tendres et doux, il faut les semer sur terreau, les tenir toujours bien arrosés et ne pas les récolter trop gros. On les sème en pleine terre du commencement de mars et successivement tous les mois jusqu'en septembre. Le semis se fait à la volée, mais très clair ; il ne faut même pas craindre de l'éclaircir au besoin. Les variétés sont excessivement nombreuses et ne diffèrent guère entre elles que par leur forme et leur couleur; il y en a de blancs, rouges, roses, jaunes, violets et des bicolores; nous ne citons que les principaux; leur nom les caractérise suffisamment.

R. hâtifs à forcer, rond rose, écarlate, et rose à bout blanc, surtout utiles pour la culture sous châssis, à cause du peu de développement de leur feuillage; ils viennent néanmoins très bien en pleine terre.

R. rond rose, écarlate, et *rose à bout blanc.*

R. rond blanc, et *blanc petit hâtif.*

Fig. 78. — RADIS ROND ROSE
A BOUT BLANC.

Fig. 79. — RADIS DEMI-LONG
ROSE A BOUT BLANC.

R. rond violet à bout blanc.

R. demi-long rose, écarlate, écarlate très hâtif, et *rose à bout blanc.*

R. demi-long blanc.

R. demi-long violet à bout blanc.

Les RADIS LONGS ou RAVES, atteignent 6 à 10 centimètres de long, avec la grosseur moyenne d'un doigt; leur saveur est plus piquante que celle des petits Radis et leur développement un peu plus long; e mot *Rave* n'est point approprié, car ce sont de véritables Radis longs, leur culture est du reste identique ; citons :

R. rose longue ou *saumonée*, de 6 à 7 centimètres de long, pointue, rouge très vif.

Fig. 80. — RAVE ROSE LONGUE.

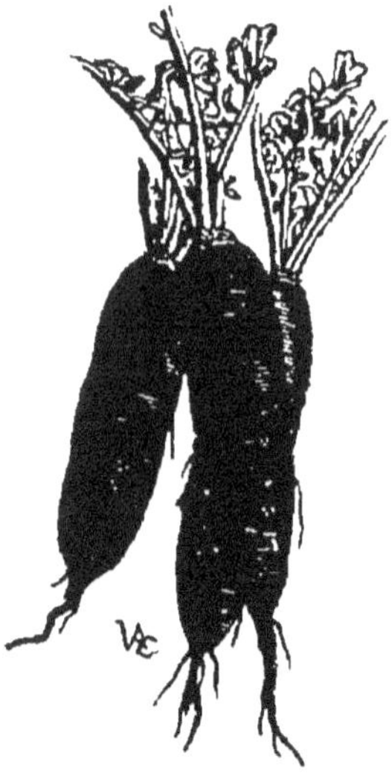

Fig. 81. — RADIS NOIR GROS LONG D'HIVER.

R. rose à bout blanc, de même forme, mais blanche à l'extrémité.

R. violette et *R. blanche de Vienne*, analogues par leur forme, mais la dernière est un peu plus longue.

Les R. D'ÉTÉ, sont plus volumineux et plus longs à se développer que les petits Radis. On les sème d'avril et successivement jusqu'en août, en lignes espacées de 30 à 40 centimètres, et on les consomme de suite. Les meilleurs sont :

R. blanc rond d'été, un peu en toupie, très blanc et tendre.

R. gris d'été rond, de même forme, mais à peau gercée et grisâtre.

R. jaune ou *roux d'été*, arrondi, jaune foncé, presque lisse et à saveur très piquante.

R. noir rond d'été, se distingue surtout par sa peau noire et gercée ; également très piquant.

Les RADIS D'HIVER, sont beaucoup plus gros, leur peau est plus dure, leur chair plus ferme et bien plus piquante ; ils peuvent se conserver en cave pendant une partie de l'hiver. On les sème en juillet-août, de préférence en lignes espacées de 40 à 50 centimètres, très clair, et leur récolte s'effectue à la fin d'octobre, pour les consommer pendant tout l'hiver.

R. rose d'hiver de Chine, allongé et renflé à l'extrémité inférieure, rouge très vif, moins piquant que les suivants ; conservation très bonne ; recommandable.

R. noir gros rond d'hiver, en toupie, à peau noire et gercée.

R. noir long d'hiver, allongé, cylindrique, à peau très noire et un peu rugueuse. Les *R. gris d'hiver de Laon* et *R. violet d'hiver de Gournay* en diffèrent principalement par leur teinte.

Raifort (*Cochlearia Armoracia*). — Plante vivace et très rustique, connue aussi sous les noms de *Cran de Bretagne*, *Moutarde des Allemands*, etc., dont on mange la racine râpée ; le goût en est très fort et brûlant. Ces racines ont jusqu'à 40 centimètres de long et 12 à 15 centimètres de diamètre. Le Raifort aime les terres profondes et fraîches ; ne donnant presque pas de graines, on le multiplie ordinairement par tronçons de racines, que l'on plante au printemps. L'arrachage pour la consommation se fait un ou deux ans après.

Raiponce (*Campanula Rapunculus.*) — Plante bis-annuelle, dont la racine blanche, charnue, comme un petit Radis, constitue, avec les jeunes feuilles du cœur, la partie comestible. On la sème en mai, à la volée, mais très clair ; les graines étant excessivement fines, il est bon de les mélanger avec du sable pour pouvoir les répandre plus uniformément. L'arrachage se fait d'octobre en hiver, selon les besoins, les racines résistant bien aux froids ; toutefois, il est bon d'en rentrer une certaine quantité en cave pour ne pas en manquer pendant les fortes gelées.

Roquette (*Eruca sativa.*) — Plante annuelle dont on consomme les feuilles, à saveur très forte, comme assaisonnement dans la salade. On la sème d'avril jusqu'à la fin de l'été, en bordure ou en lignes, pour commencer à récolter environ deux mois après ; en été elle monte très vite à graine.

Salsifis (*Tragopogon porrifolium.*) — Plante bisannuelle, dont la racine simple, charnue, droite, de

Fig. 82. — SALSIFIS BLANC.   Fig. 83. — SCORSONÈRE
OU SALSIFIS NOIR.

15 à 20 centimètres, constitue la partie comestible. La peau en est jaunâtre et à peu près lisse. On sème

au printemps, en terrain bien défoncé et fumé, en planches, en lignes espacées de 25 à 30 centimètres et assez clair ; la germination est un peu capricieuse. Pendant l'été, on bine et on arrose s'il fait très sec. La récolte commence dès octobre et se prolonge pendant tout l'hiver.

Sarriette (*Satureia.*) — On en cultive deux espèces, la S. ANNUELLE (*S. hortensis*) et la S. VIVACE (*S. montana*). Les jeunes pousses feuillées s'emploient comme assaisonnement des mets et surtout des fèves. On les sème en avril-mai, en terre légère et chaude, et souvent en bordure. La S. vivace peut durer pendant fort longtemps, en rabattant les tiges chaque année au printemps. La S. annuelle produit dès la fin de juin.

Scorsonère (*Scorzonera hispanica*). — Plante vivace, encore nommée *Salsifis noir*, dont la racine, très semblable à celle du Salsifis, mais à écorce noire, se consomme de la même manière. Sa culture est aussi analogue, mais avec cette différence, qu'au lieu de récolter les racines dès l'automne, on peut les laisser en terre, où elles grossiront pendant l'été suivant, sans pour cela cesser d'être tendres.

Stachys. — Voy. *Crosne.*

Tétragone CORNUE (*Tetragonia expansa*). — Encore nommée *Épinard de la Nouvelle-Zélande*, son pays originaire, cette plante est cultivée pour ses feuilles qui remplacent en effet très bien celles des Épinards, en été, alors que ceux-ci montent rapidement à graine. Les feuilles sont épaisses et leur goût est très agréable. On sème la Tétragone en mai, en lignes, en tout terrain, et la production se continue pendant tout l'été ; on ne coupe que les feuilles, à mesure qu'elles se développent.

Thym (*Thymus*). — L'espèce presque uniquement cultivée est le *T. ordinaire* (*T. vulgaris*), très petit sous-arbrisseau vivace, aimant les endroits ensoleillés et arides, dont les sommités sont très employées en cuisine, comme assaisonnement. On le multiplie au printemps, par division des touffes ou par semis faits en pépinière ou en place, mais alors très clair, et on repique par la suite les plants en bordure.

Tomate (*Lycopersicum esculentum*). — Plante an-

Fig. 84. — Tétragone cornue.

Fig. 85. — Tomate rouge grosse hative.

nuelle, demandant, comme l'Aubergine et le Piment, beaucoup de chaleur pour mûrir ses fruits sous notre climat. Ceux-ci constituent la seule partie comestible. Il est nécessaire, pour avancer leur développement, de les semer de très bonne heure, sur couche et sous châssis ; on ne les plante ensuite en pleine terre qu'en mai, à 60 centimètres ou plus de distance, à exposition bien ensoleillée, abritée et de préférence au pied d'un mur faisant face au midi. Il est nécessaire de munir chaque pied d'un bon tuteur. Pour assurer le développement des fruits de la première grappe de fleurs, il est bon de pincer la tige au-dessus de celle-ci, puis de nouveau après la naissance des deux ou trois autres; à l'approche de la maturité, on enlève les feuilles qui cachent les fruits. Pendant les chaleurs, les arrosements ne doivent pas être ménagés, et le sol aura dû être fortement fumé avant la plantation ; un bon paillis étendu sur le sol maintient en outre la fraîcheur. Voici quelques variétés des plus distinctes.

T. rouge grosse hâtive, à fruits assez gros et côtelés.

T. très hâtive de pleine terre, à fruits plus petits, irrégulièrement côtelés ; remarquablement précoce et rustique.

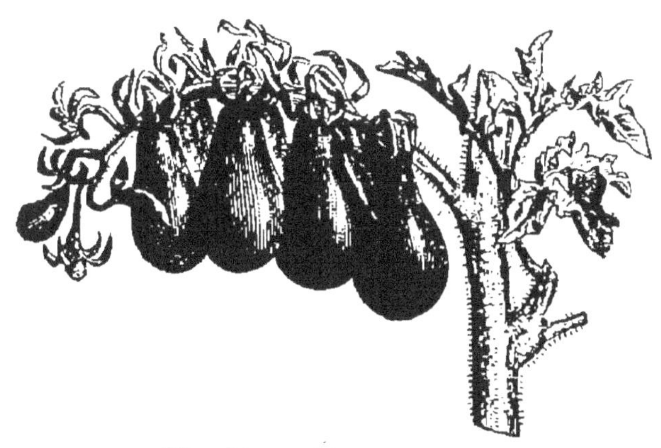

Fig. 86. — TOMATE POIRE.

T. perfection, à fruits arrondis, lisses et assez gros.

T. jaune grosse lisse, à fruits arrondis, lisses et d'un beau jaune parfois orangé.

On cultive encore les *T. pomme*, *T. cerise*, *T. poire*, *T. groseille*, à fruits petits, mais excessivement nombreux.

CHAPITRE IV

LES ARBRES ET LES ARBUSTES FRUITIERS

On nomme ainsi les végétaux ligneux spécialement cultivés en vue de l'obtention de leurs fruits
pour la consommation. Les arbres, dont la taille
dépasse toujours 3 mètres, ont, au moins à l'état
naturel, une tige ou tronc simple, d'environ 2 mètres
de haut et leurs ramifications forment une tête plus
ou moins volumineuse, comme chez le Cerisier, le
Pommier, etc. ; les arbustes, tels que le Groseillier et
le Frambroisier, n'ont point de tige propre et ne
forment qu'un buisson ramifié, d'environ 1 m. 50;
enfin les arbrisseaux, comme le Noisetier, ne sont
que de grands arbustes.

L'étude, même sommaire, de cet important sujet,
ne saurait contenir dans ce petit ouvrage tout entier,
à plus forte raison ne pourrons-nous qu'effleurer la
question dans les quelques pages qui vont suivre.
De nombreux traités spéciaux fourniront du reste
des détails plus complets, aux amateurs que l'arboriculture intéresse plus particulièrement que les
autres branches du jardinage (1).

Dans les petits jardins, la culture y est forcément

(1) Nous recommanderons en particulier l'excellent *Traité
d'Horticulture pratique*, de M. G. Bellair, où l'arboriculture
fruitière est longuement et savamment traitée. — O. Doin,
éditeur, 8, place de l'Odéon, Paris.

mixte, c'est-à-dire souvent composée de végétaux de diverse nature sur le même emplacement. Les arbres fruitiers sont presque toujours plantés dans le jardin potager, dans les planches ou sur leurs extrémités, le long des allées et des murs ou des clôtures; c'est du reste les seuls et les meilleurs emplacements qu'on puisse leur allouer; mais, en ce qui concerne les arbres disséminés dans les planches, leur espacement doit être tel que leur ombrage ne couvre qu'une faible partie de la superficie totale. Quant à ceux plantés le long des allées, ils doivent l'être à une distance suffisante pour que leurs branches ne risquent point d'être cassées ou meurtries en gênant la circulation, et ils doivent laisser entre eux un espace libre, permettant d'entrer dans les sentiers des planches sans les froisser. A cet effet, on se trouvera bien de leur donner une forme d'un volume réduit, telle que celles de cordons verticaux, simples ou doubles, de fuseau, de quenouille ou celle d'un plein vent à haute tige.

Nous ne nous occuperons pas de la multiplication des arbres fruitiers, celle-ci ne pouvant être pratiquée qu'exceptionnellement dans les petits jardins ; on les achète presque toujours prêts à être plantés à demeure, et assez fréquemment même partiellement formés.

N'ayant pas la latitude de choisir un sol approprié aux cultures fruitières, on doit se contenter d'amener celui que l'on possède, à l'aide de défoncage, amendements, etc., à un état se rapprochant le plus possible de celui que l'arbre envisagé préfère.

La plantation des arbres fruitiers peut s'effectuer depuis octobre jusqu'en mars, avec une interruption pendant les grands froids, mais il y a toujours avantage à creuser les trous dès l'automne, pour que la terre du fond et celle qu'on a retirée subisse l'influence bienfaisante des agents atmosphériques.

Il n'est pas judicieux, sous prétexte d'obtenir plus tôt des arbres forts et donnant beaucoup de fruits, de planter des arbres formés ayant plus de trois ou quatre ans de greffe ; la reprise devient difficile et lente ; l'arbre met plusieurs années à reprendre sa vigueur primitive et perd ainsi l'avance que son âge lui donnait.

La *plantation* est une opération minutieuse, à laquelle il est nécessaire d'apporter les plus grands

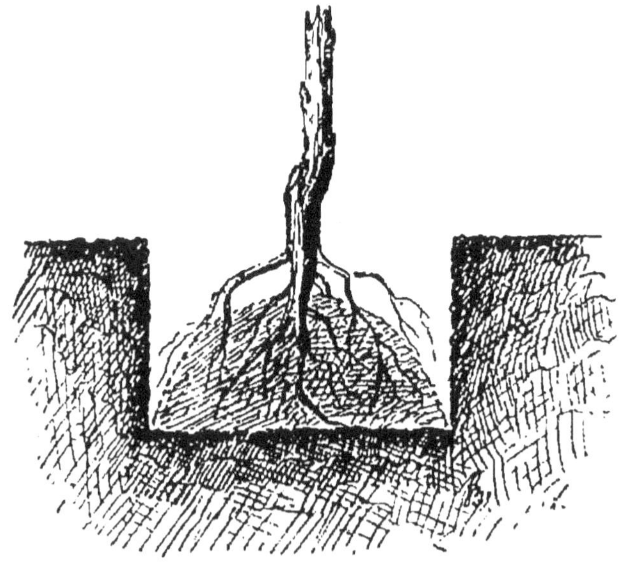

Fig. 87. — Mode de plantation d'un arbre.

soins. On doit y procéder par un temps doux et pluvieux si cela se peut, mais jamais quand il gèle. Il est essentiel que l'arbre soit arraché depuis le moins de temps possible, qu'il ait toutes ses racines bien intactes et suffisamment longues. Après avoir paré à la serpette toutes les parties meurtries ou mâchées, on fait un mamelon de bonne terre dans le fond du trou, on pose l'arbre dessus, de telle façon que son collet soit à peine enterré par la suite, on fait glisser de la terre douce et meuble entre ses racines, on la foule modérément, puis on comble presque jusqu'au sommet. On arrose si cela est nécessaire, mais aucun engrais pailleux ne doit y être enfoui. Plus tard, on finit de combler le trou, on enfonce au pied un bon tuteur, après lequel on attachera l'arbre, sans le serrer, pour éviter que les vents ne l'ébranlent. Pendant le premier été, on arrosera chaque fois que la sécheresse se fera fortement sentir.

La *taille* est une des opérations les plus importantes de la culture des arbres fruitiers, et celle qui demande le plus de connaissances spéciales, mais ces connaissances s'acquièrent surtout par l'observation et par la pratique. Elle équilibre le développement de l'arbre et provoque la naissance de rameaux sur la partie amputée.

Chez les arbres fruitiers, la taille a, en outre, deux buts principaux : 1° le dressage, c'est-à-dire la formation de l'arbre, puis la conservation de la forme donnée ; 2° la transformation des rameaux à bois en rameaux fruitiers.

On taille en *vert* et *sec*, c'est-à-dire pendant la période de végétation et pendant celle du repos de l'arbre ; mais, c'est à cette dernière époque que s'effectue la taille la plus importante. La taille peut porter sur des branches d'un âge variable, mais, principalement, elle s'applique aux rameaux de l'année précédente. La taille *en sec* ou taille d'hiver peut s'effectuer pendant toute la période de repos, soit de novembre à mars ; mais, à cause des gelées qui désorganisent les tissus des parties fraichement amputées, on taille, sous notre climat, à la fin des grands froids, dans le courant de février-mars. La taille *en vert* ou taille d'été se fait pendant le cours de la végétation.

On doit toujours se servir d'instruments très tranchants, tels qu'un bon sécateur ou de préférence d'une serpette, et effectuer une coupe très nette, en pente du côté opposé au dernier bourgeon, et à une distance d'environ 3 millimètres; toutefois, pour certaines essences à tissu mou ou ayant une grosse moelle, on laisse un onglet beaucoup plus long; jusqu'à 1 cent. 1/2 pour la Vigne.

L'*élagage*, le *rabattage*, le *recépage*, le *palissage*, l'ar-

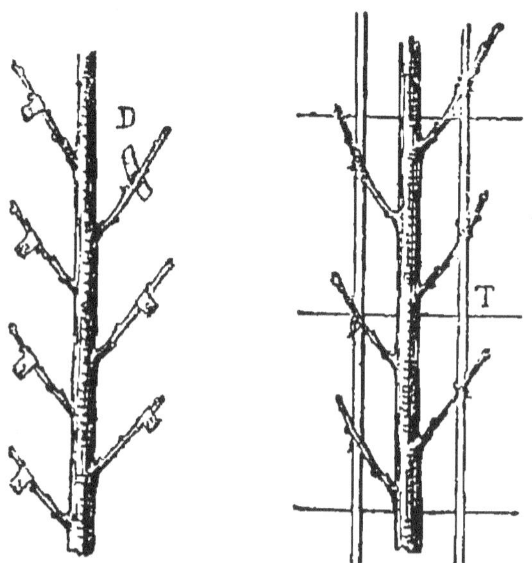

Fig. 88. — Palissage.
D, à la loque ; T, sur treillage.

cure, le *cassement*, etc., sont des opérations faisant partie de la taille d'hiver, tandis que l'*entaille*, l'*inci-sion*, l'*ébourgeonnement*, le *pincement*, le *cassement en vert*, le *palissage*, la *taille en vert* proprement dite, l'*effeuil-*

lage, etc., sont les opérations qui constituent la taille d'été. Chacune de ces opérations a un mode d'exécution et un but particulier.

L'*élagage* comporte l'enlèvement des branches et des ramilles inutiles; le *rabattage*, la coupe de toutes les branches charpentières à une distance variable du tronc ; le *recépage*, celle du tronc lui-même un peu au-dessus du sol ou de la greffe ; le *palissage*, la fixation des rameaux dans la position voulue ; l'*arcure*, la courbure de certains rameaux ; le *cassement*, le bris total ou partiel de certains rameaux.

L'*entaille* consiste à faire un cran dans le bois, au-dessus d'un bourgeon, pour le faire développer en rameau; l'*incision* se fait en coupant en long, en travers ou en enlevant parfois un anneau d'écorce au-dessous des fruits, pour y faire passer la sève descendante, on la dit alors annulaire. Le *pincement* se pratique avec les ongles, en coupant l'extrémité des rameaux encore herbacés; l'*ébourgeonnement* a pour but

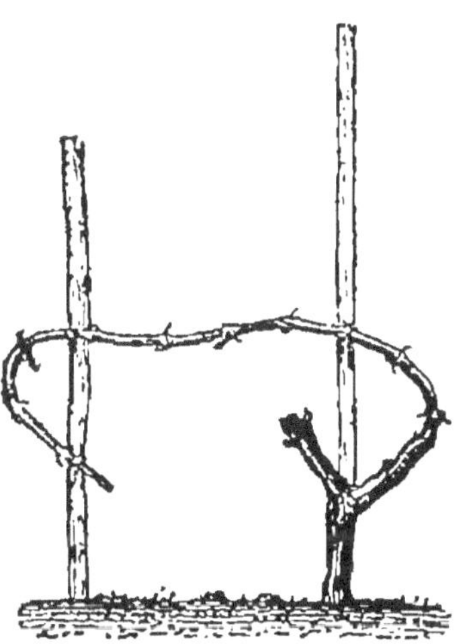

Fig. 89. — Arcure d'un rameau de VIGNE.

de détruire les bourgeons inutiles ; enfin l'*effeuillage* et l'*éclaircissage des fruits* suppriment ceux de ces organes qui sont en trop grand nombre sur certaines parties; quant au *palissage* et à la *taille en vert*, ils se pratiquent comme sur les rameaux secs ou plus exactement sans feuilles.

Les formes qu'on donne aux arbres fruitiers sont nombreuses et souvent bien différentes les unes des autres; toutes ne s'appliquent pas indifféremment à la même espèce d'arbre; chacune n'a souvent que quelques formes qui lui soient favorables; le Poirier est l'arbre fruitier qui se prête au plus grand nombre de formes, on peut même dire que toutes lui sont applicables.

Les formes sont dites : *libres*, lorsque les branches

Fig. 90. — Incision annulaire
sur un rameau de VIGNE.

Fig. 91. — Entailles
sur un rameau
de POIRIER.

s'allongent librement dans l'espace sans autre direction que celle que leur donnent les diverses opérations de la taille ; *palissées*, lorsque celles-ci s'appuient sur un mur, sur des fils de fer ou une charpente qui leur donne une direction déterminée. Les plein-vent, gobelets, pyramides et fuseaux, sont des formes libres, tandis que les espaliers, contre-espaliers, palmettes, cordons horizontaux, obliques ou verticaux, simples ou doubles, et vases, sont des formes palissées. On trouvera au nom de chacune des essences pour lesquelles ces diverses formes sont les mieux appropriées la manière de les obtenir, ainsi qu'un certain nombre de figures.

L'exiguïté de notre cadre ne nous permet que de donner quelques indications sommaires sur le mode de dressage et de taille qu'il convient d'appliquer à chaque espèce d'arbre fruitier. Nous ne pourrons non plus nous occuper des insectes et maladies parfois très graves. L'excellent petit ouvrage de M. Sirodot (1) comblera cette lacune, en ce qui concerne les maladies cryptogamiques; quant aux insectes, on consultera avec fruit celui de M. Ramé (2).

Abricotier (*Armeniaca vulgaris*). — Aime les ter-

Fig. 92. — ABRICOTIER ; rameau fructifère.

rains légers, sains et ne prospère, sous notre climat,

(1) Les *Maladies des Arbres fruitiers*, 1 vol. in-12. — O. Doin, éditeur.
(2) Les *Insectes nuisibles*, 1 vol. in-18. — Roret, éditeur.

que dans les endroits abrités et chauds. On le greffe sur Prunier pour les terrains secs, et sur Amandier pour ceux de nature fraîche; mais il est alors sujet à se décoller pendant les grands vents.

On le dresse souvent en gobelet, à basse tige, demi-tige, et plus rarement en plein vent ou en espalier. La taille porte principalement sur sa formation; quand il vieillit, il devient nécessaire de rabattre sa charpente. Ses fleurs, s'épanouissant de très bonne heure, souffrent souvent des gelées tardives, qui diminuent ou anéantissent même la récolte; il est donc bon, quand cela se peut, de les protéger à l'aide de toiles ou autres objets volants. Les meilleures variétés sont : *A. commum*, *A. de la St-Jean*, *A. pêche* ou de *Nancy*, *A. royal* ou *orange*.

Amandier (*Amygdalus communis*). — Exige des terrains chauds, secs et une exposition ensoleillée. Son mode de végétation et sa culture sont très analogues à ceux de l'Abricotier; après avoir formé sa charpente on le livre ordinairement à lui-même; il souffre aussi très fréquemment des gelées printanières. On cultive des *A.* à *fruits amers* et à *fruits doux*; les amandes des premiers sont employées dans la confiserie, la distillerie etc; les secondes sont réservées pour la table; la coque est *dure* ou *tendre*; les meilleures variétés de cette dernière section sont: *A. à la Dame*, *A. Princesse*, à coque se brisant facilement avec les doigts, et *A. grosse tendre*.

Cerisier (*Cerasus*). — Cet arbre aime les terres légères, sablonneuses; mais, greffé sur Mérisier, il prospère dans les terres plus substantielles et fraîches; quant à l'exposition, il préfère les pentes des collines; planté au nord des murs, sa production est retardée d'une quinzaine. En dehors des soins d'élagage pour lui donner une forme, souvent celle d'un plein-vent, à demi ou haute tige, la taille est peu nécessaire pour cet arbre, certaines variétés s'y refusent même et cessent de fructifier abondamment quand on les soumet à une taille raisonnée. C'est pourtant ce qui devient nécessaire quand on veut cultiver le Cerisier en espalier, mais ce n'est guère que dans les jardins fruitiers les mieux tenus, qu'on

Fig. 93. — Corymbe de fleurs de CERISIER.

lui donne cette forme. Le fruit se développant sur le bois de deux ans, le principe de la taille repose en entier sur la production de celui-ci et la suppression de celui qui a fructifié.

On groupe ordinairement les cerises en quatre ou cinq classes : *Anglaises* ou *Cerises* proprement dites, à fruits doux ou peu acidulé et à jus incolore ; l'arbre est élevé et à branches étalées ; *Griottes*, à fruit foncé, à chair molle et à jus coloré, acidulé ou aigre ; l'arbre est peu élevé et touffu ; *Montmorency*, tenant le milieu entre ces deux sortes ; *Bigarreaux*, à fruits gros, à chair ferme et à jus peu abondant, à peine acidulé ;

l'arbre est vigoureux, à rameaux allongés et dressés ; *Guignes*, à chair tendre et molle, mais semblables pour [le reste aux Bigarreaux. Voici quelques-unes des meilleures.

ANGLAISES OU CERISES VRAIES.

Anglaise ou Royale hâtive, grosse, rouge grenat, sucrée ; juin.

Reine Hortense, très grosse, ovoïde, sillonnée, rouge clair ; fin juin.

Royale tardive, moyenne, rouge nuancé ; juillet.

Belle de Chatenay, grosse, rouge brun, aigrelette ; fin juillet.

GRIOTTES et MONTMORENCY.

G. de Portugal, globuleuse, à peau dure, rouge noirâtre ; fin juillet.

G. noire ou *du Nord*, moyenne, rouge vif, puis noirâtre, un peu amère ; août-septembre.

M. à courte queue, grosse, déprimée, sillonnée, à noyau très adhérent au pédoncule ; juillet.

BIGARREAUX.

Blanc gros, cordiforme, sillonné, blanchâtre et rouge clair ; fin juin.

Elton, cordiforme, peu sillonné ; jaunâtre, marbré rose ; mi-juin.

Gros-Cœuret, gros, cordiforme, jaune ambré et rouge clair ; juin-juillet.

Napoléon, très gros, ovoïde, un peu irrégulier ; rouge clair et vif au soleil ; fin juin.

GUIGNES.

Belle d'Orléans, globuleuse, irrégulière, blanc lavé rose ; fin mai.

G. noire hâtive, arrondie, rouge noirâtre ; fin mai.

G. de Gascogne, grosse, en cœur, jaune lavé de rouge ; commencement de juin.

G. à courte queue, ovoïde, rouge nuancé noir; mi-juin.

Cognassier (*Cydonia vulgaris.*) — Petit arbre tortueux, peu élevé, aimant les terrains frais et consistants, mais à exposition chaude, car ses fruits mûrissent très tardivement et parfois imparfaitement sous

Fig. 94. — COGNASSIER ; rameau fructifère.

notre climat. Ceux-ci ne se consomment que cuits, en compote ou en gelée; et possèdent des propriétés constipantes bien connues. Leur parfum est fort et particulier, et leur conservation assez longue. On multiplie ordinairement le Cognassier par boutures ou drageons enracinés. Il n'exige aucune taille, en dehors de la formation du tronc, quand on veut l'élever en demi-tige. Son importance en arboriculture réside surtout dans son emploi comme sujet pour la greffe du Poirier.

On ne possède que les variétés suivantes : *Commun* ou *Poire*, *Mammouth* ou *Pomme*, *de Portugal*.

Figuier (*Ficus Carica.*) — Cet arbre n'est cultivable en plein air, sous notre climat, que dans les endroits les plus chauds et en couchant ses branches à l'approche de l'hiver ; opération à peu près impraticable dans les petits jardins et qui, avec son peu de rusticité, nous permet de passer cet arbre sous silence.

Fraisier. — Voy. LES LÉGUMES.

Framboisier (*Rubus Idæus*). — Arbuste traçant, aimant les terres fertiles, fraîches et ne redoutant point l'ombre ; aptitude précieuse qui permet de le planter au nord des murs et autres endroits ombragés. On multiplie le Framboisier par division des touffes ou par séparation des drageons. Les tiges ne fructifient qu'à la deuxième année et meurent ensuite; on les supprime tous les ans au printemps. La plantation se fait en lignes, à 1 mètre de distance et

Fig. 95. — FRAMBOISIER ; fleur et fruit.   Fig. 96. — GROSEILLIER A GRAPPES ; fruits.

1 m. 50 d'espacement entre celles-ci. On groupe les Framboisiers en deux sections : les *F. ordinaires*

et les *F. bifères* ou *remontants*, auxquels on doit accorder la préférence, car ils produisent deux récoltes ; on les classe encore d'après la couleur du fruit, qui est rouge ou jaune.

F. ORDINAIRES.

ROUGES : *à gros fruits, Barnet* ou *Hornet* ; JAUNES : *à gros fruits, de Hollande.*

F. REMONTANTS.

ROUGES : *Merveille, des quatre saisons, Belle de Fontenay* ; JAUNES : *Surpasse-Merveille, Surprise d'Automne.*

Groseillier (*Ribes*) — Arbustes buissonnants, dont on cultive trois espèces principales bien distinctes : G. A GRAPPES (*R. rubrum*), à fruits rouges, roses ou blancs ; G. CASSIS (*R. nigrum*), à fruits noirs ; et G. A MAQUEREAU ou G. ÉPINEUX (*R. Grossularia*), à fruits gros, verts, jaunes ou roses.

Leur culture est très analogue, presque tous les terrains leur conviennent; on les multiplie de préférence par boutures de rameaux d'un an ou au moyen d'éclats de pieds encore vigoureux. Leur durée peut se prolonger jusqu'à 40 ans et plus, en les recépant tous les six ans. Quand on les plante en carrés, on ménage environ 1 m. 50 d'espacement entre eux, ou bien en forme de touffes isolées dans les endroits propices, tels que le bout des planches bordant les allées. On peut dresser les Groseilliers et Cassissiers en cordons verticaux ou horizontaux, et le G. à maquereau en arbuste sur tige ; mais, le plus souvent, on les laisse croître en touffe, et alors la taille se réduit à l'élagage des branches mortes ou qui forment confusion par leur trop grand nombre. Les nombreux usages de ces divers fruits sont trop connus pour en parler ici ; toutefois, les groseilles à maquereau, dont on fait peu de cas chez nous, ont au contraire une grande importance en Angleterre, où on les consomme vertes et cuites dans les puddings, tartes, etc. ; on en remplit parfois l'intérieur des maquereaux, usage auquel elles doivent leur nom. Voici quelques-unes des meilleures variétés.

G. A GRAPPES : *Blanche hâtive de Versailles, Hollande blanche, Hollande rouge, la Versaillaise*, à gros grains rouges, *Hâtive de Berlin*.

G. CASSIS : *Commun* et de *Naples*, à gros grains.

G. A MAQUEREAU : *London*, rouge ; *Snowdrop*, blanc ; *London City*, vert ; *Leveller*, jaune ; *Jaune de Champagne*.

Néflier (*Mespilus germanica.*) — Arbrisseau de 3 à 4 mètres, d'importance fruitière très secondaire, dont les fruits, de la grosseur d'une bonne noix, sont encore très âpres à la maturité et ne prennent une saveur aigre-douce que lorsqu'ils deviennent blets , c'est-à-dire que leur chair a acquis une consistance molle, pâteuse et une couleur brune ; la récolte s'en fait en octobre. Tous les sols conviennent à cet arbrisseau, et il préfère les parties boisées. On ne le taille pas, et sa multiplication s'effectue d'ordinaire par greffe sur Aubépine. Les *N. commun* et *N. à gros fruits* sont les plus cultivés.

Noisetier (*Corylus Avellana*). — Arbrisseau rameux, touffu et drageonnant, atteignant 2 ou 3 mètres de haut, prospérant presque partout, sauf dans les terrains très humide. On le multiplie facilement par séparation des drageons ou par marcottes. L'importance de son fruit, dans les cultures bourgeoises, est très secondaire ; toutefois, comme il peut servir à boiser certains points du jardin, son produit devient un supplément sur les autres arbustes d'ornement. Il ne demande presque aucun soin. Les variétés,

assez nombreuses et relativement peu distinctes les
unes des autres, sont surtout caractérisées par la
longueur de leur brou ou enveloppe externe. Au
nombre des meilleures citons : *Aveline*, *Blanche longue*,
Grosse ronde de Piémont, *de Provence*, etc.

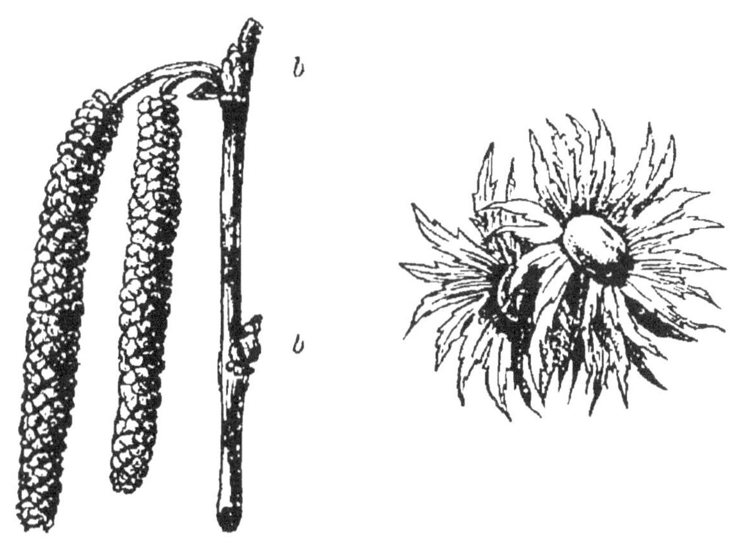

Fig. 97. — NOISETIER.
Rameau portant deux chatons mâles et deux fleurs femelles
en *b*, et noisettes encore enfermées dans leur brou.

Noyer (*Juglans regia*). — Malgré l'utilité des divers
produits de cet arbre et surtout de son fruit ou noix,
nous ne recommandons guère son introduction dans
les jardins, car, outre les nombreuses années qui
s'écoulent avant qu'il commence à fructifier d'une
façon appréciable, il épuise beaucoup le sol ; son
ombre est, dit-on, funeste à l'homme, et de fait,
presque rien ne pousse sous lui.

Pêcher (*Persica vulgaris*). — Petit arbre d'origine
probablement chinoise, ne dépassant guère 4 mètres,
dont le fruit est à juste titre un des plus estimés. Le
Pêcher est malheureusement un peu frileux, et ne peut

guère prospérer sous notre climat qu'au pied des murs, et à l'aide de soins assez minutieux. Dans le Midi, le Pêcher vient au contraire en plein vent et souvent sans aucuns soins ; une race même, la P. Pavie, est spéciale à cette région. Le Pêcher est peu difficile sur la nature du sol, l'essentiel est que celui-ci soit exempt d'humidité stagnante ; toutefois, les terres un peu consistantes, fertiles et fraîches, mais bien saines, sont celles qu'il préfère.

Le Brugnon n'est, pour les arboriculteurs, qu'une

Fig. 98. — BRUGNONS.

pêche à peau lisse, car on a observé plusieurs fois des Pêchers portant simultanément l'un et l'autre fruit, et même un fruit étant à moitié l'un et à moitié l'autre. La culture et le traitement sont du reste identiques.

On greffe le Pêcher presque toujours en écusson, sur lui-même ou sur Amandier, et parfois sur Prunier Damas ou Saint-Julien, pour les terrains un peu humides. Comme ses voisins l'Abricotier et l'Amandier, sa floraison, excessivement hâtive, s'effectue un peu avant la pousse des feuilles, et souffre parfois beaucoup des gelées tardives. Il ne faut pas le planter profondément.

La taille et les diverses opérations accessoires ont pour lui, au point de vue de sa fructification, une importance plus grande que pour aucun autre arbre fruitier et ne laissent pas d'être assez compliquées. Le point le plus important de tout le procédé, celui sur lequel est basée toute la théorie, réside dans ses boutons à fleur, qui n'existent que sur les pousses d'un an; par suite, le même rameau ne fructifie qu'une seule fois. Il faut donc sans cesse veiller à la production et au développement du bois nouveau, de façon à assurer la fructification de l'année suivante.

Il nous est impossible d'entrer ici dans tous les minutieux détails de la conduite de cet arbre; mais

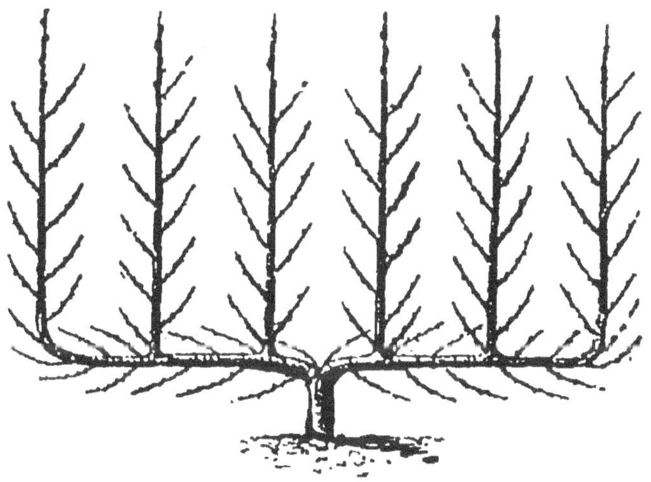

Fig. 99. — Pêcher en candélabre.

nous allons néanmoins essayer de résumer, aussi brièvement que possible, les opérations les plus importantes.

Planté au pied des murs, on l'y dresse en cordons obliques, en U, ou plus souvent en espaliers, en donnant à ceux-ci la forme dite : *palmette, à branches obliques*, en *candélabre*, ou encore celle dite : *carrée*.

Selon la forme adoptée, on le plante à 75 centimètres pour les cordons ; 1 m. 50 pour les palmettes en U, puis 75 centimètres pour chaque branche en plus, avec un maximum de 7 mètres pour les grandes formes.

La formation première de l'arbre, celle des branches charpentières est très importante, c'est pourquoi on plante souvent des arbres déjà partiellement formés, et cela malgré leur reprise plus difficile.

Quand on plante un arbre d'un an de greffe, on le

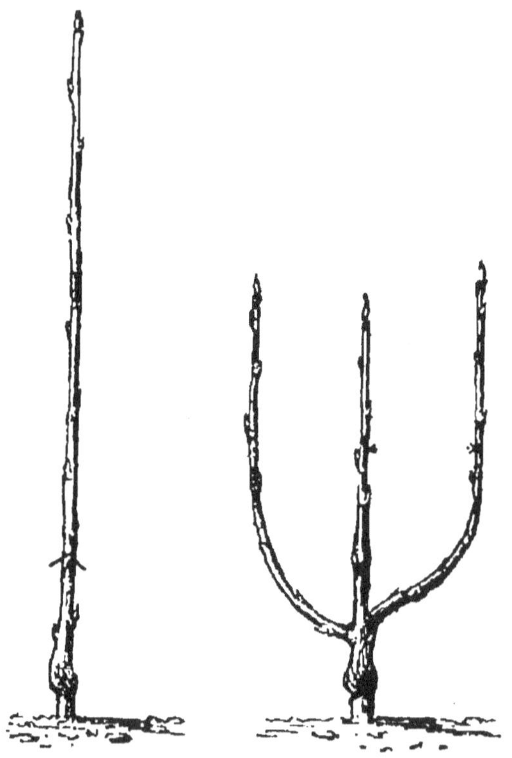

Fig. 100. — Arbres d'un et de deux ans de greffe, montrant le mode de formation d'une Palmette à trois branches et les lignes de taille.

taille toujours à 30-40 centimètres au dessus du sol, et, selon la forme adoptée, on ne conserve

que deux ou trois rameaux terminaux. On dirige avec
soin les latéraux, l'un à droite et l'autre à gauche,
dans une position d'abord oblique, pour former les
deux branches maîtresses, si l'on crée une palmette

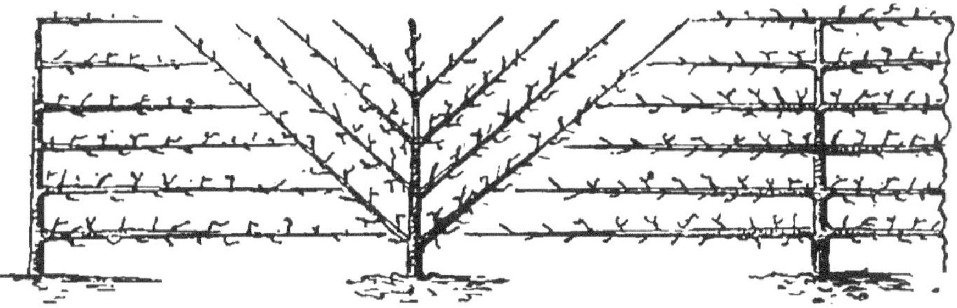

Fig. 101. — Palmettes à branches horizontales et obliques
associées.

carrée, en candélabre ou à branches verticales;
quant au troisième, lequel n'a lieu d'exister que
lorsqu'on crée une palmette à branches obliques ou
horizontales, on le dirige dans une position verticale. L'année suivante, on taille ces
rameaux encore à 30-40 centimètres,
et, tout en veillant à leur prolongation, on forme une deuxième paire
de branches charpentières, ou la première paire de branches secondaires.
Dans les années suivantes, on répète
les mêmes opérations, en ménageant
environ 50 centimètres d'espacement
entre ces branches charpentières et
secondaires.

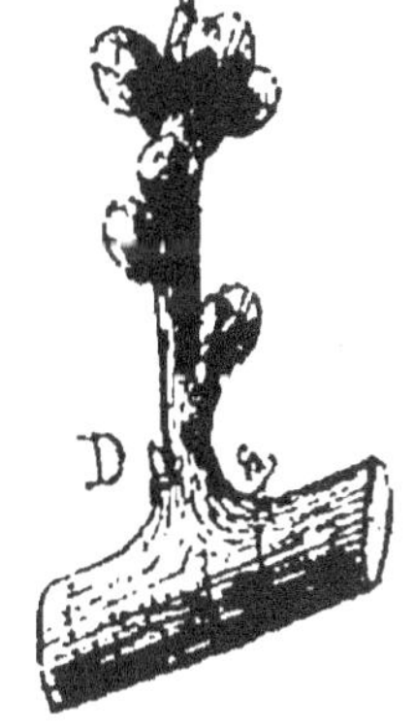

Fig. 102.
Bouquet de mai
de Pêcher.

Les rameaux qui se développent
par la suite sur ces branches secondaires sont des rameaux ou branches fruitières; les
arboriculteurs y distinguent le *bouquet de mai*, court
et portant des boutons à fleurs réunis en bouquet à

son sommet; le *rameau mixte*, portant à la fois sur toute sa longueur des boutons à fleurs, associés à des boutons à bois, et le *rameau* ou *branche chiffonne*, qui est allongé et ne porte presque toujours que des boutons à fleur.

Le rameau mixte est la branche fruitière normale la plus importante du Pêcher. On la taille à 4 ou 5 bourgeons au-dessus des yeux à bois qu'elle porte à sa base. Un de ceux-ci, le mieux situé, devra fournir le rameau fruitier de l'année suivante, tandis que l'autre, celui qui aura fructifié, sera supprimé. La branche chiffonne ne se conserve que quand une meilleure fait défaut; quant au bouquet de mai, il doit au contraire toujours être conservé et ne se taille pas, car c'est lui qui produit les plus beaux fruits.

Le but principal des opérations estivales est d'assurer le développement normal de la branche de remplacement, ce

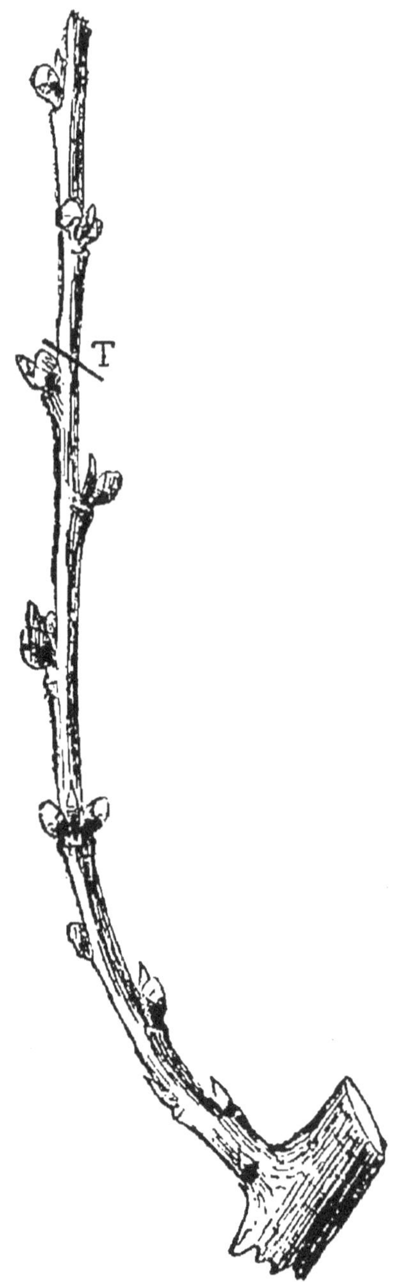

Fig. 103. — Rameau mixte do Pêcher.
T ligne de taille.

à quoi on parvient à l'aide de bien des moyens, notamment du palissage, du pincement de l'entaille, de la taille en vert, etc. Tels sont en quelques mots les principes essentiels de la conduite de cet arbre.

Les nombreuses variétés de pêches sont classées, d'après leur nature, en : *pêches duveteuses* et *p. lisses* ou *brugnons;* chacune de ces deux classes est ensuite divisée en : *noyau libre* ou pêches ordinaires, et *noyau adhérent* ou p. Pavie et Alberge pour la première; et *Nectarines* et *Brugnons* proprement dits, pour la seconde.

Les pêches ordinaires sont les plus cultivées en espalier, les Pavie et les Alberges sont des races méridionales; quant aux Brugnons et Nectarines, ils sont moins recherchés que les pêches duveteuses et par conséquent beaucoup moins cultivés.

Voici quelques bonnes variétés de chaque section, dans leur ordre de précocité :

P. DUVETEUSES A NOYAU LIBRE.

Amsden, moyenne, colorée, juteuse; commencement de juin: c'est elle qui se vend la première à Paris, venant du Midi, où on la cultive en plein vent.

Rouge de mai, assez grosse, arrondie, très colorée, fondante ; juin-juillet.

Early Rivers, assez grosse et colorée; fin juillet.

Grosse-Mignonne, grosse, colorée, fine et juteuse ; fin août.

Galande, grosse, très colorée, à chair veinée et fondante; fin août.

Madeleine rouge, bien colorée et parfumée, grosse; fin août.

Reine des Vergers, grosse ou très grosse, fortement colorée; mi-septembre.

Bourdine, grosse, assez colorée, rouge au cœur et parfumée; mi- et fin septembre.

Bonouvrier, grosse ou très grosse, colorée juteuse; fin septembre.

PÊCHES LISSES A NOYAU LIBRE (*Nectarines.*)

Lord Napier, grosse, pointue, rouge clair marbré de violet; août.

Fig. 101. — PÊCHE GALANDE.

Orange, moyenne, jaune orangé pourpré, fondante; août-septembre.

Grosse violette, assez grosse, vert pourpré teinté violet ; commencement septembre.

Victoria, assez grosse, à fond ambré et marbré, pourpre grenat ; fin septembre.

Les pêches lisses à noyau adhérent (*Brugnons*) sont moins estimées que les précédentes.

Poirier (*Pyrus communis*). — Arbre rustique, atteignant jusqu'à 15 mètres, et de très longue durée. Son importance fruitière vient au premier rang, avant celle du Pêcher et même du Pommier, au moins comme fruit de table. Le Poirier aime les bonnes terres profondes et un peu consistantes, mais pas trop humides.

On greffe ses innombrables variétés sur lui-même, pour former des plein-vent, et sur Cognassier, pour le cultiver au jardin et l'y soumettre à une forme et une taille raisonnée. Dans le premier cas, au contraire, on le livre ordinairement à lui-même, après lui avoir donné une forme appropriée ; mais certaines variétés ne se prêtent pas à ce mode de culture, et la fructification commence aussi bien plus tard. C'est donc presque exclusivement de sujets greffés sur Cognassier qu'on se sert pour la plantation dans les jardins, où on le soumet presque toujours à la taille.

En tant que formes, c'est lui qui se prête le mieux aux caprices de l'arboriculteur, car la plupart des formes qu'on donne aux arbres fruitiers lui sont applicables, en choisissant les variétés les mieux appropriées comme dressement et surtout comme production. L'espalier, le contre-espalier, la pyramide, le fuseau, les cordons horizontaux, obliques ou verticaux, simples ou doubles sont, selon les emplacements, les formes qu'on doit lui donner de préférence dans les petits jardins.

L'exigence de notre cadre nous oblige, comme du reste pour le Pêcher, à ne faire qu'effleurer les principes de sa taille et des autres opérations complémentaires.

Tout d'abord, le Poirier n'aime pas à être taillé trop sévèrement, la preuve évidente s'observe fréquemment entre les arbres presque entièrement livrés à eux-mêmes, qui se chargent de fruits, et ceux des jardins-écoles qui, soumis à une taille méthodique très sévère, restent souvent inféconds, malgré les soins les plus minutieux.

La distance à observer entre les arbres va depuis 1 m. 50 pour les cordons obliques ou les fuseaux, jusqu'à 6 mètres et même 8 mètres pour les espaliers.

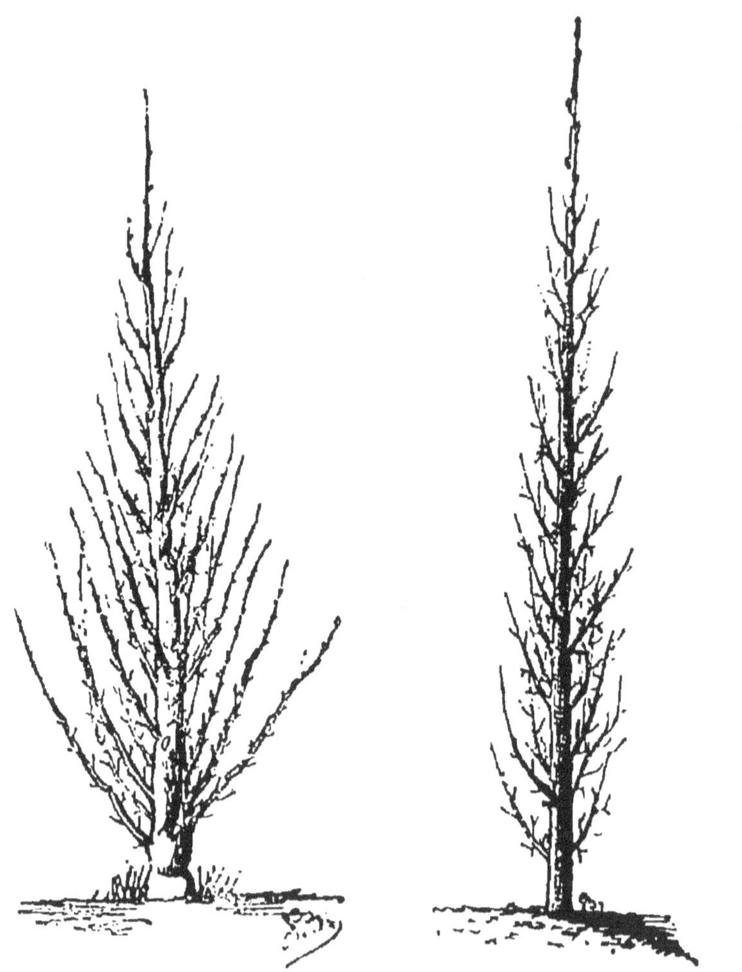

Fig. 105.— Poirier en pyramide.   Fig. 106.— Poirier en fuseau.

L'obtention des formes palissées du Poirier ne diffère pas sensiblement de celle que nous avons indiquée sommairement pour le Pêcher, du moins en ce qui concerne la conduite des branches charpentières ; mais on ne ménage que 30 centimètres d'espacement entre celles-ci. Quant aux formes libres, c'est-à-dire celles dont les branches se dirigent librement dans l'espace, comme dans la pyramide, on procède aussi à leur formation par série de quatre à cinq branches. Il ne faut point presser la formation de l'arbre, mais au contraire attendre qu'une série de branches soit bien établie avant d'en faire naître une autre. Quant à la fructification on doit aussi la restreindre le plus possible pendant les premières années.

Passons de suite au traitement de la branche fruitière, nommée *coursonne*. Celle-ci a un mode de

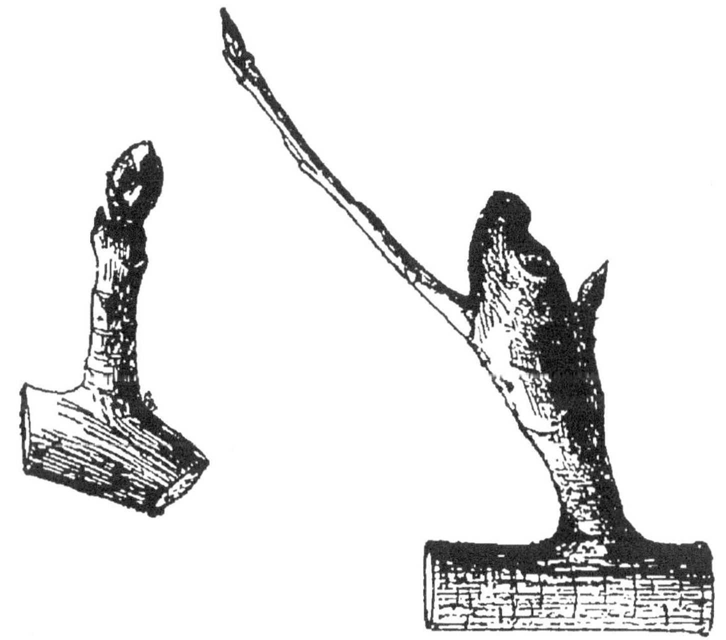

Fig. 107. — Coursonne de Poirier, portant un bouton à fruit.

Fig. 108. — Bourse de Poirier.

développement très spécial, en ce sens que le bouton à fleur met trois ans à se former. Pendant la *première* année, il naît à l'aisselle d'une feuille et ne constitue qu'un simple *bourgeon à bois*; pendant la *deuxième*, il se transforme en un rameau court et ridé, portant au sommet un seul bourgeon allongé et pointu, et constitue alors le *dard*; pendant la *troisième*, ce même bourgeon se gonfle, sans allongement sensible de son support, et devient alors

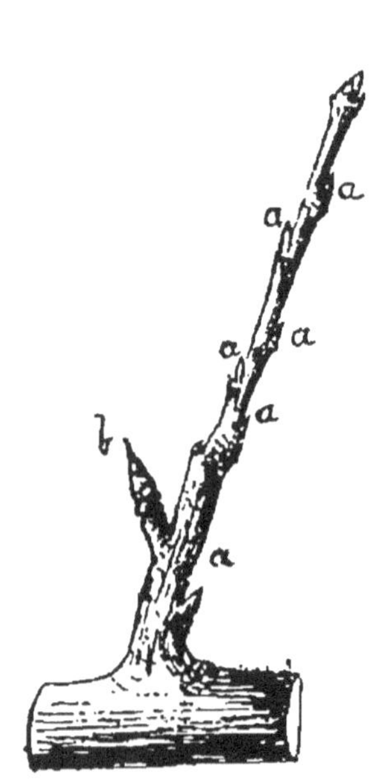

Fig. 109. — Coursonne stérile de Poirier, portant un dard en *b*.

Fig. 110. — Coursonne type de Poirier, portant deux boutons et un œil à bois.

bouton à fleur, prêt à s'épanouir au printemps suivant et porter ses fruits. Pendant le développement de ceux-ci, le point d'attache s'épaissit, devient presque charnu et constitue, après la chute du fruit, une *bourse*, laquelle persiste et fructifie de nouveau quand d'autres boutons à fleurs s'y sont développés.

L'arbre forme de lui-même un plus ou moins grand nombre de boutons à fleurs et de bourses; mais, dans les arbres soumis à une forme particulière, l'inter-

vention du jardinier devient nécessaire pour transformer les coursonnes qui, par excès de vigueur de
l'arbre, ne se mettent pas d'elles-mêmes à fruit. On y
parvient à l'aide de la taille en vert, du pincement,
du cassement, de l'entaille et d'autres moyens. Le
rôle du jardinier vise aussi le maintien dans des proportions restreintes de ces mêmes branches fruitières,
de façon qu'elles soient toujours rapprochées de la
branche mère et ne forment pas confusion entre elles.
Ici encore, le meilleur moyen d'y remédier est de
donner aux branches charpentières une longueur
proportionnée à la vigueur de l'arbre.

Les variétés de poires sont excessivement nombreuses, de grosseur et de qualité très variables, et
leur maturité s'échelonne depuis juillet jusqu'en mai
de l'année suivante ; le plus grand nombre se mangent crues et sont dites *poire à couteau*, d'autres sont
des *poire à cuire*, et une certaine catégorie ne sert qu'à
la fabrication du *poiré*. Les premières sont encore
divisées en *poires* d'*été*, d'*automne* et d'*hiver*.

Comme il importe de posséder dans un jardin,
même restreint, un certain nombre de variétés de
chaque saison, afin d'en avoir toujours de mûres
entre les deux époques précitées, nous mentionnerons
quelques-unes des meilleures de chaque saison, en in-
diquant approximativement l'époque de leur maturité.

Poires d'été.

Citron des Carmes, petite, ovoïde, verte ; fin juillet ;
arbre vigoureux.

Épargne, allongée, moyenne ou grosse ; juillet-août.

Beurré Giffard, moyenne ou grosse, pyriforme,
jaune ; fin juillet-août.

Williams, grosse ou très grosse, oblongue, vermillonnée ; août-septembre.

Beurré d'Amanlis, grosse, turbinée, jaune carminé ; août-septembre.

POIRES D'AUTOMNE.

Fondante des bois, grosse ou très grosse, jaune, fondante ; septembre-octobre.

Beurré Hardy, assez grosse, ovoïde, roussâtre ; septembre.

Louise-bonne d'Avranches, grosse, pyriforme, verdâtre ; septembre-octobre.

Doyenné du Comice, gros, ventru, vert pâle; octobre.

Colmar d'Arenberg, souvent très grosse, blonde; octobre-novembre.

Duchesse d'Angoulême, très grosse, renflée, jaune et pointillée; octobre-novembre.

Beurré Clairgeau, grosse ou très grosse, sub-cylindrique, fort belle; octobre-novembre.

POIRES D'HIVER.

Beurré Diel, grosse, renflée, jaune verdâtre; novembre-décembre.

Bergamote crassane, assez grosse, arrondie, verdâtre; novembre.

Passe-Colmar, moyenne, turbinée, jaunâtre; novembre-décembre.

Saint-Germain d'hiver, grosse, oblongue, vert jaunâtre; décembre-janvier.

Beurré d'Hardenpont, grosse, renflée, verte, puis jaune; décembre-janvier.

Passe-Crassane, grosse, arrondie, vert bronzé; janvier-mars.

Doyenné d'hiver, grosse, ovale, arrondie, vert jaunâtre; février-avril.

Bergamote Esperen, moyenne, déprimée, vert-jaune; février-avril.

Bon Chrétien d'hiver, assez grosse, renflée, vert et jaune ; mars-mai.

POIRES A CUIRE.

Certeau, moyenne, ventrue, jaune et rouge ; octobre.

Martin sec, petite, turbinée, aiguë, grise ; décembre-février.

Râteau gris, grosse, turbinée, gris fauve ; janvier février.

Belle Angevine, énorme, jaune, très belle, mais médiocre ; fin hiver.

Pommier (*Pyrus Malus*). — La plupart des caractères de cet arbre sont ceux du Poirier, mais il s'en distingue cependant nettement par son aspect général, par son fruit, par sa culture, etc. Il est plus étalé, plus rustique, mais il vit moins longtemps que lui. Les terres profondes, fraîches, et les climats un peu humides sont ceux qu'il préfère. On le cultive le plus souvent en verger ou en plein champ, et, après sa formation, il n'exige guère d'autres soins que l'élagage des branches mortes ou de celles qui forment confusion. Toutefois, il présente alors le défaut de produire par intermittences ; c'est peut-être pour cette raison qu'on l'a introduit dans les jardins fruitiers ; mais il n'y existe guère que sous la forme de cor-

Fig. 111.
POMMIERS en cordon simple.

dons longeant les allées, ou parfois sous celle de vase ou de fuseau.

On le greffe en fente ou en écusson, sur *franc* ou Pommier de semis, pour former des plein-vent à haute tige, tandis que pour le cultiver dans les jardins, on choisit le Doucin comme sujet, ou le Paradis pour les terrains humides.

Dans les vergers, on l'espace de 8 à 10 mètres,

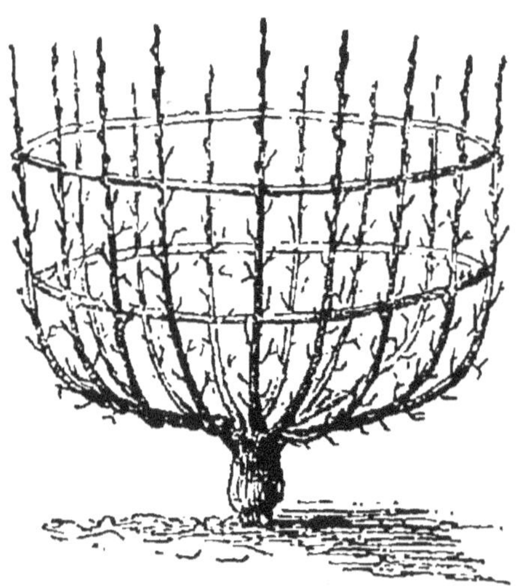

Fig. 112. — POMMIER en vase.

tandis qu'en cordons, uniques ou superposés, on le plante à 3 ou 4 mètres. Pour la création de ces derniers, on emploie des sujets d'un an de greffe, dont on courbe progressivement la tige jusqu'à ce qu'elle ait pris une direction horizontale, sauf l'extrémité qui doit toujours être un peu dressée. Lorsque les arbres se rejoignent, on les greffe parfois l'un sur l'autre, par approche. Comme il arrive souvent qu'ils s'emportent en vigueur, on conseille de laisser un rameau gourmand près du coude, dont on formera un deuxième cordon au dessus du premier, ou bien de lui faire suivre les contours d'un tuteur en forme de spirale.

Pour l'obtention du vase, on coupe le sujet d'un an de greffe à environ 30 centimètres du sol, puis on choisit trois rameaux qu'on écarte de la verticale à l'aide d'un cercle. L'année suivante, on taille ces trois branches à 30 centimètres environ, et on obtient six branches, que l'on fait à leur tour bifurquer l'année suivante, et le vase est ainsi formé. Ces branches sont par la suite maintenues en place à l'aide de cercles et de pieux.

Le traitement de la branche fruitière ne diffère pas sensiblement, dans son principe, de celui de la coursonne du Poirier; mais les diverses opérations secondaires deviennent moins rigoureuses, car la mise à fruit s'effectue bien plus facilement.

La pomme est un fruit précieux pour l'hiver, à cause de sa qualité et de sa longue et facile conservation ; les pommes d'hiver sont du reste presque toutes supérieures en qualité à celles d'été. Comme les poires, on les classe en pommes *d'été*, *d'hiver* et *à cidre ;* ces dernières n'entrent pas dans le cadre de cet ouvrage. Les Pommiers de plein vent ne trouvent que difficilement place dans les petits jardins ; mais les cordons, vases, fuseaux, etc., peuvent y être élevés sans trop gêner les autres cultures ; c'est en outre sur les arbres taillés qu'on obtient les plus beaux fruits.

Voici, d'après M. Jamin, quelques variétés des plus méritantes, avec indication des formes auxquelles elles se prêtent le mieux :

Grand Alexandre, énorme, très bonne ; août-septembre ; fuseau, gobelet, contre-espaliers.

Rambour d'été, grosse, aplatie, vert rubané rouge ; septembre ; mêmes formes.

Reinette grise, grosse, ovoïde, vert grisâtre ; octobre-décembre ; cordons.

Calville rouge d'automne, grosse, rouge ; octobre-décembre ; plein vent.

Reinette du Canada, très grosse, jaune grisâtre, de première qualité ; décembre-mars ; pyramide, fuseau, vase.

Reinette dorée, moyenne, de qualité supérieure ; décembre-avril ; toutes formes.

Fenouillet gris, petite, excellente ; décembre-avril ; plein vent.

Calville blanc, grosse, ovoïde, blanc jaunâtre, vermillonnée, de qualité exquise ; janvier-avril ; contre-espaliers.

Api rose, petite, aplatie, rouge vif ; janvier-mai ; plein vent, contre-espaliers.

Prunier (*Prunus domestica*). — Arbre de 4 à 6 mètres de haut, essentiellement de plein vent, pour lequel la taille est peu nécessaire, en dehors des soins de dressage et d'élagage. On peut cependant l'élever en espalier, au pied des murs, et dans ce cas on le traite exactement comme le Cerisier. Tous terrains, sauf ceux de nature trop compacte et humide lui conviennent. Comme il a le défaut de drageonner, il est important de ne planter que des sujets greffés avec de bonnes variétés Sa greffe ne s'effectue que sur lui-même. Les pieds issus de drageons ont une grande tendance à drageonner eux-mêmes et ceux provenant de semis ne possèdent pas, quoi qu'on en dise, toutes les qualités des individus dont ils sont issus. Les sujets greffés sont donc seuls recommandables. On les prendra greffés en tête, à haute ou de préférence demi-tige, à deux ou trois ans de greffe.

Les variétés de prunes sont très nombreuses, et

se divisent en *prunes à dessert* et *p. à pruneaux;* les premières nous intéressent seules ici ; toutefois, ces dernières sont parfois avantageusement employées pour confitures.

Jaune hâtive, moyenne, ovoïde, jaune ; mi-juillet.

Reine-Claude ordinaire, assez grosse, arrondie, vert jaunâtre ; août ; arbre vigoureux.

Reine-Claude diaphane, grosse, jaune doré, arrondie, très bonne ; août-septembre.

Reine-Claude violette, moyenne ou grosse, arrondie, rouge violacé, très bonne ; septembre.

Reine-Claude de Baray, grosse, ovoïde, jaune verdâtre, bonne ; septembre-octobre.

Goutte d'or de Coë, grosse, ovoïde, jaune doré, piquetée rouge ; fin septembre.

Mirabelle petite, arrondie, jaune doré, piquetée, très bonne ; août.

Mirabelle grosse, moyenne, ovale, jaune, piquetée, parfumée et très bonne ; fin-août.

Jaune tardive, moyenne, ovoïde, jaune ambré ; fin septembre.

Quetsche d'Allemagne, grosse, ovale et sillonnée, violet pourpre ; septembre ; fruit à cuire.

Vigne (*Vitis vinifera*). — Inutile de parler des précieuses qualités de cet arbuste grimpant ; chacun les connaît et les apprécie sous la forme de vin ou de fruit de table. Nous ne nous occuperons sommairement ici que des variétés qui produisent ces derniers.

Fig. 113.
Vigne en cep.

La Vigne touche à peu près sa limite nord dans la région parisienne ; la nature du sol, pourvu que celui-ci ne soit pas froid et humide, lui est bien plus indifférente que l'exposition ; ce qu'il lui faut avant tout c'est la chaleur, et, pour l'obtention du raisin de table, la meilleure place qu'on puisse lui donner

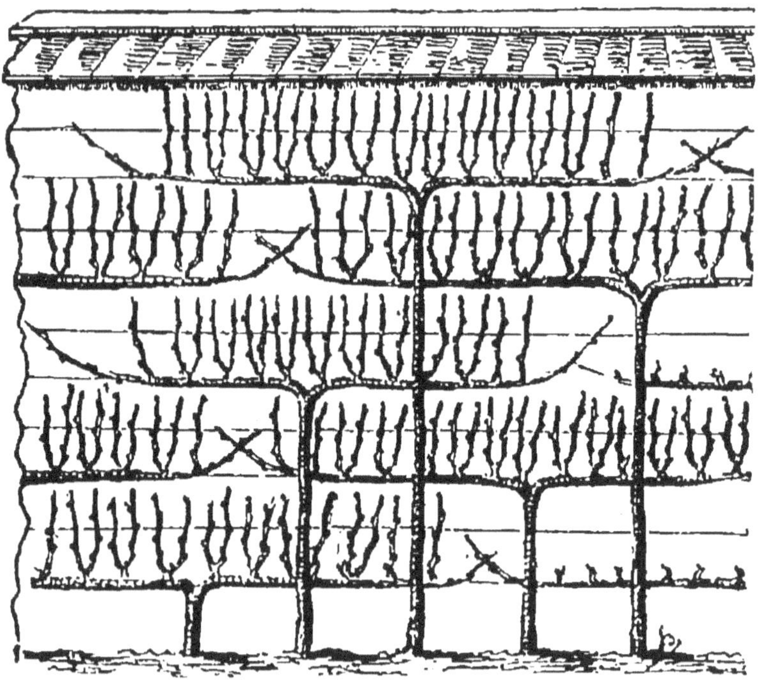

Fig. 114. — Vignes en espalier dit : à la Thoméry.

est celle des murs exposés au midi. On l'y dresse en espalier dit « à la Thoméry » ou en cordons horizontaux, en contre-espaliers, ou même sous forme de simple souche ou cep, dans les terrains inclinés et exposés au midi.

Sa multiplication s'effectue très facilement par longues boutures, que l'on plante au printemps, en place, par marcottes ou couchages, et par greffe anglaise ou en fente, pour modifier sa variété ou pour la mettre à l'abri des ravages du Phylloxéra ; on emploie alors une variété de Vigne américaine.

Quand le sol est maigre et très sec en été, les fumures printanières, et les arrosages pendant la sécheresse augmentent beaucoup sa vigueur et partant la grosseur et la qualité de ses fruits. Le ciselage, c'est-à-dire l'éclaircissement aux ciseaux des grains, alors qu'ils sont encore tout jeunes, et l'effeuillage à l'approche de la maturité, permettent d'obtenir de belles grappes bien colorées et de plus longue conservation.

La taille est indispensable à la Vigne, car elle s'emporte toujours en bois et ne donne plus, si on la livre à elle-même, que de petits fruits mûrissant difficilement. En dehors du dressage, c'est-à-dire des opérations nécessaires pour lui donner la forme désirée, le traitement de la branche fruitière reste le même pour toutes les formes.

Pour les espaliers à la Thoméry et les contre-espaliers, on plante entre 50 cent. et 3 mètres ; la distance varie selon le nombre de cordons, et ceux-ci selon la hauteur du mur. Pour les cordons verticaux, on ménage 80 cent. ou 1 mètre ; pour les cordons horizontaux, 3 mètres ; et pour les ceps ordinaires, 80 cent. ou 1 mètre d'espacement.

Etant donné un mur de 2 m. 50 de haut, on pourra y établir une treille à la Thoméry à quatre cordons, ceux-ci devant avoir 50 cent d'espacement entre eux et les pieds seront alors placés à 0 m. 75 de distance. La figure ci-jointe nous dispense d'indiquer le cordon que chaque cep devra garnir. La première année, les jeunes pieds seront taillés à deux ou trois yeux au-dessus du sol. La deuxième, on taillera la seule pousse de prolongation qui aura été conservée à

40 cent. pour les pieds qui devront former le premier cordon, et les autres un peu plus haut; puis, chaque année suivante, on formera en montant un nouveau cordon. Pour obtenir les deux bras qui doivent simultanément s'étendre à droite et à gauche,

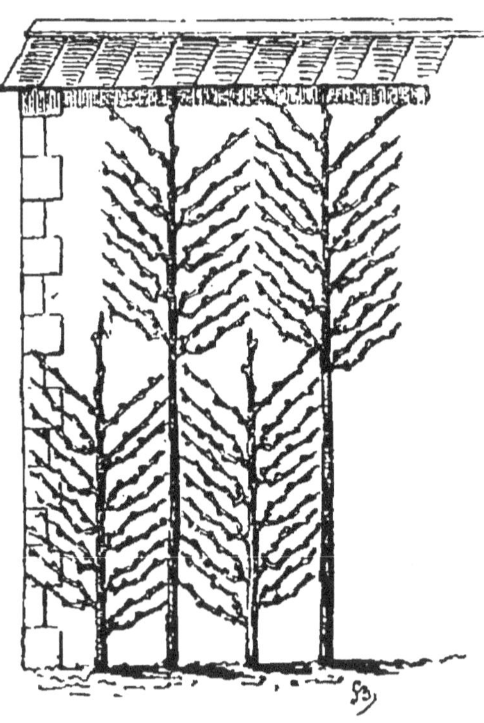

Fig. 115. — Vignes en palmettes ou cordons verticaux alternes.

on courbe le rameau d'un côté ou de l'autre, de façon à ce qu'il ait un œil au point de la courbure; celui-ci en se développant formera le deuxième bras. Chaque bras doit par la suite être taillé sur un œil situé en dessous, et ne donner naissance qu'à une seule coursonne ou branche fruitière par an. Celle-ci se taille tous les ans à deux yeux au-dessus de ceux de l'empattement; le plus bas des deux rameaux qui en résultent, constitue le rameau de remplacement.

Le mode de dressage et de taille des autres formes qu'on donne à la Vigne est basé sur les mêmes principes. Les cordons verticaux doivent être espacés de 80 cent. à 1 mètre ; la tige se taille toujours à trois yeux ; les latéraux donnent naissance à deux branches fruitières et le terminal au rameau de prolongement ; les pieds qui doivent garnir la partie supérieure du mur sont élevés sur tige nue jusqu'au milieu de sa hauteur.

La coupe d'un rameau fruitier ou de prolonge-

Fig. 116 — Coursonnes fruitières de vigne, taillées ; a, de un an ; b, de deux ans.

ment doit toujours être effectuée à environ 1 cent. 1/2 au dessus du dernier œil. Les fruits se montrant toujours plus certainement dans les yeux supérieurs, surtout chez certaines variétés, on taille parfois à trois ou quatre yeux, et, quand le sujet est très vigoureux, on peut même laisser un arceau de 8 à 12 yeux, mais qu'on supprimera à la taille suivante, après sa fructification.

Les variétés de Vigne sont excessivement nombreuses ; cependant, en en excluant ici les variétés à vin, celles à raisin de table deviennent, pour le plein air de notre climat, fort restreintes, d'autant plus que les raisins blancs sont les plus estimés pour cet usage. Voici les quelques variétés les plus recommandables :

Madeleine, à grains noirs, petits, en grappe serrée ; fin juillet.

Précoce de Malingres, à grains moyens, ovales, jaune verdâtre ; fin août.

Muscat noir, à grains moyens, ronds, fin septembre.

Chasselas doré ou de *Fontainebleau*, à grains ronds, jaune ambré, transparents et très bons ; première quinzaine de septembre.

Chasselas rose, à grains gros, roses et très bons ; deuxième quinzaine de septembre.

Muscats blanc et *rouge*, sujets à la coulure et mûrissant difficilement et irrégulièrement sous notre climat.

CHAPITRE V

LES ARBRES ET LES ARBUSTES D'ORNEMENT

Les arbres et les arbustes sont indispensables pour l'ornementation principale des parties d'agrément de tous les jardins, même ceux de petites dimensions. Dans ces derniers, le nombre des arbres doit y être restreint à la juste nécessité, afin de ne pas produire trop d'ombrage et d'épuiser le sol. Quant aux arbustes, on les y emploie en plus grand nombre, selon le tracé du jardin, soit pour former des rideaux le long des murs, soit pour garnir entièrement certaines parties formant bosquet, ou encore en sujets isolés sur le gazon. Il y a tout intérêt à varier le plus possible les espèces, pour obtenir le plus grand nombre de sortes de fleurs; mais on doit en opérer le choix de telle façon que celles-ci s'y succèdent pendant toute la belle saison et sur plusieurs points à la fois; il faut, en outre, y introduire un nombre suffisant d'essences à feuillage persistant, pour que les parties boisées ne soient pas entièrement dénudées pendant l'hiver.

Il nous est impossible de mentionner, dans le cadre très restreint de cet ouvrage, tous les végétaux ligneux susceptibles de concourir à l'ornement des petits jardins; le nombre en est excessivement grand, et la diversité presque illimitée.

Nous ne citerons, surtout pour les arbres, que quelques-uns des plus méritants, et nous nous attacherons bien plus à signaler leur taille, emploi, traitement, etc., qu'à les décrire ; quant à leur multiplication, nous la passerons sous silence ou nous ne l'indiquerons que très sommairement, parce qu'on introduit le plus souvent les arbres et arbustes tout venus dans les petits jardins. Les soins généraux de plantation sont les mêmes que ceux que nous avons indiqués pour les arbres fruitiers.

Acacia. — Voy. *Robinier*.

Alaterne. — Voy. *Nerprun Alaterne*.

Ailanthe (*Ailanthus glandulosa*). — Arbre vigoureux et rustique, de 12 à 15 mètres, formant naturellement une belle tête arrondie, ne nécessitant aucune taille ; ses fleurs, qui s'épanouissent en juillet-août, répandent une odeur fade et désagréable. Avenues.

Alisier (*Crataegus*). — Arbres ou arbrisseaux dressés ou buissonnants, inermes ou épineux, à fleurs blanches, en bouquets, et à fruits charnus, globuleux, de grosseur et de couleur variables. Plusieurs espèces sont répandues dans les jardins et estimées pour leur port, leurs fleurs ou l'abondance de leurs fruits persistants. Ils supportent en général la taille et même la tonte. Multiplication par semis, greffe, etc. Citons simplement.

A. DE FONTAINEBLEAU (*C. latifolia*). — Arbre de 8 mètres, à port dressé, symétrique, très décoratif.

A. AUBÉPINE (*C. Oxyacantha*). — Arbrisseau très rameux, épineux, divariqué, à fleurs blanches, nombreuses, très agréablement parfumées. Il supporte très facilement la tonte ; on l'emploie pour orner les bosquets, et surtout pour former des haies. Il existe de nombreuses variétés *doubles : roses, rouges, blanches*, etc.

A. Buisson ardent (*C. pyracantha*). — Arbuste de 2 à 3 mètres, buissonnant, dont les petits fruits,

Fig. 117. — Aubépine.

rouges et très nombreux, persistent pendant tout l'hiver; on l'emploie surtout en sujets isolés.

Althéa. — Voy. *Hibiscus*.

Argousier (*Hippophae rhamnoides*). — Arbrisseau de 2 à 3 mètres, rameux, tortueux, épineux, à feuillage blanchâtre et à petits fruits orangés. Supporte bien la taille. On l'emploie pour former des contrastes. Multiplication par boutures, graines ou drageons.

Aristoloche siphon (*Aristolochia sipho*). — Arbuste rustique, très grimpant, de 8 à 10 mètres, à feuilles nombreuses et larges, en forme de cœur; fleurs petites, en forme de pipe allemande, mais insignifiantes. Plante précieuse pour garnir les treillages, berceaux, vieux arbres, etc. Multiplication par semis et marcottes.

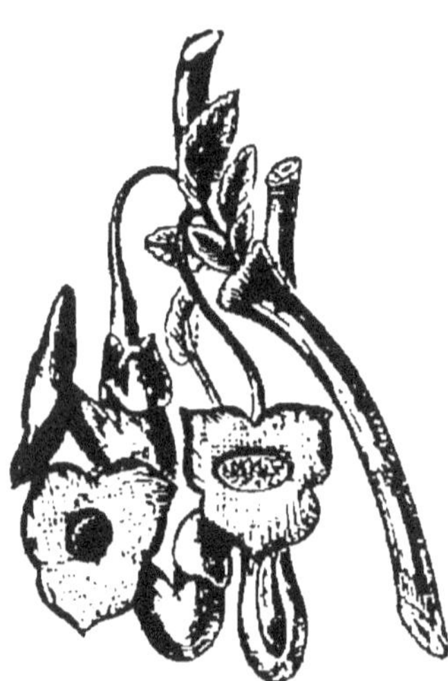

Fig. 118. — Fleurs d'ARISTOLOCHE SIPHON.

Aucuba DU JAPON (*Aucuba japonica*). — Arbuste de 1 mètre, à beau et abondant feuillage vert luisant, souvent maculé de jaune et persistant; fleurs insignifiantes, et en hiver petits fruits rouges. Aime l'ombre et la fraîcheur et résiste souvent aux plus mauvaises expositions. Il en existe de nombreuses variétés différant surtout par la forme et les panachures de leurs feuilles.

Aubépine. — V. *Alisier-Aubépine*.

Baccharis HALIMIFOLIA. — Seneçon en arbre. — Arbrisseau de 2 à 3 mètres, rameux, régulier, touffu, à feuillage petit, abondant, vert blanchâtre, mais à fleurs insignifiantes. Supporte la taille; multiplication par boutures ou marcottes. Bosquets.

Baguenaudier (*Colutea arborescens*). — Arbrisseau de 3 mètres, à fleurs en grappes jaunes et formant un fruit vésiculeux. Bosquets. Tailler en hiver. Multiplication par semis.

Bignone DE VIRGINIE (*Tecoma radicans*). — Arbrisseau rustique, très grimpant, de 6 à 10 mètres, à fleurs tubuleuses, orangées, en gros bouquets; feuillage léger. Très vigoureux, rustique, propre à tapisser les murs.

Boule-de-neige. — Voy. *Viorne Obier*.

Bouleau (*Betula*). — Arbres ou arbrisseaux rustiques, à feuilles caduques et à fleurs insignifiantes, dont plusieurs, notamment le B. blanc (*B. alba*) et ses variétés, sont propres à orner les bosquets. Taille nulle.

Broussonetier (*Broussonetia papyrifera*). — Petit arbre de 4 à 5 mètres, à fleurs insignifiantes et à feuilles caduques, remarquables par la diversité de leurs découpures. Il en existe plusieurs variétés. Bosquets.

Buis (*Buxus sempervirens*). — Arbuste de 1 à

Fig. 119. — CALYCANTHE.

3 mètres de haut, très lent à se développer, mais à feuillage persistant et d'un beau vert. Bosquets,

haies, etc. Supporte facilement la taille et la tonte au printemps. Multiplication par semis.

Le *Buis nain à bordure* en est sans doute une variété très basse, employée dans la plupart des jardins, pour former les bordures d'allées ou de massifs ; on le multiplie uniquement, mais facilement par éclats.

Buisson ardent. — Voy. *Alisier Buisson ardent.*

Fig. 120. — CATALPA COMMUN.

Calycanthe (*Calycanthus*). — Arbustes de 1 m. 50 à 3 mètres, à fleurs grandes, rouges, s'épanouissant entre février-avril, et exhalant souvent une odeur très agréable; feuilles grandes, simples, caduques. Se taillent au printemps et se multiplient par semis ou par marcottes. On cultive les C. DE LA CAROLINE (*C. floridus*), C. DE CALIFORNIE (*C. occidentalis*) et C. PRÉCOCE (*C. præcox*).

Camélia DU JAPON (*Camellia japonica*). — Magnifique arbrisseau dont les variétés *doubles* sont très nombreuses. Sous notre climat. on le cultive presque exclusivement en pots, et on l'hiverne en orangerie ou dans un local éclairé. Il aime l'ombre, la bruyère et une atmosphère un peu humide. Taille à peu près nulle. Les boutons se forment en été et, pendant l'hiver, il faut éviter que l'atmosphère ne soit trop sèche, de peur qu'ils ne tombent avant la floraison ; celle-ci s'effectue de février en avril.

Casse DU MARYLAND (*Cassia marylandica*). — Arbuste de 1 m. 50, à fleurs jaunes, en grappes, se succédant pendant tout l'été; supporte la taille et le raballage; protéger un peu la souche. Multiplication par semis ou par drageons enracinés.

Catalpa COMMUN (*Catalpa bignonioides*). — Bel arbre de 8 à 10 mètres, rustique, à grandes fleurs lilacées, en panicules, s'épanouissant en juillet ; feuilles simples, cordiformes et caduques. Propre à isoler, former des avenues, etc. Multiplication par semis.

Céanothe (*Ceanothus*). — Arbustes de 1 mètre à 1 m. 50, nombreux en espèces, à feuilles caduques, produisant de nombreux bouquets axillaires de fleurs blanches, bleues, roses, etc. Le *C. azuré Gloire de Versailles* est un des plus méritants.

Cèdre (*Cedrus*). — Arbres verts atteignant de trop fortes proportions pour trouver place dans les petits jardins; toutefois, leur port est très élégant, et le

Déodar (*C. Deodora*) surtout fait le meilleur effet isolé sur les pelouses.

Fig. 121. — Cèdre Déodar.

Cerisier double (*Cerasus*). — Les variétés *doubles* de diverses espèces ne diffèrent de leurs types que par leurs fleurs pleines et souvent si abondantes que l'arbre en est parfois entièrement couvert et produit alors, au printemps, un effet admirable. Culture et multiplication des variétés fruitières.

Chalef argenté (*Elæagnus angustifolia*). — Arbre moyen, rustique, produisant en juin de petites fleurs jaunes, en bouquets, à odeur très pénétrante, et à feuilles caduques, allongées, de teinte argentée. Bosquets ou sujets isolés. Multiplication par boutures, drageons et semis.

Chamæcyparis. — Arbustes toujours verts, compacts, à feuillage très fin, propres à isoler sur les pelouses; on en cultive plusieurs espèces.

Chamécerisier. — Voy. *Chèvrefeuille*.

Charme (*Carpinus Betulus*). — Arbre de 10 à 15 mètres, à feuilles caduques, supportant facilement la tonte et se ramifiant beaucoup, avantages qui le font fréquemment employer pour former des rideaux de verdure, des berceaux, etc.; il prend alors le nom de *Charmille*. Son développement est lent. Multiplication par semis.

Chèvrefeuille (*Lonicera*). — Les diverses espèces cultivées forment deux sections bien différentes, selon qu'elles sont grimpantes ou qu'elles constituent des arbustes ramifiés et dressés. Les premières sont propres à orner les berceaux, les treillages, murs, troncs des vieux arbres, etc. ; tandis que les dernières se placent dans les massifs. On les multiplie par boutures, drageons, marcottes, ou encore par semis. Les plus beaux de chaque section sont :

GRIMPANTS.

Ch. COMMUN OU DES JARDINS (*L. Caprifolium*), à fleurs rouge orangé, à odeur suave, réunies en bouquets terminaux, et à feuilles supérieures soudées par paires, dont la dernière entoure le bouquet de fleurs.

Ch. DES BOIS (*L. Periclymenum*), à fleurs jaune rougeâtre et à feuilles non soudées.

Ch. TOUJOURS VERT (*L. sempervirens*), à longues fleurs écarlates.

Ch. ETRUSQUE (*L. Etrusca*) ; **Ch.** DU JAPON OU DE LA CHINE (*L. Japonica*) ; etc.

ARBUSTIFS (*Chamécerisiers*).

Ch. DE TARTARIE (*L. tatarica*), de 1 m. 50, à fleurs petites, rouges, roses ou blanches, odorantes, réunies par deux-trois, à l'aisselle des feuilles ; fruits bacciformes, rouges. Branches dressées et rameuses.

Ch. BRACHYPODA. — A fleurs blanc jaunâtre, presque sessiles.

Ch. DE L'ALTAÏ (*L. Ledebouri*), à fleurs jaune rougeâtre, en bouquets axillaires, involucrés, et auxquelles succèdent des fruits rouges ; feuilles amples, un peu velues.

Ch. OU CHAMÉCERISIER DES BOIS (*L. Xylosteum*) ; **Ch.** A FRUIT NOIR (*L. nigra*) ; etc.

Clématite. — Presques toutes les espèces sont des arbustes très grimpants, ligneux, perdant leurs feuilles en hiver. Les fleurs varient beaucoup dans leur dimension, leur coloration, etc. ; elles sont blanches, rougeâtres, violettes, jaunes ou de teintes intermédiaires. Ces plantes sont précieuses pour tapisser les murs, les colonnes, les treillages, ber-

Fig. 122. — Clématite à grande fleur.

ceaux, etc. ; elles aiment les terres légères, saines et pas trop calcaires. On les multiplie par semis, par marcottes, ou par greffe en fente et sous cloche, pour les variétés hybrides à grandes fleurs. Les plus intéressantes sont :

C. Jackmanni, à fleurs très grandes, bleu violacé, nombreuses et se succédant pendant tout l'été. C'est cette variété qui a donné naissance, par croisements avec quelques espèces également à grandes fleurs (*C. patens*, *C. lanuginosa*), à toute la série nombreuse des *C. hybrides*, aujourd'hui très répandues dans les jardins ; voici quelques-unes des plus belles :

La France, violet foncé ; *Impératrice Eugénie*, blanc crème ; *Madame Ed. André*, carmin foncé ; *Madame Baron-Vieillard*, rose vineux, tardive ; *Madame Grangé*, pourpre velouté foncé : *Azurea grandiflora*, bleu d'azur ; *Ville de Paris*, blanche, à bande rose ; *Reine des bleues*, bleu foncé ; *Sophia flore pleno*, double, blanc bordé lilas ; *Madame G. Boucher*, double, pourpre à revers verdâtre.

C. D'ORIENT (*C. orientalis*), à petites fleurs jaunes, très nombreuses, se montrant en automne ; vigoureuse, rustique et atteignant 3 à 4 mètres.

C. MONTANA, à fleurs blanches, très nombreuses, moyennes, se montrant en été ; haut. 6 mètres.

C. VITICELLA, à fleurs bleues, purpurines ou parfois blanchâtres, moyennes, se montrant de juin en septembre ; les fruits n'ont pas d'arête plumeuse ; haut. 2 à 4 mètres.

Beaucoup d'autres existent encore dans les jardins.

Cognassier DU JAPON (*Cydonia japonica*). — Arbuste rameux, étalé, de 1 mètre, à fleurs rouges et à fruits jaunes, arrondis, odorants, mais non comestibles. Feuilles caduques, luisantes. Multiplication par boutures ou semis.

Cornouiller (*Cornus.*) — Arbustes rustiques, à feuilles caduques, assez élevés, à fleurs petites, blanchâtres. Bosquets ; taille au printemps.

Les **C.** MALE (*C. mas*) et **C.** SANGUIN (*C. sanguinea*) sont les plus répandus, ce dernier surtout. Multiplication par semis et marcottes.

Cyprès (*Cupressus.*) — Beaux arbres verts, nombreux et presque tous rustiques, mais atteignant souvent de trop grandes proportions pour les petits jardins, à moins qu'on ne les utilise quand ils sont jeunes et en sujets isolés. Le *C. Lawsoniana* est un des plus beaux et des mieux adaptés à cet usage. Le *C. sempervirens* et parfois le *C. funebris* sont ceux qu'on voit ordinairement dans les cimetières, et qu'on plante souvent en haies, comme brise-vent.

Cyprès CHAUVE (*Taxodium distichum*). — Grand et bel arbre Conifère, de 30 mètres de haut, à feuilles légères, blondes et caduques, aimant les terrains siliceux et humides. Vient bien sur le bord des eaux et forme de lui-même la pyramide.

Cytise (*Cytisus*). — Arbrisseaux ou arbustes très différents par leur port, nombreux en espèces, mais dont un petit nombre est seul répandu dans les jardins. Ils servent à l'ornement des bosquets. La taille ne doit s'effectuer qu'après la floraison. Multiplication facile par semis ou par greffe.

C. FAUX-EBÉNIER. C. Aubour (*C. Laburnum*). — De 2 à 4 mètres de haut, à fleurs nombreuses, jaune vif, en longues grappes pendantes ; feuilles trifoliolées, caduques. Arbuste très commun, rustique et très vigoureux, ne craignant pas les terrains calcaires.

C. D'ADAM. (*C. Adami*). — Hybride des *C. Laburnum* et *C. purpureus* présentant le singulier caractère d'avoir certaines branches portant des fleurs tantôt toutes jaunes comme dans le C. faux-Ebénier, tantôt pourpres, comme dans le dernier.

Citons encore : *C. purpureus, C. sessilifolius, C. capitatus,* etc.

Daphné (*Daphne*). — Petits arbustes à feuilles caduques ou persistantes, aimant un peu l'ombre, à fleurs peu voyantes, et qu'on emploie parfois pour orner les massifs. Les plus répandus sont : *D. Laureola, D. Mezereum, D. indica, D. Cneorum,* et *D. Gnidium.*

Deutzia CRENATA. — Arbuste de 2 mètres, à fleurs blanches, en grappes terminales ; feuilles caduques, opposées, entières. Bosquets. Taille en hiver.

D. GRACILIS. — Arbuste de 50 cent., touffu, rameux, à fleurs blanches, petites et très nombreuses. Souvent cultivé en pots ; à planter sur le bord des massifs.

Épine-vinette (*Berberis*). — Arbustes dressés, de 1 mètre à 1 m. 50, rameux, épineux, à petites fleurs jaunâtres, auxquelles succèdent des fruits charnus, rouges ou jaunes ; feuilles petites, entières, coriaces, lisses, épineuses et persistantes. Espèces nombreuses, une variété surtout est très décorative par son *feuillage purpurin.* Bosquets.

Érable (*Acer*). — Beaux arbres rustiques, à feuilles caduques et à fleurs verdâtres, insignifiantes. Plusieurs sont très propres à la plantation des avenues.

Fig. 123. — ÉPINE-VINETTE

É. PLANE (*A. Platanoides*), à fleurs en corymbes dressés et formant une belle tête arrondie; peut atteindre jusqu'à 15 mètres. Avenues.

É. SYCOMORE (*A. pseudo-Platanus*), à fleurs réunies en longues grappes pendantes, et à feuilles moins profondément découpées. Même hauteur et utilité.

É. BLANC (*A. eriocarpum*), à petites fleurs en ombelles sessiles et à fruits cotonneux ; haut. 8 mètres.

É. rouge (*A. rubrum*), à fleurs écarlates ainsi que les fruits et les rameaux ; haut. 6 mètres.

É. à FEUILLE DE FRÊNE (*A. Negundo.*). — Arbre de 10 mètres, très distinct de tous les autres par ses feuilles composées de cinq folioles minces et d'un vert tendre. Sa variété à *feuilles panachées* est très répandue et excessivement ornementale par ses larges panachures blanc jaunâtre ; elle ne constitue guère qu'un petit arbre de 3 à 5 mètres.

Faux-Ebénier. — Voy. *Cytise.*

Févier (*Gleditschia*). — Arbres à fleurs verdâtres, en grappes et à feuilles caduques, composées de nombreuses petites folioles ; le tronc et les grosses branches sont souvent chargés d'épines longues, fortes, rameuses et luisantes.

F. D'AMÉRIQUE (*G. triacanthos*), un des plus répandus ; il atteint 10 à 15 mètres.

F. DE LA CHINE (*G. sinensis*). plus petit et non épineux.

Forsythia. — Arbustes de 1 m. 50 à 2 mètres. à fleurs jaune vif, très nombreuses, se montrant dès février-mars, assez longtemps avant les feuilles. Bosquets. Tailler après la floraison. On cultive les *F. viridissima*, *F. suspensa*, et autres.

Fragon (*Ruscus*). — Arbustes nains, touffus, raides, toujours, verts, à feuilles coriaces et épineuses ; fleurs insignifiantes. On cultive surtout les F. ÉPINEUX ou Petit Houx (*R. aculeatus*) et F. A GRAPPES ou Laurier Alexandrin (*R. racemosus*). Isoler sur les pelouses.

Frêne (*Fraxinus*). — Beaux arbres élevés, vigoureux et à feuilles caduques, aimant les terres consistantes et fraîches ; fleurs presque insignifiantes, blanches et en panicule fournie chez le F. A FLEUR

(*F. Ornus*). Ils forment de beaux sujets isolés.

Fuchsia. — Arbustes tous de serre froide et cultivés en pots ou caissettes pour l'ornement estival des terrasses, balcons, massifs, et parfois en pleine terre pendant la belle saison, etc. Une espèce, le *F. Ricartoni*, à petites fleurs rouge et violet, résiste à nos hivers à l'aide d'une couverture de litière.

Fusain DU JAPON (*Evonymus japonicus*). — Bel arbuste toujours vert, touffu, dressé et rigide, à feuilles épaisses, vert foncé ou diversement panachées chez ses nombreuses variétés. On l'emploie beaucoup pour former des haies, des rideaux, ou dispersé parmi les autres arbustes, etc. Les fortes gelées le font parfois périr. D'autres espèces, notamment le F. RAMPANT (*E. radicans*), propre à faire des bordures ou des tapis, à la façon du Lierre, sont encore cultivées dans les jardins.

Le **F.** D'EUROPE (*E. europæus*), et ses congénères, se distinguent nettement des précédents par leurs feuilles qui tombent à l'automne.

Gainier COMMUN. Arbre de Judée. (*Cercis siliquastrum*). — Arbre peu élevé, tortueux, rustique, remarquable par ses bouquets de fleurs rouge clair, qui se développent au printemps, sur le vieux bois et même sur le tronc; feuilles arrondies en cœur. Bosquets.

Gattilier COMMUN (*Vitex Agnus-castus*). — Arbrisseau de 3 mètres, à fleurs petites, violet gris, en épis; feuilles à 5-7 folioles digitées. Bosquets; tailler au printemps. On cultive encore : G. EN ARBRE (*V. arborea*) G. INCISÉ (*V. incisa.*)

Genêt (*Genista*). — Arbustes ou arbrisseaux nombreux en espèces, rustiques ou à peu près, propres à l'ornement des bosquets et des rocailles.

G. COMMUN OU A BALAIS (*G. scoparia*), arbuste à fleurs jaunes, très commun dans les bois siliceux, dont la var. *Andreana*, à des fleurs fortement tachées de brun.

G. D'ESPAGNE (*Spartium junceum*), arbrisseau de

Fig. 121. — GAINIER COMMUN.

2 à 3 mètres, un peu sensible aux grand froids, à grandes fleurs jaunes et à rameaux touffus, dressés, épais et ne portant que de toutes petites fenilles, ce qui lui donne un aspect particulier.

On cultive encore : *G. siberica*, *G. prostrata*, *G. alba*, ce dernier souvent greffé en tête sur Cytise faux-Ébénier.

Genévrier (*Juniperus*). — Arbrisseaux ou arbres résineux toujours verts, nombreux en espèces et variétés, propres à orner les bosquets, les rocailles ou à former des sujets isolés. On cultive surtout :

G. COMMUN (*J. communis*), de 4 à 5 mètres de haut, formant la pyramide ; peut s'isoler sur les pelouses.

G. SABINE (*J. Sabina*), de 1 mètre de haut, à branches étalées couchées, formant une palme ; rocailles.

G. DE VIRGINIE (*J. virginiana*), bel arbre dressé, de 12 à 15 mètres de haut, propre à isoler.

G. DES BERMUDES (*J. bermudiana*), de 8 à 10 mètres de haut, formant la pyramide et propre à isoler.

Ginkgo BILOBÉ (*Ginkjo biloba*). — Arbre Conifère, rustique, remarquable par ses caractères extérieurs, notamment ses feuilles caduques, qui le différencient entièrement de ses congénères. Bosquets. Taille nulle.

Glycine DE LA CHINE (*Wistaria sinensis*). — Magnifique arbuste vivace, rustique et des plus grimpants, très fréquemment employé pour orner la façade des habitations, les piliers, berceaux. Il lui faut une terre légère et fraîche ; la taille est inutile ; le type produit en mai des longues grappes de fleurs bleu pâle, mais il en existe des variétés *rose* et *blanche*. Multiplication par marcottes.

Groseillier (*Ribes*). — On cultive diverses espèces pour l'ornement ; leur taille, végétation, culture, etc., sont les mêmes que celles des *Groseilliers à grappes*.

Les plus décoratifs sont G. SANGUIN (*R. sanguineum*) G. DORÉ (*Ribes aureum*), G. PALMÉ (*R. palmatum*), etc.

Hêtre (*Fagus*). — Les fortes proportions du type (*F. sylvatica*) ne permettent guère de l'introduire dans les petits jardins, mais on peut y cultiver avec avantage les H. POURPRE et H. PLEUREUR.

Hibiscus SYRIACUS. Althéa ou Ketmie en arbre. —

Arbrisseau rustique, à feuilles caduques, produisant tout l'été de nombreuses et grandes fleurs blanches, roses, pourpres, etc., simples ou doubles, selon ses nombreuses variétés. Bosquets et propre à isoler; tailler au printemps.

Hortensia. — Voy. *Hydrangée*.

Houx (*Ilex Aquifolium*). — Arbre rustique, de 8 à 10 mètres; touffu, toujours vert, à feuilles persistantes, épineuses, produisant en mai de petites fleurs blanchâtres et pendant l'hiver de petits fruits globuleux, rouges. Il lui faut une terre légère, siliceuse et il ne redoute pas les expositions ombragées. Le Houx supporte facilement la tonte et se prête bien aux formes qu'il plaît de lui donner; on le cultive alors en caisses ou en sujets isolés sur les pelouses. Multiplication lente, par semis ou par marcottes. Les variétés en sont très nombreuses et diffèrent surtout entre elles par la forme de leurs feuilles ou leurs panachures.

Hydrangée (*Hydrangea*). — L'espèce la plus connue est l'Hortensia (*Hydrangea hortensis*), qu'on cultive souvent en pots; il résiste à nos hivers, mais demande, pour prospérer, la terre de bruyère et une exposition ombragée. La taille lui est inutile. On en forme de jolis massifs au nord des murs des habitations. La teinte bleuâtre de ses fleurs s'obtient en mélangeant au sol des substances ferrugineuses, de l'ardoise pilée, ou en arrosant la plante avec une solution d'alun.

H. paniculée (*H. paniculata*), au moins aussi méritante que l'*Hortensia*, pour l'emploi que nous venons d'indiquer; elle est plus élevée et produit de gros bouquets de fleurs blanc jaunâtre.

Plusieurs autres espèces telles que les *H. arbo-

rescens, *H. japonica*, *H. quercifolia*, sont encore cultivées.

Indigotier (*Indigofera dosua*). — Arbuste de 1 m. à 1 m. 50 de haut, à feuilles caduques et produisant de nombreuses petites grappes de fleurs roses, rouges ou blanches. Bosquets ; tailler au printemps.

Jasmin (*Jasminum*). — Arbustes dressés ou sarmenteux, dont plusieurs sont rustiques et produisent des fleurs jaunes ou blanches, souvent très odorantes. Les espèces rustiques les plus méritantes sont :

J. OFFICINAL (*J. officinale*), à fleurs blanches, très odorantes ; très grimpant, propre à tapisser les murs, les colonnes, les treillages, etc., où il atteint jusqu'à 3 à 4 mètres.

J. JAUNE (*J. fruticans*), de 1 mètre de haut, dressé, arbustif, à fleurs jaunes et inodores. Bosquets.

J. A FLEURS NUES (*J. nudiflorum*), arbuste étalé, peu élevé, à fleurs jaunes, inodores, se montrant en février, bien avant les feuilles. Bosquets.

Kalmia (*Kalmia*). — Beaux arbustes toujours verts, à fleurs printanières, blanches ou roses, en bouquets terminaux et à feuillage abondant, persistant, vert foncé et luisant. Culture des *Rhododendrons*. On cultive surtout : *K. latifolia*, *K. angustifolia*, *K. glauca*, etc.

Kerria JAPONICA. Corette, Corchorus. — Arbuste rameux, dressé, touffu, à feuilles caduques, produisant au printemps de nombreuses fleurs jaune vif, très doubles dans la var. *flore pleno*, qui est la plus cultivée. Bosquets.

Ketmie. — Voy. *Hibiscus*.

Laurier-Cerise (*Cerasus Lauro-cerasus*). — Bel arbuste de 3 mètres, assez rustique, ramifié, à feuilles persistantes, luisantes et d'un beau vert ; fleurs blanches, insignifiantes ; il en existe plusieurs variétés différant peu entre elles, par la forme de leurs feuilles. Très propre et beaucoup employé pour cacher les murs, former des rideaux, ou disséminé dans les bosquets. Multiplication par marcottes. Vénéneux.

Laurier d'Apollon (*L. nobilis*). — Arbre de 5 à 6 mètres, à peu près rustique, toujours vert, à fleurs insignifiantes et à feuilles persistantes, employées en cuisine comme assaisonnement. En tant qu'ornement, on le cultive pour son beau feuillage et parce qu'il se prête facilement aux formes qu'on désire lui donner ; on l'élève parfois en caisses, pour orner les terrasses.

Laurier-rose (*Nerium Oleander*). — Arbrisseau à feuilles persistantes, produisant en été de nombreuses et belles fleurs roses ou blanches, simples ou doubles, et propre à orner les terrasses, le devant des habitations pendant tout l'été. On le cultive toujours en pots ou en caisses, car il faut l'hiverner en orangerie ou dans une local éclairé. Il est fortement vénéneux. On le multiplie parfois par boutures de rameaux bien aoûtés, dont on plonge la partie inférieure dans des bouteilles remplies d'eau. Taille nulle.

Laurier-Tin. — Voy. *Viorne Laurier-Tin*.

Lierre (*Hedera Helix*). — Arbuste rustique, très grimpant et s'accrochant à l'aide de crampons ; ses feuilles nombreuses, persistantes et d'un beau vert, constituent sa partie décorative. On l'emploie pour tapisser les murs (mais il les dégrade), le tronc des arbres, les grilles et ainsi que pour former de larges bordures le long des allées. Multiplication facile par rameaux enracinés ou par boutures. Il en existe un grand nombre de variétés différant surtout la forme de leurs feuilles.

Lilas (*Syringa vulgaris*). — Arbrisseau très rustique,

drageonnant, à feuilles caduques et produisant en mai, des grappes de fleurs parfumées, que tout le monde connaît et estime. Propre à orner les bosquets, à former des haies, rideaux, etc. Multiplication facile par boutures, par drageons ou par greffe. La taille, quand elle devient nécessaire, ne doit s'effectuer qu'après la floraison, afin de ne pas anéantir la floraison de l'année suivante.

Les variétés en sont très nombreuses; parmi les plus belles, citons : *L. de Marly*, *L. Charles X*, *L. de Perse*, *L. Marie Legray* (blanc), *L. Mme Lemoine* (blanc double).

Magnolier (*Magnolia*). — Beaux arbres ou arbrisseaux produisant au printemps de grandes fleurs blanches ou lilacées; propres surtout à isoler sur les pelouses ou le long des allées. Il leur faut une terre légère et de préférence la terre de bruyère, et une exposition abritée, surtout pour le *M. grandiflora*, qui gèle assez fréquemment chez nous. Taille nulle.

On cultive surtout : *M. grandiflora*, de 8 à 10 mètres, à feuilles persistantes, à grandes fleurs blanches et formant la pyramide; *M. Yulan*, *M. glauca*, *M. acuminata*, *M. cordata*, etc., tous à feuilles caduques.

Mahonia. — Arbustes de 1 à 3 mètres de haut, rustiques, à feuilles persistantes, coriaces, épineuses, de formes très variables, selon les espèces qui sont assez nombreuses. Bosquets. Taille nulle. Les plus beaux et les plus répandus sont : *M. aquifolia* (le type), *M. japonica*, *M. Fortunei*, etc.

Marronnier D'INDE (*Æsculus hippocastanum*). Très bel arbre de 10 à 15 mètres, à feuilles abondantes, caduques, se développant très tôt et produisant en mai de grandes grappes de fleurs blanches. La floraison automnale, assez fréquente, indique une irrégularité dans la végétation de l'arbre. Il n'exige aucune taille et forme une belle tête arrondie. Propre à isoler, à former des salles d'ombrage, des avenues, etc. Multiplication facile par semis.

M. ROUGE (*Æ. rubicunda*). — Diffère surtout du précédent par ses fleurs rouges ; son port est moins touffu, plus grêle et un peu étalé. Mêmes usages.

Les *Pavia* ont tout le port et l'emploi des Marronniers ; ils n'en diffèrent que par des caractères botaniques ; quoique moins répandus qu'eux, les plus intéressants sont : *P. rubra*, *P. flava*, *P. californica*, etc.

Millepertuis. — Voy. LES FLEURS.

Morelle. — Voy. LES FLEURS.

Néflier DU JAPON. Bibacier (*Eriobotrya japonica*). — Bel arbrisseau demi-rustique, à fleurs blanches ; fruits jaunes, comme un petit abricot, comestibles, ne mûrissant pas chez nous ; feuilles grandes et persistantes. Planter au pied des murs ou dans les endroits très abrités et protéger au besoin.

Nerprun ALATERNE (*Rhamnus Alaternus*). — Arbrisseau buissonnant, à fleurs insignifiantes et à feuilles persistantes, propre à orner les bosquets et former des rideaux de verdure ; supporte bien la tonte mais il est peu rustique.

Noisetier (*Corylus Avellana*). — On cultive fréquemment, pour orner les bosquets ou former des touffes isolées, une belle variété très vigoureuse à *feuillage pourpre foncé*.

Oranger (*Citrus aurantium*). — Petit arbre méridional, qu'on cultive dans le Nord, en pots ou en caisses, à cause de son beau port et de ses fleurs blanches, d'un parfum suave ; mais ses fruits n'y mûrissent pas. Il faut l'hiverner en orangerie ou dans un local sain et éclairé; pendant l'été on le place en plein air et à exposition chaude, devant les habitations, sur les terrasses, le long des avenues, etc. Rempotages tous les deux ou trois ans; taille nulle. Les Orangers de nos climats sont, à vrai dire, le plus souvent des Bigaradiers (*C. a. Bigaradia*).

Passiflore BLEUE (*Passiflora cærulea*). — Arbuste très grimpant à l'aide de vrilles, à beau feuillage touffu et à grandes et curieuses fleurs bleuâtres. Ne supporte guère nos hivers qu'au pied des murs très chauds et à l'aide d'une bonne protection. Traitement et emploi des Clématites.

Paulownia IMPERIALIS. — Bel arbre de 7 à 8 mètres, très vigoureux et rustique, à feuilles grandes, en cœur et caduques; fleurs lilacées, grandes, en longues grappes dressées, se développant dès l'automne, mais ne s'épanouissant qu'au printemps suivant. Supporte très bien la taille; on lui donne souvent la forme d'un parasol, pour créer des salles d'ombrage, et l'on coupe alors tous les ans, au printemps, les pousses de l'année précédente.

Pavia — Voy. *Marronnier*.

Pêcher. — On cultive plusieurs variétés de *P. de la Chine à fleurs doubles*, roses ou blanches, couvrant littéralement l'arbre au printemps, au moment de la floraison. On ne les taille généralement pas. Multiplication par greffe en écusson.

Peuplier (*Populus*). — Les fortes proportions qu'atteignent ces arbres ne permettent guère de les introduire dans les jardins urbains, à moins que leur situation ne s'y prête tout particulièrement, tels que ceux bordant une pièce d'eau, un ruisseau, etc., et dans ce cas, on choisira de préférence le P. DE LA

Caroline (*P. angulata*), P. pyramidal ou d'Italie (*P. nigra pyramidalis*), P. blanc ou de Hollande (*P. alba*).

Le Tremble (*P. tremula*) vient bien dans les terrains non humides et s'emploie pour boiser les bosquets. Multiplication très facile par longues boutures de branches, que l'on plante profondément au printemps.

Photinia glabra. — Arbrisseau demi-rustique, de 3 mètres, à feuilles amples, persistantes, d'un beau vert et à petites fleurs blanches, se montrant en été. Aime les terres fertiles. Bosquets. Taille nulle.

Pin (*Pinus*). — Grands et beaux arbres résineux, rustiques, dont plusieurs espèces abondent dans les forêts. Leur port symétrique et leur beau feuillage permet d'utiliser avec avantage certaines espèces à l'état de jeunes sujets pour isoler sur les pelouses. Ils aiment en général les terrains légers et sains. Multiplication par semis. Taille nulle ; on doit même éviter de supprimer les branches gênantes trop près du tronc. Les plus répandus sont :

P. noir d'Autriche (*P. austriaca*), **P.** maritime (*P. maritima*), **P.** de Corse (*P. Laricio*), **P.** sylvestre (*P. sylvestris*), et **P.** du Nord (*P. excelsa*), un des plus beaux et des plus distincts par ses feuilles longues, pendantes et glauques. Beaucoup d'autres espèces plus rares sont encore cultivées comme arbres de collection.

Pivoine en arbre (*Pæonia moutan*). — Arbuste peu rameux, dressé, un peu tortueux, de 1 mètre de haut, à feuilles caduques et produisant au printemps de très grandes fleurs simples ou doubles et de coloris très variés, chez ses nombreuses variétés. Isoler sur les pelouses ou le bord des allées. Protéger en hiver.

Pommier (*Malus*). — On cultive comme ornement plusieurs espèces ou variétés à *fleurs*, ou d'autres produisant de *petits fruits*, gros comme une cerise, issues du *M. baccata*, et souvent nommées P. MICROCARPES. Culture et multiplication des variétés fruitières. Taille presque nulle.

Prunier (*Prunus*). — Il existe plusieurs espèces ou variétés à *fleurs doubles*, cultivées pour ornement, et une à *feuilles pourpres* (*P. Pissardi*). Culture et multiplication des variétés fruitières.

Rhododendron PONTICUM. — Magnifique arbuste rameux, régulier et toujours vert, suffisamment rustique pour résister à nos hivers. Ses nombreuses variétés aiment l'ombre, et la terre de bruyère leur est à peu près indispensable. On en forme de magnifiques massifs au nord des murs et dans le voisinage des habitations; on les cultive aussi fréquemment en pots ou en caisses pour orner les terrasses, les balcons et même les appartements, pendant leur période de floraison. Beaucoup d'autres espèces ou variétés existent encore dans les jardins, comme plantes de collection.

Robinier (*Robinia*). — Arbres rustiques, plus ou moins épineux, à fleurs blanches ou rouges et à feuilles composées, caduques.

R. ou ACACIA COMMUN (*R. pseudo-Acacia*). — Arbre rustique, de 10 à 12 mètres, drageonnant, très épineux quand il est jeune, à fleurs blanches en grappes. Sa variété *Decaisneana*, à fleurs rosées, lui est préférable.

Le *R. p.-A. Bessoniana* (A. Boule), s'emploie très fréquemment en sujet isolé, parce qu'il se forme de lui-même une tête arrondie et très touffue. Le R. PYRAMIDAL (*R. p.-A. fastigiata*) affecte au contraire la forme du Peuplier d'Italie. Il existe encore plusieurs autres variétés.

Les *R. vicosa* et *R. hispida*, sont deux belles espèces à grandes fleurs roses, mais un peu délicates. Multiplication par greffe sur le Robinier commun.

Rosier (*Rosa*). — Arbustes des plus cultivés et estimés de tout le monde pour leurs magnifiques fleurs, la *rose*, dont le parfum est un des plus suaves que l'on connaisse. Presque tous les Rosiers sont suffisamment rustiques et prospèrent en pleine terre. mais on les cultive aussi facilement en pots. Sauf un certain nombre, qui sont sarmenteux-grimpants, la plupart forment, quand on les livre à eux-mêmes, un buisson plus ou moins épineux. Les espèces en sont très nombreuses, mais beaucoup n'existent que dans les collections botaniques, et quelques-unes ont produit, par croisements et sélections judicieuses, les innombrables variétés qui forment aujourd'hui le plus bel ornement de nos jardins. Ces variétés sont groupées en plusieurs sections.

Les Rosiers se cultivent en pleine terre et parfois en pots ou caisses ; ils supportent assez bien les froids de 5 à 10 degrés, mais ils gèlent fréquemment au delà de ces chiffres, les R.-thé en particulier. Il devient alors, surtout pour ceux à haute tige, nécessaire de les protéger à l'aide de litière ou de capuchons de paille ou de gros papier, ou encore en les couchant en terre à l'approche de l'hiver.

Leur multiplication s'effectue : par marcottes ou par boutures, pour former des francs de pied ; par greffe sur racine d'Églantier pour former des nains, ou sur vieilles tiges pour former des sujets à demi-tige ou haute-tige. On emploie presque exclusivement la greffe en écusson, à œil poussant, faite en mai-juin, ou parfois à œil dormant.

Un grand nombre de variétés de diverses sections

émettent de longs rameaux sarmenteux, qui les font employer avec avantage pour tapisser les murs, garnir les balcons, les treillages, les berceaux, le tronc des vieux arbres, etc. ; citons en particulier les R. BANKS blanc et jaune, peu rustiques sous notre climat; les R. THÉS, tels que : *Gloire de Dijon*, *Mme Bérard*, *Maréchal Niel*, *Safrano*; les R. NOISETTES, tels que : *Aimé Vibert*, *Chromatella*; le *Bengale Hermosa*, etc.

Les R. HYBRIDES REMONTANTS, BOURBONS, MOUSSEUX et beaucoup de variétés de THÉS et NOISETTES sont propres à l'ornement des massifs et des plates-bandes longeant les allées. Selon les goûts, on emploie des Rosiers francs de pied ou greffés en basse ou haute-tige, ces derniers toutefois laissent le sol à nu, et il devient alors nécessaire de le garnir avec des fleurs naines ; on y plante fréquemment des Glaïeuls.

Les francs de pied, quoique bien délaissés, on l'avantage de ne pas émettre de sauvageons, et ils sont aussi fréquemment plus vigoureux et plus faciles à protéger pendant l'hiver.

Les Rosiers aiment les sols profonds, un peu frais mais bien sains, et une exposition aérée. Ils supportent assez difficilement la transplantation, car leurs racines sont peu garnies de chevelu. La taille est nécessaire aux sujets cultivés en massifs et surtout pour les hautes tiges, auxquels on s'applique à donner une forme régulière, à éviter la confusion des rameaux et à restreindre leur allongement; quant aux Rosiers grimpants, on réduit la taille à la suppression des rameaux morts, de ceux qui forment confusion ou en trop grand nombre pour la vigueur du pied. On ne doit tailler les Rosiers que lorsque les fortes gelées ne sont plus à craindre.

Voici un petit choix de quelques-unes des variétés les plus belles et les plus recommandables; nous indiquons la section à laquelle elles appartiennent à l'aide d'abréviations.

Abel Carrière (HYB. REM.), cramoisi-pourpre, à centre feu.

Aimé Vibert (NOIS), petite, blanc pur, en gros bouquets.

Baronne de Rothschild (HYB. REM.), rose tendre glacé.

Beauté de l'Europe (THÉ), jaune foncé à revers jaune cuivré.

Bouquet d'or (NOIS.), jaune foncé à centre cuivré.

Capitaine Christy (HYB. REM.), blanc carné, à centre plus foncé.

Céline Forestier, jaune d'or.

Chromatella (NOIS.), jaune vif, cuivrée à l'extérieur; fleur très grande.

Cramoisi supérieur (BENG.), cramoisi vif.

Géant des batailles (HYB. REM.), cramoisi velouté.

Général Jacqueminot (HYB. REM.), rouge vif et foncé, velouté, très odorante.

Gloire de Dijon (THÉ). jaune nankin saumoné; très odorante.

Hermosa (BENG.), rose tendre; très florifère.

Jules Margottin (HYB. REM.), rose carminé, éclatant.

La France (HYB. REM.), très grande, rose, argentée à l'extérieur.

Lamarque (THÉ), grande, blanc légèrement jaunâtre.

Mme Bérard (THÉ), grande, rose pâle.

Maréchal Niel (THÉ), très grande et jaune vif; très cultivée.

Mme Lacharme (HYB. REM.), d'abord rose, puis blanc pur.

Merveille de Lyon (HYB. REM.), grande, bien faite; blanc pur.

Mousseline (MOUSS.), grande, pleine, blanc rosé, puis blanc pur.

Paul Neyron (HYB. REM.), excessivement grande, rose foncé.

Pompon bijou, rose pâle; plante toute petite, très florifère, que l'on cultive souvent en petits pots.

De la Reine (HYB. REM.), très grande, rosé satiné et lilacé.

Safrano (THÉ), jaune saumoné, rougeâtre exté-

Fig. 125. — ROSE DE LA REINE.

rieurement; fleurit jusqu'aux gelées; c'est une de celles qui viennent du Midi en plus grande abondance pendant tout l'hiver.

Souvenir de la Malmaison (BOURB.), blanc carné, très ouverte et bien faite; une des plus généralement estimées.

Triomphe de l'exposition (HYB. REM.), grande, pleine et rouge vif.

Victor Verdier (HYB. REM.), grande, pleine, rose nuancé carmin.

Sapin (*Abies*). — Arbres résineux, toujours verts, rustiques pour la plupart, dont beaucoup atteignent une taille très élevée, qui oblige à les exclure des petits jardins ; toutefois, à l'état de jeunes sujets, ils peuvent avantageusement prendre place sur les pelouses, comme arbres isolés, et l'ÉPICÉA (*A. Epicea*), peut servir à former de grands rideaux ou abris. Ils aiment tous les terrains sains, profonds et plutôt légers que trop compacts. Nous recommandons, pour orner les pelouses : S. PINSAPO (*A. Pinsapo*), S. DE NORDMANN (*A. Nordmanniana*), S. NOBLE (*A. nobilis*), S. ARGENTÉ (*A. argentea*).

On les distingue tous facilement de l'ÉPICÉA et des SAPINETTES (*A. alba* et *A. nigra*) par leurs cônes dressés, tandis qu'ils sont longs et pendants chez ces derniers.

Saule (*Salix*). — Plusieurs espèces sont décoratives et éminemment propres à orner le bord des pièces d'eau ; mais quelques-unes prospèrent néanmoins en terrain simplement frais. Aucune ne surpasse en élégance le S. PLEUREUR (*S. babylonica*), arbre fort, dressé, de 10 mètres de haut, dont tous les longs rameaux sont littéralement pendants. Multiplication facile par boutures, comme pour les *Peupliers*. Le S. à feuilles en anneau (*S. annularis*) est un des plus curieux.

SEQUOIA. — Voy. *Taxodium*.

Seringat (*Philadelphus coronarius*). — Arbrisseau touffu, dressé, de 2 m. 50, produisant en juin de grandes et nombreuses fleurs blanches et odorantes. Bosquets. Tailler au printemps.

Sophora DU JAPON (*S. japonica*). — Arbre dressé, un peu étalé, atteignant 12 mètres, et produisant en juin-juillet des grappes de fleurs blanches, rappelant celles du Robinier commun. Propre à former des avenues ou à isoler. La variété PENDANTE (*S. pendula*) a ses branches et ses rameaux littéralement pendants; on l'emploie avec succès isolée sur les pelouses, sur le bord des pièces d'eau et même pour couvrir les tonnelles. Multiplication par greffe sur le type.

Sorbier DES OISEAUX (*Sorbus aucuparia*). — Arbre rustique, dressé, de 7 à 8 mètres de haut, produisant au printemps des ombelles de petites fleurs blanches, et à l'automne de gros bouquets de fruits rouges, qui persistent pendant longtemps. Propre à former des avenues, des bosquets ou à isoler sur les pelouses. Taille nulle.

Spirée (*Spirea*). — Arbustes de 1 mètre à 1 m. 50 de haut, rustiques et à feuilles caduques. Les espèces en sont nombreuses et assez répandues dans les jardins, où on les estime à cause de leurs nombreuses fleurs, pour orner le bord des massifs d'arbustes. Multiplication par boutures. Les plus méritants sont :

S. DE FORTUNE (*S. Fortunei*), à fleurs roses, en corymbes.

S. DE REEVES (*S. Reevesiana*), à petites fleurs blanches, en corymbes très nombreux.

S. DE LINDLEY (*S. Lindleyana*), à fleurs blanches, en grandes panicules et à feuilles composées.

S. DE DOUGLAS (*S. Douglasii*), à fleurs rose lilacé, paniculées.

S. A FEUILLES DE PRUNIER (*S. prunifolia*), à petites fleurs blanches, doubles, éparses le long des rameaux;

S. A FEUILLES DE SORBIER (*S. sorbifolia*), à fleurs blanches, formant de grandes panicules confuses, et à feuilles composées d'environ 21 folioles.

Staphylée A TROIS FEUILLES (*Staphylea pinnata*). — Arbrisseau de 4 mètres à fleurs blanches, en grappes pendantes. Bosquets.

Sumac (*Rhus*). — Arbrisseaux rustiques, de 3 à 4 mètres, à feuilles caduques et à fruits décoratifs. Ils possèdent tous des propriétés vénéneuses ou au moins suspectes. Bosquets ; taille presque nulle. On On cultive surtout :

S. FUSTET. Arbre à perruque (*R. Cotinus*), dont les rameaux des inflorescences s'allongent, deviennent pelus, s'entre-croisent et forment d'élégants panaches violacés ; ses feuilles sont simples.

S. AMARANTE (*R. typhinus*), à fleurs en grosses grappes dressées, compactes, devenant rouge vif et laineuses à la fructification ; feuilles à plusieurs paires de folioles.

Sureau COMMUN (*S. nigra*). — Petit arbre tortueux, de 3 à 5 mètres, à fleurs blanches, en grosses ombelles, auxquelles succèdent des fruits noirs. Aime les terrains frais ; peu délicat ; multiplication facile par boutures ou semis. Les variétés *pendantes*, à *feuilles dorées* et à *feuilles laciniées* sont très décoratives et propres à isoler.

S. A GRAPPES (*S. racemosa*), diffère surtout du précédent par ses fleurs en grappes et par ses fruits rouges ; sa variété à *feuilles panachées* est assez méritante.

Symphorine A GRAPPES (*Symphoricarpos racemosa*). — Arbuste rustique, de 1 mètre à 1 m. 50, à feuilles caduques ; ses fleurs sont insignifiantes, mais elles donnent naissance à des fruits blancs, gros comme des billes et très décoratifs. Bosquets ; tailler au printemps.

Tamarix COMMUN (*T. gallica*). — Arbrisseau de 3 à 4 mètres, rameux, tortueux, à feuillage très fin, léger, caduc, et à nombreuses petites grappes de fleurs rosées. Propre à orner le bord des pièces d'eau, les bosquets, etc. Multiplication facile par boutures.

Taxodium (*Sequoia*) SEMPERVIRENS. — Arbre conifère, pouvant atteindre 10 mètres, mais plus souvent arbrisseau et toujours vert, formant la pyramide; son feuillage et son aspect général rappellent de près ceux de l'If. On peut l'employer dans les bosquets, en sujets isolés, pour former des rideaux, etc.

T. DISTICHUM. — Voy. *Cyprès chauve*.

Thuya. — Beaux arbres Conifères rustiques, assez nombreux en variétés, à port, taille et aspect très variables, aimant les terrains frais, mais sains, et prospérant à presque toutes les expositions. Multiplication par semis, par boutures ou par greffes.

T. D'ORIENT (*T. orientalis*), très employé pour former des abris ou de grands rideaux de verdure, car il supporte facilement la tonte et, comme l'If, se prête à toutes les formes qu'on veut lui donner ; il en existe de nombreuses variétés, dont plusieurs sont naines, en boule, et propres à isoler sur les pelouses.

T. D'OCCIDENT (*T. occidentalis*), diffère surtout du précédent par son port plus étalé et par sa plus grande taille ; il possède aussi de nombreuses variétés très ornementales.

Tilleul (*Tilia*). — Beaux arbres de 10 à 15 mètres, vigoureux, rustiques et à feuilles caduques, propres à former des salles d'ombrage, des rideaux, orner les avenues, etc. Ils se prêtent très facilement à la taille en parasol et autres ; livrés à eux-mêmes, ils forment une belle tête feuillue et arrondie. Tous les terrains leur conviennent, mais surtout ceux qui sont profonds, légers et frais. Multiplication par semis, marcottes et greffes. On cultive surtout:

T. DE HOLLANDE (*T. platyphylla*), atteignant environ 15 mètres, à feuilles cordiformes et vertes sur les deux faces.

T. ARGENTÉ (*T. argentea*), à feuilles plus grandes, blanches-cotonneuses en dessous ; ses fleurs sont aussi plus grandes et à odeur plus suave : cette espèce est préférée à cause de son feuillage plus gai et plus abondant ; l'arbre est très vigoureux.

Troène (*Ligustrum*). — Beaux arbustes de 2 à 3 mètres de haut, assez rustiques, rameux, buissonnants, à fleurs insignifiantes, mais à feuilles abondantes et persistantes. On les emploie beaucoup pour former des haies et des rideaux de verdure, car ils supportent très bien la taille et la tonte. Tous terrains et presque toutes les expositions leur conviennent. On cultive surtout :

T. DU JAPON (*L. japonicum*), **T.** A FEUILLES OVALES (*L. ovalifolium*), **T.** DU NÉPAUL (*L. nepalense*), **T.** DE CALIFORNIE (*L. californicum*); les différences sont peu saillantes et s'observent surtout dans le feuillage.

Tulipier DE VIRGINIE (*Liriodendron tulipifera*). — Bel arbre rustique, de 20 mètres de haut, à feuilles amples, d'un vert pâle, caduques, produisant en juin-juillet de grandes fleurs jaune pâle, formant la Tulipe. Aime les terres profondes et fraîches. Propre à isoler.

Vigne-vierge (*Ampelopsis* « *Cissus* » *quinquefolia*). — Excellent arbrisseau sarmenteux, très grimpant, pouvant atteindre 25 mètres et plus, se couvrant d'un feuillage abondant, ample et d'un beau vert; fleurs insignifiantes. On l'emploie beaucoup pour garnir les murs, les berceaux, les vieux arbres, les ruines, etc. Prospère sans soins en tous terrains ; taille nulle. Multiplication facile par boutures ou par semis.

V.-v. DE VEITCH (*Ampelopsis Veitchii*). — Se distingue nettement du précédent par ses feuilles simples, cordiformes et d'un vert pâle, et surtout par ses tiges munies de crampons qui leur permettent d'adhérer aux objets comme le Lierre.

Viorne OBIER (*Viburnum Opulus*). — Arbrisseau rustique, de 3 à 4 mètres de haut, à feuilles caduques, produisant en mai-juin des bouquets de fleurs blanches, auxquelles succèdent des fruits rouges. Bosquets. Taille au printemps. Sa variété *sterilis*, nommée BOULE DE NEIGE, est plus cultivée parce qu'elle donne des fleurs en gros bouquets formant la boule.

V. LAURIER-TIN (*V. Tinus*). — Arbrisseau de 4 à 5 mètres, demi-rustique, touffu, rigide, à feuilles un peu coriaces, vert foncé et persistantes, produisant en hiver de jolies ombelles de fleurs blanches. Taille nulle. Abriter pendant les grands froids.

Virgilier A BOIS JAUNE (*Cladrastis lutea*). — Arbre de 7 mètres, rustique, à feuilles caduques, composées de 5-7 folioles, et à fleurs blanches, en grappes pendantes. Terrains légers et frais. Taille nulle.

Weigélie ROSE (*Diervilla* « *Weigelia* » *rosea*). — Arbrisseau de 1 mètre à 1 m. 50, à feuilles caduques, fleurs roses, en bouquets axillaires. Bosquets. Tous terrains ; tailler au besoin au printemps. Il en existe plusieurs variétés différant entre elles surtout par leurs fleurs.

Yucca. — Arbustes de 1 à 3 mètres, à tige épaisse, souvent simple, portant au sommet un bouquet de longues feuilles coriaces, avec une forte pointe piquante. Du milieu des feuilles sort, au bout de quelques années, une grande grappe dressée, forte, portant de nombreuses et grosses fleurs blan-

Fig. 126. — Yucca filamentosa.

châtres, pendantes, en grelot. Les espèces en sont assez nombreuses et propres à isoler sur les pelouses, mais leur rusticité n'est pas très grande. Il faut relever et lier les feuilles, puis les entourer de paille à l'approche des fortes gelées. On peut aussi les cultiver en caisses et les hiverner dans un local éclairé. Multiplication par séparation des drageons. Parmi les plus répandus citons les : *Y. gloriosa*, *Y. filamentosa*, *Y. aloifolia*, *Y. glaucescens*, etc.

CHAPITRE VI

LES FLEURS

Dans son sens pratique, le mot *fleur*, s'applique aux plantes herbacées ou aux petits arbustes cultivés pour l'obtention de leurs fleurs, pour leur beau feuillage ou pour leurs fruits décoratifs.

Les fleurs sont ainsi ligneuses ou herbacées : les premières ont été décrites au chapitre précédent ; quant aux plantes herbacées, on les divise encore en *plantes bulbeuses* et *plantes herbacées* proprement dites.

Les plantes que l'on qualifie collectivement de *bulbeuses* sont celles dont la souche est renflée, charnue et persiste seule après la floraison. Selon la conformation de cette partie charnue, on donne à celle-ci le nom de : 1° *bulbe*, quand elle est à peu près globuleuse, munie d'un seul bourgeon central et recouverte par des tuniques comme chez les Glaïeuls, ou formée d'écailles qui se recouvrent plus ou moins exactement tels que les Lis ; 2° *tubercule*, quand elle est formée intérieurement d'un tissu uniforme, recouverte d'une simple pellicule et portant sur sa périphérie un ou plusieurs bourgeons ; EX. la *Pomme de terre*, le *Dahlia*, etc. ; 3° *rhizome*, quand cette partie est allongée, rampante, simple ou ramifiée, plus ou moins ridée ou parfois couverte de petites écailles, EX. les *Iris*, les *Canna*, etc.

Ces plantes et, en particulier, celles qui sont franchement *bulbeuses*, ont un mode de végétation spécial, qu'il est bon de mentionner brièvement. Ce bulbe constitue la partie essentielle de la plante, car il donne en effet naissance aux racines, aux feuilles et fleurs. La floraison terminée, tous ces organes se dessèchent ordinairement, disparaissent et il ne reste plus alors que le bulbe lui-même, en état de repos complet jusqu'au moment de sa nouvelle entrée en végétation. Cette période a, en général, plusieurs mois de durée, et permet de mettre le bulbe à nu et de le conserver ainsi hors terre pendant ce dernier laps de temps.

Cette conservation au sec est utile ou même indispensable pour certaines espèces, notamment celles qui ne sont pas rustiques; d'autres au contraire peuvent séjourner en terre et dans la même place pendant plusieurs années.

Bien qu'on puisse souvent les propager par semis, on a le plus souvent recours à la séparation des bulbilles ou caïeux qui se développent autour du bulbe mère, car ce procédé est plus simple et beaucoup plus rapide.

Les plantes bulbeuses jouent un rôle très important dans les cultures florales et devraient faire l'objet d'un chapitre spécial; mais, étant donné le cadre restreint de cet ouvrage et pour plus de facilité, nous les intercalerons d'après leur ordre alphabétique parmi les plantes herbacées.

Par plantes *herbacées*, on entend celles dont les parties aériennes n'acquièrent pas, au moins sous notre climat, la consistance du bois; ce sont elles qui contribuent le plus largement à l'ornement des jardin, surtout à celui des massifs et des plates-bandes, et qui produisent le plus rapidement et la plus grande quantité de fleurs.

Eu égard à leur durée, on les dit : 1° *annuelles*, lorsqu'elles effectuent leur floraison dans le cours d'une seule période de végétation, l'année même de leur semis et meurent ensuite ; 2° *bisannuelles*, lorsque leur floraison n'a lieu que dans la deuxième année, après une période de repos et qu'elles périssent après cette floraison ; 3° *vivaces*, quand elles fleurissent tous les ans et pendant un nombre d'années indéterminé ; elles perdent alors leurs tiges à l'approche de l'hiver, et la souche seule persiste pour donner naissance, au printemps suivant, à de nouvelle tiges florifères. Comme chez les plantes bisannuelles, leur première floraison ne s'effectue généralement qu'à la deuxième année du semis. Il faut, pour ces deux derniers genres de plantes, effectuer leur semis un an avant celui pendant lequel on désire jouir de leurs fleurs.

Quant à leur degré de résistance, les fleurs, et en général, tous les végétaux, sont dits : *rustiques*, pour une région donnée, quand ils peuvent résister en plein air aux froids de l'hiver; *demi-rustiques*, quand ils ont besoin d'être protégés sur place, à l'aide de matériaux appropriés tels que feuilles, paillassons, litière, etc. ; d'*orangerie* ou de *serre froide* quand il devient indispensable de les mettre à l'abri des gelées même légères. Un grand nombre de plantes herbacées ou arbustives, telles que les *Erythrina*, les *Fuchsia*, les *Canna*, *Dahlia*, *Pelargonium*, etc., employées pour l'ornement des jardins, sont dans ce cas.

Mentionner toutes les fleurs qui rentrent dans le cadre que nous venons de tracer est chose matériellement impossible dans ce petit ouvrage ; nous ne pourrons en donner qu'un choix des plus belles et des plus propres à l'ornementation générale et de plein air des petits jardins. Les amateurs passionnés les trouveront du reste longuement étudiées dans la cinquième et nouvelle édition des *Fleurs de pleine terre* (1), et à ceux qui désirent avoir des renseignements sur toutes les branches de l'horticulture et connaître toutes les plantes existantes dans les jardins, nous prendrons la liberté de recommander notre *Dictionnaire pratique d'Horticulture et de Jardinage* (2).

Les quelques châssis ou la petite serre existant dans un jardin d'amateur devant presque exclusivement être réservés au semis, boutures, etc., ou bien à protéger les plantes de plein air les plus délicates telles que celles précitées, nous exclurons de cette liste toutes les plantes qui ne peuvent jamais prospérer en plein air, telles que les *Cinéraires*, *Primerères*, etc.; ou encore celles telles que les *Ficus*, *Dracæna*, *Palmiers*, etc., qu'on emploie pour orner les appartements, mais qui ne peuvent y persister si on ne les replace pas, au bout d'un certain temps, dans leur propre milieu, c'est-à-dire en serre. Cette catégorie de plantes a du reste fait l'objet d'un excellent ouvrage de M. Bellair (3).

Nous avons donné, au début de notre travail, des indications générales sur la manière de pratiquer les semis, boutures, marcottes, etc.; nous ne ferons

___

(1) *Les Fleurs de pleine terre*, 1 fort volume in 8°, illustré de très nombreuses figures. — Par et chez Vilmorin-Andrieux et Cⁱᵉ, 4, quai de la Mégisserie, Paris.

(2) *Dictionnaire pratique d'Horticulture et de Jardinage*, 5 vol. de 756 pages, grand in-8° (80 livraisons, 48 p.) avec plus de 4000 figures et 80 planches coloriées. — Chez O. Doin, éditeur, 8, place de l'Odéon, Paris.

(3) *Les Plantes d'appartement*, 1 vol. in 12, de 144 pages, chez le même éditeur.

donc qu'indiquer d'un mot ou deux le moyen de multiplication applicable à chaque espèce.

Acanthe (*Acanthus*). — Belles plantes vivaces,
herbacées et rustiques, à grand feuillage et à fleurs
peu importantes, en longs et forts épis dressés.
Propres à isoler sur les pelouses, plates-bandes, etc.
Semis et division.

On cultive surtout : **A.** A FEUILLES MOLLES (*A. mollis*)
et **A.** LARGES FEUILLES (*A. lusitanicus.*)

Fig. 127. — ACANTHE A FEUILLES
MOLLES.

Fig. 128. — ACONIT NAPEL.

Aconit (*Aconitum*). — Plantes vivaces, rustiques,
nombreuses en espèces, propres à former des touffes
isolées ; fleurs en beaux épis, bleues ou blanchâtres,
bonnes pour bouquets et se montrant en été ; toute
la plante est fortement vénéneuse. Semis et division.

On cultive surtout : **A.** NAPEL (*A. Napellus*), à
fleurs bleu foncé ; **A.** BICOLORE (*A. variegatum*), à
fleurs bleu et blanc ; **A.** ANTHORA, à fleurs petites et
jaune pâle.

Agapanthe (*Agapanthus umbellatus*). — Forte plante
vivace, à longues feuilles et à fleurs bleues ou

blanches, en grosse ombelle pédonculée. On cultive fréquemment cette plante en pots ou en bacs, pour pouvoir la rentrer en hiver, car elle n'est pas rustique.

Agératum. — Plantes annuelles en culture, touffues, produisant pendant tout l'été de nombreux petits bouquets de fleurs bleues ou blanches. Massifs. Semer au printemps, sous châssis, repiquer et mettre en place en mai.

Les variétés les plus méritantes sont :

A. DU MEXIQUE, bleu ou blanc, de 40 à 50 cent. de haut; **A.** DE WENDLAND, bleu ou blanc et **A.** IMPÉRIAL, bleu ; tous deux nains.

Alysse CORBEILLE D'OR (*Alyssum saxatile*). — Jolie

Fig. 129. — AGÉRATUM DU MEXIQUE.

Fig. 130. — ALYSSE CORBEILLE D'OR.

plante vivace, rustique, traînante, produisant au printemps de nombreux bouquets de fleurs jaunes. Talus, larges bordures, touffes dans les plates-bandes, etc. Semis ou division.

A. MARITIME ou CORBEILLE D'ARGENT (*A. maritimum*). Annuel, de 25 cent. de haut, à fleurs blanches, odorantes. Massifs, bordures, etc. Semer en automne en pépinière, ou au printemps en place.

Amarante (*Amarantus*). — Plantes annuelles, assez nombreuses, plus ou moins rustiques; propres à orner les massifs et les plates-bandes. Semer au printemps, sous châssis, repiquer et mettre en place en mai. On cultive surtout :

A. Queue de renard, de 1 mètre de haut, à fleurs

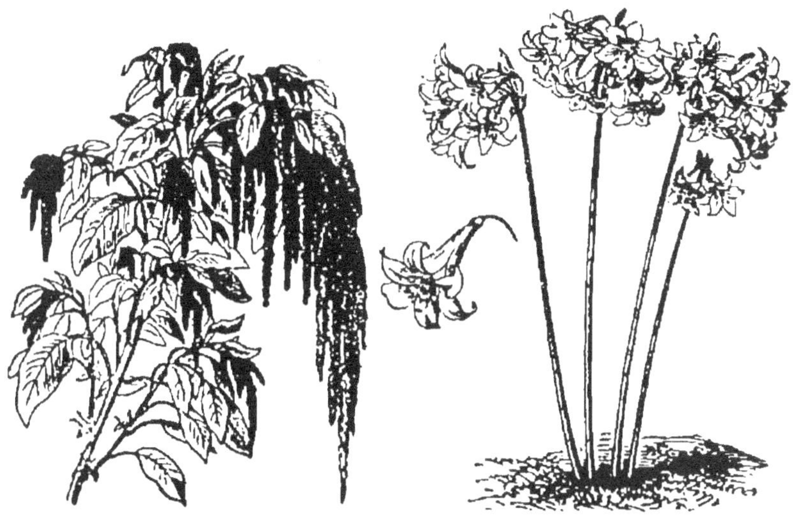

Fig. 131. — Amarante
queue de renard.

Fig. 132. — Amaryllis
Belladone.

très petites, en gros épis rouges, formant une longue grappe pendante. Peu délicate.

A. tricolore, de 80 cent. à fleurs insignifiantes, mais à feuillage panaché de jaune, de vert et de rouge. Un peu délicate.

A. Crête de coq et Célosie a panache, plantes trop délicates pour être cultivées en pleine terre ; il leur faut presque sans cesse la couche et les châssis, ainsi que pour quelques autres espèces à feuillage fortement coloré.

Amaryllis. — Plantes bulbeuses, nombreuses en espèces, dont les botanistes font aujourd'hui, avec raison, plusieurs genres distincts.

La plupart ne sont pas rustiques : les **A.** BELLADONE (*A. Belladona*), forte plante à grandes fleurs roses en bouquet ; **A.** JAUNE (*Sternbergia lutea*) et **A.** DE VIRGINIE (*Zephyranthes Atamasco*) sont susceptibles de prospérer en pleine terre ; ces deux derniers font de charmantes bordures.

Anémone DES FLEURISTES (*Anemone coronaria*). — Plante naine, touffue, à racines rhizomateuses, nom-

Fig. 133. — ANÉMONE DES FLEURISTES DOUBLE.

mées *pattes*, dont les fleurs, simples ou doubles et de coloris très variés, s'épanouissant au printemps et parfois à l'automne, sont des plus décoratives et utiles pour la confection des bouquets. La plante fait le meilleur effet dans les plates-bandes, dans les massifs, en bordure, etc. ; elle aime les terrains très sains et légers :

planter les bulbes à l'automne ou de préférence de bonne heure au printemps.

On cultive encore, de la même manière et pour les mêmes usages :

A. ÉCLATANTE (*A. fulgens*), **A.** ÉTOILÉE (*A. stellata*), **A.** ŒIL DE PAON (*A. pavonina*), etc.

A. DU JAPON (*A. japonica*). — Entièrement différente des précédentes par ses racines non bulbeuses et par

Fig. 134. — ANÉMONE DU JAPON.   Fig. 135. — ANCOLIES DES JARDINS.

ses tiges dressées, de 80 cent. de haut, produisant en automne de nombreuses fleurs blanches ou roses, très utiles pour bouquets. Touffes isolées. Aime les terrains frais et consistants. Planter au printemps. Division.

A. HÉPATIQUE. — Voy. *Hépatique.*

Ancolie (*Aquilegia*).—Plantes vivaces, nombreuses en espèces, de 50 à 80 centimètres de haut, dressées, ramifiées, et à fleurs singulièrement conformées, de coloris très variés et précieuses pour bouquets. Massifs, touffes isolées, etc. Tous terrains. Semer au printemps, pour fleurir l'année suivante.

On cultive surtout : **A.** DES JARDINS et **A.** HYBRIDES DOUBLES (*A. vulgaris*), de coloris variés ; **A.** DE CALIFORNIE HYBRIDE (*A. formosa*), rouge et jaune ; **A.** BLEUE SIMPLE ET DOUBLE (*A. cærulea*) ; **A.** JAUNE (*A. chrysantha*).

Arabette (*Arabis alpina*). — Plante vivace, rustique, étalée, couchée, à fleurs blanches, nombreuses, se montrant au printemps. Emploi et traitement de l'*Alysse Corbeille d'or*.

Anthémis (*Chysanthemum frutescens*). — Très joli arbuste de 80 cent. à 1 m. de haut, de serre froide, à

Fig. 136. — ANTHÉMIS FRUTESCENT.   Fig. 137. — ASPÉRULE ODORANTE.

fleurs de *Marguerite*, très nombreuses et se montrant pendant tout l'été. On le cultive souvent en pots ou caisses ; mais de jeunes boutures, qui s'enracinent très facilement sous châssis, plantées en mai, dans les massifs et les plates-bandes, prospèrent et fleurissent très bien pendant tout l'été. Variété à fleurs jaune très vif, nommée *Étoile d'or*.

Aspérule ODORANTE. Petit muguet (*Asperula odorata*). — Petite plante vivace, naine, touffue, à fleurs blanches, très odorantes, se montrant en mai. Vient bien à l'ombre. Bordures, rocailles, etc. Semer en juillet, en pépinière et repiquer en place pour fleurir l'année suivante.

Asphodèle JAUNE. Bâton de Jacob. (*Asphodelus luteus*). — Plante vivace, à racines charnues ; feuilles allongées, étroites ; fleurs jaunes, petites, en longs épis atteignant environ 1 m. Tous terrains ; touffes isolées. Semis et division.

A. RAMEUX (*A. ramosus*). — A fleurs blanches ; se distingue surtout du précédent par ses épis ramifiés supérieurement. Même culture et emploi.

Aster. — Plantes vivaces, très rustiques, de 60 cent. à 1 m. et plus de haut, à fleurs de coloris variés, se montrant en automne, et très convenables pour gerbes et bouquets. Les espèces en sont très nombreuses, mais relativement peu distinctes entre elles. Massifs, plates-bandes, touffes isolées, etc. Tous terrains, multiplication très facile par division. Au nombre des plus beaux citons : *A. amelloïdes* ; **A.** ŒIL DE CHRIST (*A. Oculus-Christi*) ; **A.** A GRANDES FLEURS (*A. grandiflorus*) ; *A. alpinus*, très nain ; *A. Bigelowii* ; *A. Novæ-Angliæ*, etc.

Aubrietie POURPRE (*Aubrietia deltoidea purpurea*). — Plante traînante, vivace, très rustique et toujours verte, donnant au printemps de très jolies petites fleurs bleu purpurin. Culture et emploi de *l'Alysse Corbeille d'or*.

Balisier. — Voy. *Canna*.

Balsamine DES JARDINS (*Impatiens Balsamina*). — Annuelle, demi-rustique, touffue, à tige et rameaux épais et charnu, produisant en été de très nombreuses fleurs insérées à l'aisselle des feuilles, ordinairement doubles et de diverses nuances, mais principalement rouges. On cultive surtout la race *Camélia*, à fleurs très grosses et bien pleines. Massifs et plates-bandes. Semer au printemps, en pépinière,

Fig. 138. — Aster Novæ-Angliæ.

Fig. 139. — Balsamine double.

sur couche, ou en avril, dans un endroit abrité, puis mettre en place en mai, à 40-50 centimètres en tous sens.

Begonia. — Genre important et très nombreux en espèces; celles-ci sont presque toutes de serre, mais quelques-unes prospèrent très bien en plein air, pendant la belle saison, et sont très estimées pour l'ornement des corbeilles, surtout la race florifère nommée *tuberculeux hybrides*. Voici les plus importantes :

B. discolor. — Tuberculeux, de 30 à 50 centimètres de haut, peu délicat, vient bien à l'ombre. Tous terrains légers. Planter ses gros tubercules en avril-mai, et les hiverner à l'abri. Multiplication facile par semis, sectionnement des tubercules ou plantation des bulbilles de la tige.

B. SEMPERFLORENS. — Non bulbeux, de 20 à 40 centimètres de haut, annuel en culture et prospérant à merveille dans les massifs pendant tout l'été. C'est un des plus faciles à cultiver et des plus employés.

Fig. 140. — BÉGONIA TUBERCULEUX HYBRIDE.

On le sème de très bonne heure au printemps, en terrines et sur couche ou en serre, mais très clair et presque sans recouvrir les graines; on repique, puis on met les plants en pleine terre en mai. On cultive des variétés *blanches*, *roses*, *rouges*, ou *naines* et de ces mêmes teintes; le B. S. VERNON, à feuillage pourpre est des plus recommandables.

B. TUBERCULEUX HYBRIDES. — Race aujourd'hui très

importante, comprenant de nombreuses variétés *simples* ou *doubles* et de coloris très variés ; les fleurs sont très grandes, bien dressées et se succèdent sans interruption depuis juin jusqu'au gelées, avantages qui font estimer ces plantes au même titres que les Pélargoniums. En pleine terre, ils aiment un endroit abrité, légèrement ombragé, et une terre légère, meuble e fertile.

Il faut d'abord mettre les bulbes en végétation sous châssis, et de préférence dans de petits pots, pour ne les mettre ensuite en place qu'en mai, alors que les pousses et les premières feuilles sont développées. Ce n'est qu'exceptionnellement qu'on peut sectionner les tubercules ; ceux-ci s'obtiennent par semis ; mais les graines sont si fines et les jeunes plants si grêles et si délicats, qu'ils disparaissent souvent peu après la germination. Il est préférable, pour l'amateur, d'acheter de jeunes bulbes ; leur prix est du reste aujourd'hui très modique.

A l'approche des premières gelées, on coupe les tiges, on soulève les tubercules, puis, après les avoir débarrassés de leur terre, on les conserve dans un endroit sain. Les variétés *simples* et les *doubles multiflores* sont les plus utiles pour l'ornementation des corbeilles ; les *doubles à grande fleur* se cultivent de préférence en pots.

Fig. 141. — Belle-de-jour variée.

Belle-de-jour (*Convolvulus tricolor*). — Plante annuelle, de 30 à 40 centimètres, ramifiée, étalée, produisant tout l'été de jolies clochettes dressées, bleu, blanc et jaune, ou diversement colorées chez ses variétés. Massifs et plates bandes. Semer au printemps, en place ou en pépinière.

Belle-de-nuit (*Mirabilis Jalapa*). — Plante vivace, à racine longue et pivotante, et à tige dressée, formant une touffe de 80 centimètres à 1 mètre;

Fig. 142. — BELLE-DE-NUIT NAINE.

Fig. 143. — BRACHYCOME IBERIDIFOLIA.

les fleurs sont blanc, rouge ou jaune diversement combinés, en clochette, et se succèdent pendant tout l'été. Variété *naine*. Massifs et plates-bandes. Semer au printemps, en pépinière, et repiquer en place ou conserver les racines en cave pour l'année suivante.

BLEUET. — Voy. *Centaurée-Bleuet*.

Brachycome IBERIDIFOLIA. — Annuelle, de 20 à 30 centimètres de haut, ramifiée, touffue, à jolies fleurettes blanc, bleu ou pourpre, en forme de Marguerite. Floraison peu durable. Bordures, massifs, potées, etc. Semer au printemps, en place.

Boussingaultia BASELLOIDES. — Plante à tubercules rappelant un peu des Pommes de terre fourchues et se plantant aussi à la même époque, au pied des treillages, berceau, etc., car les tiges qui en naissent grimpent jusqu'à 5 mètres et forment rapidement une jolie verdure ; fleurs blanches, en petits épis peu décoratifs. Hiverner les tubercules à l'abri.

Brize (*Briza*). — Herbe annuelle, qu'on sème en place, au printemps, et donnant des inflorescences

Fig. 144. — BOUSSINGAULTIA BASELLOIDES.

Fig. 145. — CALCÉOLAIRE. TRIOMPHE DE VERSAILLES.

composées de nombreux épillets arrondis, simulant un peu de petits grelots. Bouquets frais ou secs.

On cultive la **B.** A GROS ÉPILLETS (*B. maxima*) et la **B.** A PETITS ÉPILLETS (*B. minor*).

Caladium ESCULENTUM. — Plante forte, majestueuse, de 1 mètre et plus, à grandes feuilles, propre à isoler ou orner les massifs. Son gros tubercule se met en végétation comme ceux des Bégonias, la mise en place et l'hivernage sont aussi les mêmes.

Calcéolaire (*Calceolaria*). — L'espèce connue sous le nom de C. TRIOMPHE DE VERSAILLES (*C. rugosa var.*), à fleurs jaune vif, en bouquets se succédant tout l'été, est la plus généralement employée pour l'ornementation estivale des massifs. Les graines en sont rares et le semis assez délicat; aussi la bouture-t-on le plus souvent au printemps ou dès l'automne et sous châssis; on l'y hiverne du reste, car elle ne résiste pas aux froids.

La race *ligneuse hybride variée*, obtenue il y a quelques années. présente les mêmes aptitudes; mais ses fleurs sont de coloris très variés, comme chez les *C. annuelles*, qui sont de serre froide.

Calystegia PUBESCENS. — Plante vivace, très rustique, à fleurs toujours doubles, en petits pompons roses, assez abondants; les tiges sont vigoureuses et grimpent à 1 ou 2 mètres de haut. Multiplication facile par division des nombreux rhizomes traçants.

Campanule (*Campanula*). — Plantes à port et à taille très variables, annuelles, bisannuelles ou vivaces, très nombreuses en espèces, dont plusieurs sont cultivées dans les jardins. On les multiplie par semis ou par division des touffes; les graines doivent être semées en pépinière, très peu profond. Les plus cultivées sont :

C. A GROSSES FLEURS. C. Carillon, Violette marine. (*C. medium*). — Bisannuelle, dressée, rameuse, touffue, de 50 à 60 centimètres de haut, à fleurs très grosses, nombreuses et en cloche, pendantes, bleues, blanches, roses, etc., simples ou doubles, selon les variétés, ou encore munies d'une large collerette colorée dans la race *calycanthema*. Plates-bandes, massifs, etc. Semis.

C. PYRAMIDALE (*C. pyramidalis*). — Vivace, rustique, à tiges atteignant 1 m. 50 à 2 mètres de haut, et se couvrant tout le long de nombreuses fleurs bleues ou blanches. Se cultive souvent en pots; convient aussi à l'ornement des vieux murs, rocailles, etc. Semis et division.

C. A GRANDES FLEURS (*Platycodon grandiflorum.*) — Vivace, de 50 à 60 centimètres, produisant en juillet de grandes et belles fleurs bleu intense. Aime les terrains légers et un peu ombragés. Plates-bandes. Semis.

C. CARPATICA. — Naine, vivace, rustique, de 10 à 15

Fig. 146. — CAMPANULE
A GROSSES FLEURS
CALYCANTHEMA.

Fig. 147. — CAMPANULE
CARPATICA.

centimètres de haut, touffue, produisant pendant presque tout l'été de nombreuses fleurs dressées, bleues ou blanches. S'emploie beaucoup pour border ou garnir les massifs. Semis et division.

Canche ÉLÉGANTE (*Aira pulchella*). — Graminée annuelle, touffue, à inflorescences très ramifiées et excessivement légères, beaucoup employées, fraîches ou sèches, pour bouquets. Semer en place, au printemps.

Canna. Balisier (*Canna indica var.*). — Belles plantes rhizomateuses, à tiges simples, de 1 à 2 mètres et plus de haut, garnies de grandes feuilles vertes ou pourpres. Les fleurs des anciennes variétés, peu nombreuses et petites, sont devenues très amples et vivement colorées dans les variétés de la nouvelle race *florifère*, qui sont aujourd'hui bien préférables

Fig. 118. — Canna nain florifère.

par leur taille ne dépassant guère 1 mètre, et par leurs belles et nombreuses fleurs en épis terminaux.

Voici quelques variétés tout particulièrement recommandables :

Bonne Étoile, fleurs rouge écarlate; feuillage vert.

Duc de Mortemart, fleurs jaune foncé; feuillage vert foncé.

Gloire d'Empel, fleurs rouge écarlate; feuillage brun.

Mme Crozy, fleurs écarlate bordé or; feuillage vert.

M. H. L. de Vilmorin, fleurs rouge-feu, passant au jaune sur les bords; feuillage vert.

Président Carnot, fleurs rouge cinabre carminé; feuillage pourpre.

Quasimodo, fleurs rouge vermillon, bordé jaune; feuillage pourpre.

Ulrich Brunner, fleurs rouge écarlate brillant; feuillage vert.

Terrains meubles et fertiles; arrosement copieux en été. Grands massifs, touffes isolées, bord des massifs d'arbustes. Hiverner les rhizomes dans un endroit bien sain, et à l'abri de gelées; les diviser en mars, en fragments munis chacun d'un ou deux yeux, les empoter, puis les placer sous châssis pour ne les mettre en place, qu'à la fin de mai, à 60 ou 80 centimètres. En octobre, couper les tiges, enlever les rhizomes et les conserver à l'abri.

CANNE DE PROVENCE. — Voy. *Roseau*.

Capucine (*Tropæolum majus*). —Très jolies plantes annuelles, presque toutes grimpantes, faciles à cultiver et très propres à orner les berceaux, treillages, balcons, etc. On cultive trois races : C. GRANDES, de 2 mètres et plus de haut; C. DE LOBB HYBRIDES, de 4 à 5 mètres de haut, très florifères, les plus jolies; C. NAINES ou TOM-POUCE, non grimpantes, touffues, de 40 à 50 centimètres. Chacune d'elles comprend de nombreuses variétés; la *C. de Lobb Spit Fire*, à fleurs petites, mais très nombreuses et rouge vif est des plus estimées.

LA C. DES CANARIES (*T. peregrinum*) est une espèce entièrement différente, produisant de petites fleurs

jaunes, très nombreuses, curieusement conformées ;
elle est éminemment grimpante.

On sème le plus souvent les Capucines en place,
en avril-mai, ou bien on les transplante quand elles
sont très jeunes.

CÉLOSIE. — Voy. *Amarante*.

Centaurée (*Centaurea*). — Plantes annuelles ou vi-

Fig. 149. — CAPUCINE HYBRIDE
DE LOBB.

Fig. 150. — CENTAURÉE
BLEUET.

vaces, rustiques ou à hiverner sous châssis, à fleurs
ou à feuillage, dont les plus employées sont :

C. BLEUET. Barbeau (*C. Cyanus*). — Bisannuelle,
dressée, ramifiée, de 80 centimètres à 1 mètre, à
jolies fleurs bleues, blanches ou roses, selon les variétés, très utiles pour bouquets. Massifs. Semer en
place au printemps, ou de préférence à l'automne.

C. DES MONTAGNES. Bleuet vivace (*C. montana*).— Vivace, traçante, touffue, de 30 à 40 centimètres de
haut, à fleurs grandes, légères, d'un beau bleu ou
plus rarement roses, lilas ou blanches. Massifs, plates-
bandes. Semis et division.

C. Cinéraire (*C. Cineraria*). — Vivace, à fleurs jaunes, solitaires au sommet des pédoncules, insignifiantes, mais à feuillage assez ample, très blanc, surtout chez la variété *candidissima*, formant, quand la plante est jeune et avant la floraison, une rosette très élégante. On l'emploie beaucoup à cet état pour massifs, bordures, etc. Les *C. gymnocarpa* et *C. Clementei* servent au même usage et dans les mêmes conditions. Tous se sèment en pépinière, à l'automne ou de très

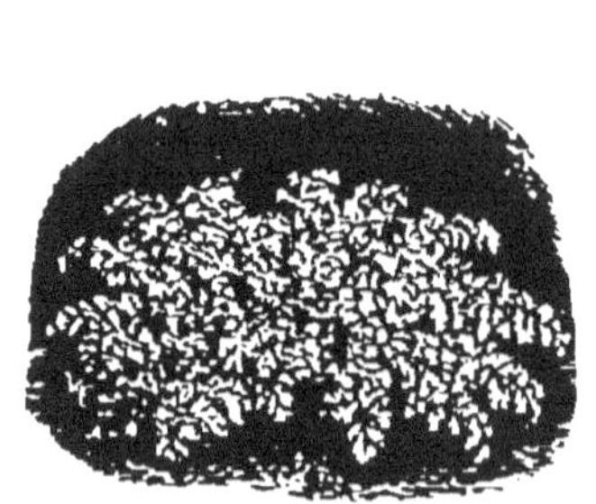

Fig. 151. — Centaurée Clementei.

Fig. 152. — Cerastium tomentosum.

bonne heure au printemps, pour que les plants soient déjà forts en mai, au moment de la plantation.

Cerastium. — Jolies petites plantes naines, un peu grêles, mais touffues, à fleurs blanches et à feuillage laineux, blanchâtre, qui les fait employer pour bordures. Multiplication par semis, boutures ou division des touffes. On cultive surtout les *C. tomentosum*, *C. Biebersteinii*.

Chrysanthème (*Chrysanthemum*). — Genre important, comprenant aujourd'hui beaucoup d'espèces dont plusieurs sont très cultivées, mais d'aspect et d'emploi souvent très différents. Nous avons décrit séparément les Anthémis et Leucanthèmes (Voy. ces noms); il nous reste à passer en revue rapide les groupes des *Ch. des jardins* et des *Ch. d'automne* ou *Ch. vivaces*, entièrement différents l'un de l'autre.

Ch. des jardins (*C. coronarium*) — Annuel, dressé, rameux, d'environ 1 mètre de haut, à fleurs ordinairement doubles, blanches ou jaunes, un peu petites, mais se succédant pendant fort longtemps.

Fig. 153. — Chrysanthème
a carène de Burridge.

Fig. 154. — Chrysanthème
d'automne ou vivace.

Massifs. Semer au printemps, en pépinière, et mettre en place à 40 ou 50 centimètres de distance.

Ch. a carène (*C. carinatum*). — Ayant le port et le mode de végétation du précédent, mais à fleurs plus grandes, plus vivement et plus diversement colorées, simples ou doubles, très nombreuses et fort belles. Mêmes emploi et culture.

Ch. d'automne ou Ch. vivace (*Ch. indicum*, *Ch. japonicum*). — Vivace, très drageonnant et entièrement rustique, poussant presque sans soins et fleurissant en octobre-novembre, telles sont les qualités de cette belle plante, qualités qui la font estimer et planter dans tous les jardins, tant pour leur propre ornement que pour la confection des gerbes de fleurs. Tout terrain lui convient, mais de préférence ceux de nature fertile et un peu frais. Multiplication très facile par boutures, drageons ou division des touffes.

Livrée à elle-même, la plante forme une touffe ramifiée, se chargeant de nombreuses fleurs moyennes ; mais, à l'aide de soins spéciaux, on parvient à obtenir des fleurs deux ou trois fois plus grandes, comme on les voit dans les expositions. Ces soins consistent surtout à supprimer la plupart des ramifications et un plus ou moins grand nombre de boutons à fleurs, pour ne conserver que le terminal ; il faut aussi donner beaucoup d'engrais à la plante, pour qu'elle soit très vigoureuse. Pour cette culture, les pieds sont presque toujours élevés en pots.

Le nombre des variétés atteint aujourd'hui près de deux mille ; les coloris sont excessivement variés, le blanc et le jaune y sont très beaux, le rouge y manque un peu de vigueur et le bleu fait totalement défaut ; les nuances et combinaisons intermédiaires sont à peu près infinies, comme le sont aussi les formes de fleurs. Les unes sont très régulières, les autres ont de long pétales contournés, déjetés en tous sens, donnant à la fleur un aspect ébouriffé, excessivement bizarre ; il y en a même de duveteux et un certain nombre de variétés nommées *pompons*, ont des fleurs minuscules. On connaît encore beaucoup de variétés dites *estivales*, qui fleurissent en août-septembre.

On classe les variétés, d'après leur forme, en un nombre variable de sections ; vouloir indiquer ici leurs caractères distinctifs nous entraînerait hors de notre

cadre, nous citerons simplement, par ordre alphabétique, quelques variétés tout particulièrement belles ;
celles marquées d'un   , sont surtout recommandables pour orner les massifs. Nous indiquerons,
en abrégé, les sections auxquelles elles appartiennent.

Acrocliniæflora   (IMBR.), pourpre rose vif, à pétales laciniés ; très léger et élégant.

Albéric Lunden (HYB.), carmin foncé, ombré cramoisi ; énorme.

Amiral Symonds (IMBR.), jaune éclatant, semi-double ;
immense.

Beauté Toulousaine (JAP.), pourpre rouge foncé à
revers doré ; semi-double.

Bouquet fait (JAP.), rose lie de vin, éclairé blanc.

Comte F. Lurani (JAP.), rose et blanc.

Deuil de M. Thiers   (JAP.), pourpre brillant, à
disque jaune.

Ebouriffé, (JAP.), jaune beurre.

Empress of India (PIV.), blanc pur.

Enfant des deux mondes (PIV.), blanc pur, à pétales
duveteux.

Etoile de Lyon (IMBR.), blanc lilacé, à larges pétales ;
immense.

Gloire rayonnante (JAP.), rose violacé, à fleurons tu-
buleux.

Jules Toussaint (JAP.), rose carmin brillant.

Julia Lagravère   (IMBR.), rouge foncé.

Lilian B. Bird, (JAP.), rose pâle, à longs pétales tu-
buleux.

Louis Bœhmer (PIV.), rose argenté, à pétales duveteux.

Mme Castex Desgranges (JAP.), blanc, à centre
jaune.

Mme Calvat (JAP.), blanc carné, à pétales incurvés, énorme.

Mistress C. Harman Payne (JAP.), mauve, à pétales très larges.

Marie Thérèse Bergman , blanc, simple, en forme de Marguerite.

Sœur Mélanie (POMP.), blanc.

Mokana, (JAP.), jaune-citron, à pétales frisés et contournés.

Rubrum striatum (JAP.), fond or, panaché rouge.

Source d'or (JAP.), orange et or.

Wite Eagle (JAP.), blanc pur.

William Lincoln (JAP.), jaune d'or, en coupe.

Yellow Dragon (JAP.), jaune d'or, à pétales contournés.

Ch. FRUTESCENT. — Voy. *Anthemis.*

Cinéraire MARITIME (*Cineraria maritima.*) — Plante vivace, ayant tout le mode d'emploi, culture, etc., de la *Centaurée Cinéraire*, mais plus rustique, à feuilles plus finement découpées et à fleurs jaunes, en assez grands corymbes terminaux.

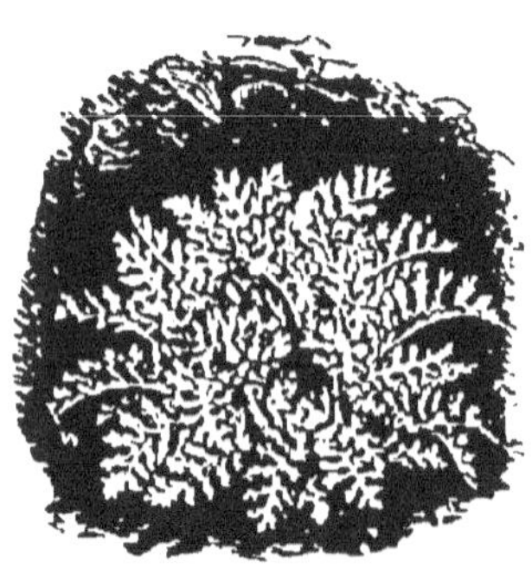

Fig. 155. — CINÉRAIRE MARITIME CANDIDISSIMA

Clarkia PULCHELLA. — Plante annuelle, de 30 à 40 cent., dressée, rameuse, à jolies et nombreuses fleurs en grappes, roses, blanches, rouges, etc., simples ou doubles, chez ses nombreuses variétés. Massifs, plates-bandes, potées, etc. Semer de préférence en place, à l'automne ou au printemps.

Cobée (*Cobœa scandens*).— Bonne plante annuelle en culture, grimpante à l'aide de vrilles, et pouvant rapidement atteindre 7 à 8 mètres; elle produit jus-

Fig. 156. — CLARKIA PULCHELLA NAIN.

qu'aux gelées de grosses fleurs en cloche, d'abord
blanchâtres, puis violettes.

Aime les terrains meubles, fertiles et frais; vient assez bien
à l'ombre. Treillages, berceaux, balcons, tronc des arbres, etc. Semer en février-
mars, sur couche et en godets; germination assez difficile.

Coleus. — Plantes herbacées, de serre tempérée, hautes d'environ 50 centimètres,
dont quelques variétés prospèrent en plein air pendant la
belle saison. Toutefois, il faut

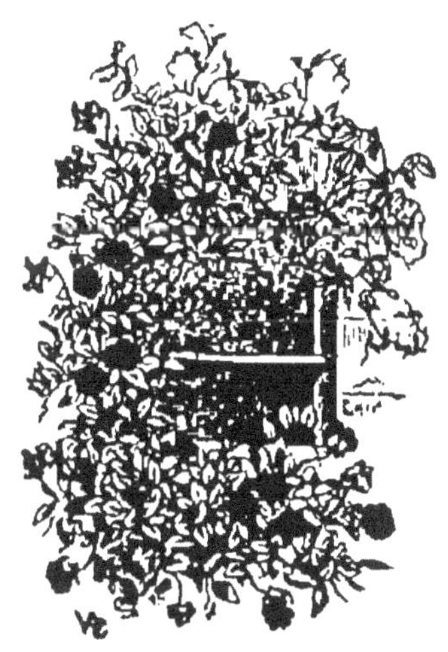

Fig. 157. — COBÆE
GRIMPANTE.

en conserver quelques pieds en serre chaude pendant l'hiver, pour les multiplier ensuite par bou-

tures étouffées, dès février-mars, puis tenir celles-ci sous châssis jusqu'à la mise en place, qui s'effectue à la mi-mai.

Collinsia. — Jolies plantes annuelles, rameuses, dressées, propres à orner les massifs, les plates-bandes ou à former des potées. Le *C. bicolor*, est un des plus cultivés ; il fleurit environ trois

Fig. 158. — COLEUS HYBRIDE.

mois après le semis ; celui-ci s'effectue clair, en pépinière ou en place, de mars en mai, ou parfois dès septembre, en protégeant le plant.

Le C. VERNA, de 15 à 20 centimètres de haut, à fleur blanc et bleu, s'épanouissant de mars en avril, se sème en octobre et en place.

Fig. 159. — COLLINSIA BICOLOR. Fig. 160. — COLOQUINTE POIRE BICOLORE.

Coloquinte (*Cucurbita Pepo*). — Annuelle, très grimpante, propre à orner les treillages, berceaux,

piliers, par ses nombreux petits fruits de couleurs et
de formes diverses et singulières, qui se conservent
en outre fort longtemps après leur maturité et servent
alors à orner les appartements. Semer en place,
en avril, à exposition chaude, dans une terre fertile
et arroser au besoin. Les tiges peuvent atteindre
3 à 5 mètres. On cultive huit ou dix variétés, à fruits
de formes différentes.

COQUELICOT. — Voy. *Pavot-Coquelicot*.

Coquelourde (*Lychnis*). — Trois ou quatre espèces
sont cultivées dans les jardins ; deux surtout sont
assez employées en touffes isolées dans les plates-
bandes. Ce sont :

C. DES JARDINS (*L. coronaria*), bisannuelle, de 60 à

Fig. 161. — COQUELOURDE
DES JARDINS.

Fig. 162. — COQUELOURDE
ROSE DU CIEL.

80 centimètres de haut, à fleurs rouges, blanches,
roses, simples ou doubles, et à feuilles cotonneuses.
C. FLEUR DE JUPITER (*L. flos-Jovis*), vivace, de 30 à
40 centimètres de haut, à fleurs rose tendre et à
feuilles duveteuses blanchâtres.

Ces deux plantes viennent presque sans soins ; la

première se resème souvent d'elle-même. Le semis se fait en mai-juin, en pépinière, on repique en place, et la floraison a lieu l'année suivante.

La C. ROSE DU CIEL (*L. Cœli-rosa*) et son voisin le VISCARIA OCULATA (*L. oculata*), sont annuels, touffus, très florifères, de 40 à 50 centimètres de haut, et comptent de nombreuses variétés différant par leurs coloris rose, rouge vif, lilas, blanc, bleu, etc., avec quelques variétés *naines*, et ornent admirablement les massifs. Semer à l'automne ou au printemps, en pépinière ou en place.

Coreopsis. — Plantes annuelles ou vivaces, élevées, ramifiées, à fleurs assez grandes, jaunes ou brunes, propres à la confection des bouquets. Massifs, plates-bandes, etc. Multiplication par semis faits en pépinière, à l'automne ou au printemps ; les espèces vivaces ne fleurissent que l'année suivante.

On cultive surtout : C. ÉLÉGANT (*C. tinctoria*), annuel,

Fig. 163. — COREOPSIS
DRUMMONDII.

Fig. 164. — CROCUS
VERNUS.

de 50 à 70 centimètres de haut, à fleurs jaunes ou brunes, et sa variété *naine*, qui n'a guère que 20 centimètres. Les *C. coronata* et *C. Drummondi* sont annuels, et les *C. lanceolata* et *C. verticillata* sont vivaces.

Courge d'ornement. — Voy. *Gourde.*

Corydalis. — Petites plantes bulbeuses, rustiques, touffues, florifères, de 15 à 25 centimètres de haut. Plates-bandes, rocailles ou bordures. On cultive surtout : *C. cava*, blanc ; C. *bulbosa*, purpurin ; C. *lutea*, jaune, etc. Multiplication par séparation des bulbes.

Crocus. Safran. — Bulbeux, de 8 à 12 centimètres de haut, fleurissant à l'automne chez le *C. sativus*, ou Safran d'automne, celui qui fournit le safran des officines, et en avril chez le *C. vernus* ou Safran printanier, qui est très cultivé et possède de nombreuses variétés différant surtout par leur coloris. On en forme de très jolies petites bordures ou bien on les disperse dans le gazon ; on les met aussi en pots ou dans de la mousse, pour les faire fleurir en appartements, dès février. Planter les bulbes en octobre-novembre pour ce dernier et en mai-juin pour le premier.

Cyclamen. — Bulbeux, rustiques pour la plupart, touffus, très nains, à feuilles épaisses et coriaces ; propres à orner les parties ombragées des bosquets ou à y former des bordures. Aiment la terre très légère et saine ; leur bulbe doit à peine être enterré. Planter au printemps, et la floraison arrive en septembre-octobre.

Les C. d'Europe (*C. europæum*) et C. a feuilles de lierre (*C. neapolitanum*) sont les plus employés ; ce dernier, plus beau que le précédent, s'en distingue surtout par ses feuilles plus grandes et élégamment marbrées de blanchâtre ; il est un peu plus délicat.

Le C. DE PERSE, qui fleurit en hiver, ne se cultive qu'en pots et toujours sous verre.

Cynoglosse A FEUILLE DE LIN (*Omphalodes linifolia*). — Annuel, rameux, touffu, de 30 centimètres de haut ; en été, nombreuses petites fleurs blanches ou un peu lilacées, en grappes terminales, très utiles pour

Fig. 165. — CYCLAMEN A FEUILLES
DE LIERRE.

Fig. 166. — CYNOGLOSSE
A FEUILLES DE LIN.

bouquets. Semer de préférence en septembre, ou au printemps en place. Aime les terres légères et siliceuses. Bordures, potées, etc.

Dahlia HYBRIDE. — Vivace, de 60 cent. à 1 m. 50 de haut, à tubercules disposées en cercle au bas de la tige, celle-ci ramifiée supérieurement et dont les rameaux produisent en été des fleurs doubles, très grosses ou petites, régulières ou irrégulières et parfois simples, avec des coloris excessivement variés.

Chacun connaît la beauté et l'utilité des Dahlias, pour l'ornement des jardins et pour la confection des gerbes et bouquets de fleurs.

Les *D. simples* surtout, sont estimés pour ce

dernier usage, parce qu'ils sont beaucoup plus légers, plus élégants et bien plus florifères. Les *D. doubles Lilliputs* ou *pompons* sont aussi utilisés, de même que ceux de la nouvelle race à pétales irréguliers, dite : *à fleur de Cactus*. Quant aux *D. doubles à grandes fleurs*, on les réserve pour l'ornement des plates-bandes longeant les avenues, le bord des massifs d'arbustes, etc., mais tous sont du reste propres à cet usage.

Les Dahlias aiment les terrains meubles, très fertiles et frais; pendant l'été, les arrosements doivent être copieux. Planter les boutures ou les tubercules poussés en mai, à au moins 1 mètre de distance et les munir chacun d'un solide tuteur.

A l'automne, après les premières gelées blanches, on coupe la tige un peu au-dessus du sol, on arrache les tubercules avec soin et on les rentre dans un endroit sain et à l'abri des gelées. En avril suivant, on divise ces touffes en plusieurs fragments , munis d'au moins un bulbe chacun et en veillant à ce qu'ils portent au moins un bourgeon sur le collet, car il ne s'en développe jamais sur les tubercules. Pour opérer avec

Fig. 167. — DAHLIA DOUBLE.

plus de certitude, on place ordinairement les touffes intactes sous un châssis, et on ne les divise que lorsque les pousses ont 2 à 4 centimètres de long.

La multiplication par boutures, procédé que les spécialistes emploient pour les propager en quantité, ne peut se faire qu'à l'aide de châssis et de couches. Quant au semis, si on l'effectue dès février-mars, sur couche, les variétés simples surtout peuvent fleurir dès l'automne; en général, le semis des variétés doubles donne un trop grand nombre de plantes défectueuses, pour qu'on puisse le recommander aux amateurs.

Voici quelques-unes des plus belles variétés de chaque section, sauf cependant des simples, car le semis en produit facilement un grand nombre et de fort belles.

DOUBLES A GRANDES FLEURS.

Boule de neige, blanc pur; 75 cent.

Grand duc Alexis, blanc de neige à revers lilacé. très forte fleur à pétales enroulés; 1 m. 20.

Perfection, rose carné teinté de violet; 1 m. 20.

Princesse Mathilde, blanc pur; recommandable pour corbeilles : 75 centimètres.

Neige et cerise, blanc strié et sablé rouge violacé, 1 mètre.

Le printemps, lilas rosé strié pourpré et bordé argent; 80 centimètres.

Malvina, rose satiné très frais; 1 m. 30.

Victor Duflot, violet carminé; 1 m. 20.

Gros papa, cerise nuancé orange et acajou; 80 centimètres.

Paradis Williams, pourpre et marron, extra; 1 m. 10.

Colibri, vermillon : 70 centimètres.

Le Dauphin, carmin; 90 centimètres.

M. Constant Varin, marron foncé pointé blanc; 1 m. 30.

Lecoq Dumesnil, brun clair nuancé marron ; de même port et taille que *Princesse Mathilde*.

E. Mézard, jaune d'or ; 80 centimètres.

Mlle de Suzini, soufre glacé blanc ; 1 mètre.

Œillet doré, jaune strié et piqueté pourpre et blanc ; 1 m. 20.

Président Brongniart, orange cuivré ; extra, 1 m. 50.

Lilliputs ou pompons.

Mme Constant Welker, blanc légèrement carné ; 1 mètre.

Clara de Hirsch, blanc de neige, à pétales enroulés ; 80 centimètres.

Pure Joye, lilas ; 1 m. 25.

Rosine Cartins, rose saumoné ; 70 centimètres.

Charles Huber, pourpre et vermillon ; miniature ; 70 centimètres.

Petit Arthur, écarlate vif ; 1 m. 20.

Dr Boulongne, jaune serin, 1 m. 20.

Anton Wagner, chamois rosé strié pourpre ; 1 mètre.

Pomponette, saumon bordé blanc rosé et pointé rouge ; 1 m. 30.

À fleurs de cactus.

Beauté de Bentwood, rose violacé panaché blanc rosé ; 1 m. 20.

Cochenille, rouge cochenille ombré brun ; 1 m. 20.

Impératrice des Indes, cramoisi foncé ombré marron, 1 m. 40.

Juarezii ou *Étoile du diable*, rouge vermillon ; le plus échevelé, mais peu florifère ; 1 m. 20.

Mme Hawkins, jaune nankin nuancé marron ; 1 m.

Mme Tait, blanc pur, à pétales fimbriés ; 1 m. 10.

William Reyner, jaune nankin, lavé et rayé carmin ; 1 m. 40.

Zulu, cramoisi et marron ; 1 m. 30.

Datura D'ÉGYPTE (*D. fastuosa*). — Annuel, dressé, rameux, de 60 à 80 centimètres de haut, à longues fleurs en entonnoir, dressées, souvent doubles, odorantes, blanches en dedans et violacées en dehors. Isoler dans les plates-bandes et sur les pelouses. Semer au printemps, sur couche, et mettre en place en mai, à exposition chaude.

On cultive et emploie de la même manière les

Fig. 168. — DATURA D'ÉGYPTE
DOUBLE.

Fig. 169. — DIELYTRA
SPECTABILIS.

D. Metel, *D. metelloïdes*, etc. Le D. EN ARBRE (*D. arborea*), à longues fleurs blanches et pendantes, est arbustif, et se cultive ordinairement en pots, car il a besoin d'être mis à l'abri des gelées pendant l'hiver.

Dielytra SPECTABILIS. Cœur de Marie. — Vivace, rustique, à souche un peu charnue, à feuillage léger et vert tendre, et à fleurs roses, en grelot aplati, pendantes, formant de longues grappes arquées, se montrant en mai-juin. Aime les terres légères et vient bien à l'ombre. Forme de magnifiques touffes dans les plates-bandes et sur les gazons. Multiplication en février-mars, par division.

Digitale POURPRE A FLEUR DE GLOXINIA (*Digitalis purpurea gloxinioides*). — La plus belle du genre, mais très vénéneuse, d'environ 1 mètre de haut, produisant de longues grappes terminales de fleurs pendantes, en forme de doigt de gant, roses, purpurines ou blanches, tigrées à la gorge, s'épanouissant en juillet et très propres à l'ornement des vases d'appartement. La plante fait un magnifique effet dans les plates-bandes ou isolée sur les pelouses. Semer en pépinière, en mai-juin, repiquer, puis mettre en place à l'automne ou au printemps suivant.

Fig 170. — DIGITALE POURPR A FLEUR DE GLOXINIA.

Doronicum. — Plantes vivaces, traçantes et rustiques, de 30 à 50 centimètres de haut, touffues, à jolies fleurs jaunes, se montrant au printemps. Viennent assez bien à l'ombre et peuvent servir à orner les plates-bandes, les bosquets, etc. Multiplication facile par division. On cultive surtout les *D. cauca sicum* et *D. pardalianches*.

Dracocéphale DE MOLDAVIE. Mélisse turque (*Dracocephalum Moldavica*). — Annuelle, dressée, touffue, de 50 centimètres de haut, à odeur pénétrante et à fleurs bleues ou blanches, petites, en épis feuillés, se montrant en été. On infuse parfois celles-ci dans l'alcool, pour faire une liqueur digestive. Massifs et plates-bandes. Semer au printemps, en pépinière.

On cultive aussi fréquemment le *D. Ruyshianum*, qui est vivace, ainsi que le *D. altaiense*.

Eccremocarpus SCABER. — Annuel en culture, demi-rustique, très grimpant à l'aide de vrilles et atteignant jusqu'à 5 mètres. Ses fleurs rouge orangé, tubuleuses, forment de longues grappes penchées. Propre à garnir les treillages, les berceaux, etc. Aime les endroits chauds et ensoleillés. Semer au printemps, sur couche.

Echeveria SECUNDA GLAUCA. — Plante grasse, dont les feuilles très glauques, forment une petite rosette.

Fig. 171. — ECCREMOCARPUS GRIMPANT.   Fig. 172. — ENOTHÈRE A GROS FRUITS.

S'emploie beaucoup pour faire des bordures et des dessins dans les massifs. Hiverner en serre ou sous châssis, en donnant très peu d'eau. Multiplication par séparation des rejets et au besoin par boutures de feuilles.

Enothère (*Œnothera*). — Plantes bisannuelles ou vivaces, rustiques, assez nombreuses et propres à former des touffes dans les plates-bandes. Multiplication par semis ou par division. On cultive surtout :

E. ODORANTE OU A GRANDES FLEURS (*Œ. suaveolens*). — Bisannuelle, de 1 mètre de haut, à fleurs jaune et mauve.

E. ÉLÉGANTE (*Œ. speciosa*). — Vivace, traçante, de 50 centimètres de haut, dressée, rameuse, à fleurs blanc pur, puis rosées, odorantes et se montrant de juillet en octobre.

E. A GROS FRUITS (*Œ. macrocarpa*) — Vivace, de 30 centimètres de haut, à tiges épaisses, étalées et à grandes fleurs jaune d'or, s'épanouissant de juillet en octobre.

Ephémère DE VIRGINIE (*Tradescantia virginica*). — Vivace, très rustique, de 50 centimètres de haut, dressée, peu rameuse, à fleurs bleues, blanches ou roses, simples ou doubles, se succédant de mai en août. Vient bien à l'ombre. Plates-bandes et bosquets. Multiplication facile au printemps, par division.

Epilope A ÉPI. Laurier de Saint-Antoine (*Epilobium spicatum*). — Vivace, très rustique, à tiges fortes, presque simples, de 1 m. 50 de haut, à fleurs rose purpurin, en longues grappes et se montrant en juillet. Bosquets, rocailles. Semis ou division au printemps.

Eranthis HYEMALIS. — Petite plante de 10 centimètres, à souche tuberculeuse, développant dès février de jolies petites fleurs jaunes. Bordures, potées ou disperser dans les gazons. Planter les tubercules à l'automne et les laisser en place si on le désire.

Erigeron GRACIEUX (*E. speciosus*). — Vivace, dressé, rustique, de 50 centimètres environ de haut, à fleurs bleu lilas clair, se montrant en été. Plates-bandes, massifs, etc.

E. ORANGÉ (*E. aurantiacus*). — Vivace et rustique, de 20 centimètres de haut, à jolies fleurs orangé vif, se montrant en mai. — Tous deux se sèment au printemps, en pépinière.

Eschscholzia DE CALIFORNIE (*E. californica*). — Annuel en culture, rustique, dressé, rameux, touffu, de 50 centimètres, vert glauque, à jolies et nom-

Fig. 173. — ERANTHIS HYEMALIS.

Fig. 174. — ESCHSCHOLZIA DE CALIFORNIE DOUBLE.

breuses fleurs à quatre pétales, jaunes, orangées, blanchâtres et parfois doubles, se succédant pendant longtemps. Plates-bandes et massifs de préférence. Semer au printemps, en place.

Eucharidium GRANDIFLORUM. — Annuel, touffu, de 25 centimètres de haut ; en été, grandes et nombreuses fleurs rose purpurin, découpées. Massifs, bordures, potées, etc. Semer à l'automne ou au printemps, en pépinière ou en place.

Ficoïde GLACIALE (*Mesembrianthemum crystallinum*). — Annuelle, curieuse par les nombreuses glandes cristallines qu'elle porte sur toutes ses parties ; fleurs petites, blanches. On l'utilise souvent en suspensions. Semer au printemps, arroser modérément. — Plusieurs autres espèces vivaces sont cultivées dans les jardins, aucune n'est rustique.

Fraxinelle (*Dictamnus albus*). — Vivace, très rustique, dressée, à tiges peu rameuses, de 60 centimètres de haut ; en juin-juillet longues grappes de fleurs roses ou blanches. Touffes isolées sur le gazon ou dans les plates-bandes. Ne pas la transplanter après la mise en place. Semer à l'automne ; ne germe qu'au printemps suivant.

Fig. 175. — Eucharidium
grandiflorum.

Fig. 176. — Fraxinelle.

Fritillaire Couronne impériale (*Fritillaria imperialis*). — Rustique, à gros bulbe puant ; tige forte, simple, de 1 m. environ de haut, produisant en mai-juin une couronne de grosses fleurs pendantes, en cloche, jaunes ou orangées, naissant au-dessous d'un bouquet de feuilles terminales. Variétés assez nombreuses. Magnifique effet au centre des massifs, sur les gazons, dans les plates-bandes, etc. Aime les terres fortes et fraîches ; se plante à l'automne.

F. Méléagre, F. a damier (*F. Meleagris*). — Tige grêle, de 40 à 50 centimètres, portant une ou deux petites fleurs pendantes, curieuses par leurs couleurs blanc et lie de vin, disposées en damier. Mêmes soins. Rocailles, plates-bandes et potées.

FUCHSIA. — Voy. *Arbres et Arbustes d'ornement*.

Funkia. — Magnifiques plantes vivaces, à nombreuses et grandes feuilles vert luisant, formant de belles touffes. Plates-bandes, bosquets, isoler sur les pelouses ou cultiver en grands pots. Protéger pendant l'hiver. Multiplication au printemps, par division. On cultive surtout :

F. OVATA. Hémérocalle bleue. — A fleurs bleues,

Fig. 177. — FRITILLAIRE COURONNE IMPÉRIALE.

Fig. 178. — FUNKIA JAPONICA.

penchées, en longue grappe dressée, de 50 centimètres, et se montrant juin-juillet.

F. JAPONICA. Hémérocalle du Japon. — A fleurs blanches, en trompette, de 10 centimètres de long, horizontales, formant une courte grappe terminale, à tige de 40 centimètres de haut.

F. LANCIFOLIA. — A fleurs bleuâtres, plus petites et plus nombreuses et réunies en grappe au sommet d'une tige de 20 à 30 centimètres de haut. Variété à *feuilles panachées*.

Gaillarde PEINTE (*Gaillardia picta*). — Annuelle en

culture, rameuse, touffue, de 50 centimètres et plus, à grandes et nombreuses fleurs orangé et pourpre, se succédant pendant tout l'été. Variétés nombreuses, *simples* ou *double* (*G. picta Lorenziana*), celle-ci très recommandable. Massifs et plates-bandes. Semer à l'automne ou au printemps, en pépinière.

G. VIVACE (*G. lanceolata*). — Voisine et semblable à la précédente par son port, mais vivace et rustique,

Fig. 179. — GAILLARDE VIVACE.

Fig. 180. — GAURA LINDHEIMERI

et à fleurs de coloris variés, mêmes emploi et traitement.

GALANTINE. — Voy. *Perce-Neige*.

Galéga OFFICINAL (*G. officinalis*). — Vivace, rustique, touffu, de 1 m. 50 de haut; en été, nombreuses fleurs en épi, bleues, roses ou blanches. Propre à former des touffes ou disperser dans les plates-bandes. Semer en pépinière, au printemps.

Gaura LINDHEIMERI. — Grande plante vivace ou bisannuelle, de 1 m. 50, à tiges dressées, pourvues de ramifications longues et fines, et produisant tout l'été des fleurs blanc rosé, légères et très élégantes, utiles pour la confection des gerbes de fleurs.

Grands massifs, plates-bandes, etc. Protéger pendant les grands froids. Semer en pépinière, à l'automne ou au printemps.

Gazania SPLENDENS. — Vivace, demi-rustique, étalé et gazonnant, à feuilles assez grandes et glauques en-dessous ; fleurs jaune vif, à œil noir, res-

Fig. 181. — GAZANIA SPLENIE S.

semblant assez à un Souci. Forme de très jolies bordures. Hiverner sous châssis. Boutures.

Géranium. — Les véritables *Géraniums* sont des plantes vivaces, rustiques, touffues, assez nombreuses en espèces, dont les *G. platypetalum*, *G. Endressi*, *G. sanguineum*, *G. armenum*, sont les plus beaux. Plates-bandes. Semis et division.

Les plantes cultivées partout en pots ou en massifs sous le nom familier de *Géranium*, dont les fleurs rouges, blanches, forment de gros bouquets, sont des *Pélargonium*. (Voy. ce nom.)

Gilia. — Plantes annuelles, rustiques, touffues, étalées, ou dressées, à floraison estivale et propres à l'ornement des massifs. **Semer à l'automne ou au printemps, en place ou en pépinière.**

On cultive surtout :

G. TRICOLOR. — De 40 centimètres de haut, étalé-dressé, à fleurs blanc violacé, en nombreux petits bouquets axillaires. Variétés *rose*, *blanche*, *naine*, etc.

G. CAPITATA. — De 80 centimètres de haut, dressé,

Fig. 182. — GERANIUM SANGUINEUM.   Fig. 183. — GILIA
                                                TRICOLOR.

à fleurs bleu clair ou blanches, en petites têtes pédonculées, nombreuses, utiles pour bouquets.

Les *G. linifolia* et *G. laciniata*, sont moins répandus.

Giroflée (*Cheiranthus*). — Magnifiques plantes annuelles ou bisannuelles en culture, dont on forme deux groupes bien distincts : 1° les G. quarantaines, G. grosse espèce. G. cocardeau, etc., sorties des *Matthiola annua* et *M. incana* ; 2° les G. jaunes, descendant du *Cheiranthus Cheiri*.

Les premières ne sont estimées que lorsqu'elles sont doubles ; elles sont un peu délicates et, sauf les G. quarantaines qui se sèment au printemps, en pé-

pinière, toutes les autres ont besoin d'être hivernées
sous châssis ou au moins protégées sur place. Semer
en mai-juin, puis repiquer au pied des murs ou mieux
en godets, pour pouvoir les placer sous châssis ;
mettre en place au printemps, en supprimant tous

Fig. 184. — Giroflée
Quarantaine parisienne.

Fig. 185. — Giroflée jaune simple
variée.

les pieds simples, dès que les boutons à fleurs se
montrent. Les praticiens effectuent ce triage alors
que les plantes sont encore toutes jeunes.

Les races de Giroflées de la première section
comprennent de nombreux coloris ; la plupart ont
des feuilles blanches, feutrées, mais chez quelques
formes, nommées *G. Grecques*, celles-ci sont vertes
et lisses.

Les G. Quarantaines, les plus petites, mais venant
en quelques mois, sont très recommandables pour

orner les massifs. Les G. QUARANTAINE PARISIENNE et
G. EMPEREUR sont plus fortes, ramifiées, hautes de
30 à 40 centimètres, mais bisannuelles; on les
cultive souvent en pots, mais elles forment néanmoins de très jolis massifs; la G. GROSSE ESPÈCE,
partage ces mêmes caractère et usages, avec une
plus grande rusticité; enfin la G. COCARDEAU ou
G. DES FENÊTRES à une tige presque simple, avec un
long et fort épi terminal de fleurs, et se cultive souvent en pots.

La G. JAUNE ou VIOLIER est vivace et rustique,
mais de culture bisannuelle. On la sème en mai-juin,
en pépinière, on la repique, puis on met les plants en
place, à l'automne; ils fleurissent depuis l'hiver,
quand il fait doux, jusqu'au printemps; des variétés
hâtives fleurissent même à l'automne, et sont ainsi
très utiles pour l'ornement hivernal des massifs.
Les fleurs sont très odorantes et beaucoup employées
pour des bouquets; les simples sont plus estimées
que les doubles; celles-ci forment néanmoins de
gros et nombreux épis. Coloris peu variés, ordinairement jaune, brun velouté, violet, lie de vin, etc.

Glaïeul (*Gladiolus*). — Plantes à bulbe plein, rustiques ou à peu près, à fleurs en long épi terminal, précieuses pour orner les vases d'appartement,
car elles s'y épanouissent très bien et successivement. Dans les jardins, on emploie beaucoup les
Glaïeuls pour former des touffes de 3 à 6 plantes dans
les plates-bandes, garnir les massifs, ou cacher la
tige des Rosiers.

Les espèces types en sont nombreuses, mais bien
moins belles et moins estimées que les quelques
races qui en sont sorties par hybridations et sélections. De celles-ci, la race dite G. HYBRIDE DE GAND,

(*G. Gandavensis*), qui compte aujourd'hui d'innombrables variétés et coloris, est de beaucoup la plus répandue et la plus méritante; viennent ensuite les G. A GRANDES MACULES (*G. Lemoinei*), remarquables par leurs panachures ; puis les G. DE NANCY (*G. nanceianus*), à fleurs excessivement grandes et de teinte particulière; enfin les G. DE COLVILÉE (*G. Colvillei*) et G. NAINS HYBRIDES, à petites fleurs pointues, qui fleurissent en juin-juillet et se plantent à l'automne, tandis que toutes les races précédentes fleurissent en août-septembre et se plantent au printemps.

Les *G. nains* forment en outre de très jolies potées. On cultive aussi un certain nombre d'espèces telles que les G. COMMUN (*G. communis*); G. DE CONSTANTINOPLE (*G. byzantinus*) ; G. CARDINAL (*G. cardinalis*) ; G. RAMEUX (*G. ramosus*), G. PERROQUET (*G. psittacinus*); ces trois derniers se plantent au printemps et les précédents à l'automne.

Tous les Glaïeuls aiment les terres siliceuses, bien saines et ensoleillées. Planter les bulbes assez près, peu profond et les relever quand les feuilles sont sèches; couper la tige et conserver les bulbes au sec jusqu'au moment de la plantation. Tous se multiplient assez facilement par leurs bulbilles; ceux-ci ne fleurissent qu'au bout d'environ 3 ans.

Voici quelques-unes des plus belles variétés de GLAÏEULS HYBRIDES DE GAND.

Abricoté, rouge abricot très frais; un des plus distincts.

Africain, brun ardoisé sur fond écarlate; très distinct, un des plus foncés.

Ali, rose lilacé pâle, strié et pointillé de rouge cerise, avec la division inférieure jaune, réticulé pourpre; coloris très particulier.

Amitié, rose carné nuancé jaune paille et ligné de pourpre ; souvent semi-double.

Arabi-Pacha, écarlate nuancé blanc d'ivoire ; coloris très original.

Baroness Burdett Coutts, rose flammé carmin ; très grande fleur.

Béatrix, blanc très légèrement flammé lilas.

Bicolore, saumon vif avec macules blanc d'ivoire ; très distinct.

Cendrillon, blanc rosé fortement lavé et strié carmin violacé.

Corinne, rose carminé à pointe cerise et ligné blanc.

Drap d'or, jaune pur, légèrement flammé rose.

Enchanteresse, blanc lilacé pâle, ligné rouge violacé.

Flamboyant, rouge écarlate nuancé feu.

Glaive de feu, rose saumoné très vif, à macule blanc d'ivoire.

Grand-rouge, rouge écarlate clair, à petite macule violette, épi très compact et bien fait.

La Perle, lilas pur maculé de violet.

L'Ardoisière, écarlate clair nuancé et bordé gris ardoisé.

Léandre, lilas presque pur ligné blanc ; le plus beau des violets.

Magicien, rose vif et nuancé, à bords frisés.

M. Chevreul, rose lilacé, bordé gris violacé.

Mont-Blanc, blanc crème, puis blanc de neige, avec une toute petite macule violette.

Nestor, jaune clair, plus foncé et strié de rouge sur les divisions inférieures.

Oriflamme, rose orangé nuancé de jaune d'or et ligné carmin sur les divisions inférieures.

Papillon, jaune flammé et bordé de rouge carmin.

Rayon d'or, jaune-paille, panaché de carmin sur les bords.

Roi des roses, rose franc avec une macule blanc lilacé.

Sultane, rose satiné vif, flammé carmin.

Tamerlan, grenat très foncé, flammé de carmin.

Fig. 186. — GLAIEUL DE GAND HYBRIDE.

Fig. 187. — GODETIA WHITNEYI DUCHESSE D'ALBANY.

Thérèse de Vilmorin, blanc crémeux passant au blanc pur.

Godetia. — Jolies plantes annuelles, rustiques, de 50 à 70 centimètres de haut, rameuses, touffues, très florifères, utiles pour la garniture des massifs ou la culture en potées. Elles aiment les terrains frais et meubles, et redoutent la chaleur. Semer en automne et repiquer en pépinière abritée, ou au printemps et alors de préférence en place, mais très clair. On cultive surtout :

G. rubicunda splendens, de 70 centimètres, dressé rameux, à fleurs rouge carminé et maculées ; variété *double*.

G. Whitneyi, fort, dressé, raide, à fleurs lilas,

rouge vif: ou blanches chez la variété nommée *Duchesse d'Albany*, qui possède aussi une forme *naine*, très méritante.

Gouet D'ITALIE (*Arum italicum*). — Vivace, rustique, aimant l'ombre et les endroits frais, à grandes feuilles allongées, marbrées de blanc ; fleurs insignifiantes. Utile pour orner les bosquets. Semis ou division.

On cultive encore, comme plantes de collection, les G. SERPENTAIRE (*A. Dracunculus*), A. CHEVELU (*A. muscivorum*), curieux par la forme et la teinte livide de la spathe qui entoure l'inflorescence.

Gourde ou COURGE BOUTEILLE (*Lagenaria vulgaris*). — Plante annelle, grimpante, atteignant 3 mètres et

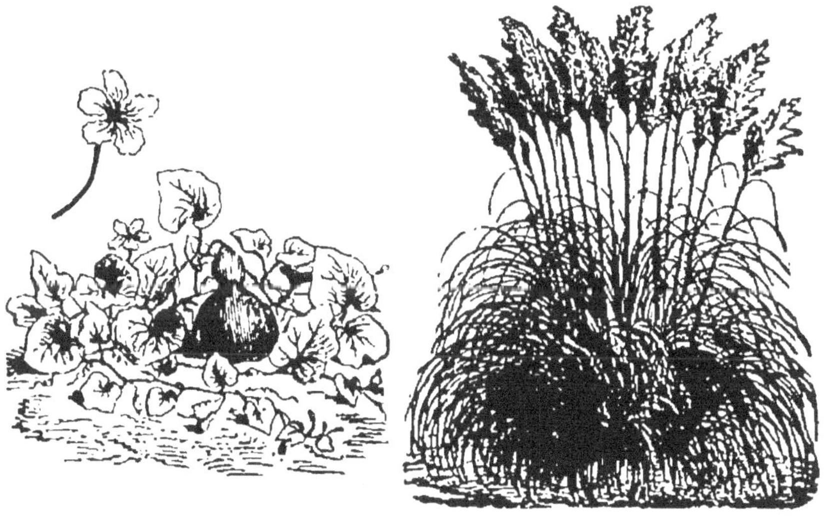

Fig. 188. — GOURDE OU COURGE PÈLERINE.

Fig. 189. — GYNERIUM ARGENTEUM.

plus, à grand feuillage et à fruits devenant durs, ligneux à maturité complète, et employés comme vases ou bouteilles. On cultive 7 ou 8 variétés ; les plus utiles pour récipients sont : *C. pèlerine*, à fruit étranglé au milieu, *C. plate de Corse* et *C. poire à poudre*. Treillages, berceaux ou piliers à exposition chaude et ensoleillée. Semer au printemps, sur couches, en godets et mettre en place en mai.

Gynerium ARGENTEUM. — Forte plante touffue, de 1 m. 50 et plus de haut, à feuilles très longues. étroites et arquées en dehors. Les fleurs, qui se montrent en septembre, forment de grands panaches soyeux et argentés ; toutefois, ils sont le plus souvent maigres et grisâtres chez nous, et ne peuvent guère servir à l'ornement des appartements ; — ceux qu'on emploie à cet usage sont femelles, souvent teints de diverses couleurs et viennent de l'Amérique du Sud. — Prospère surtout dans les terres un peu fortes et fraîches. Lier ses feuilles en botte et les couvrir de paille pendant l'hiver. Isoler sur les pelouses et le bord des pièces d'eau. Semis et de préférence division.

Gypsophile ÉLÉGANT *(Gypsophila elegans)*. — Annuel, dressé, de 50 centimètres, à ramifications très fines et nombreuses, chargées d'innombrables petites fleurettes blanchâtres. S'emploie presque spécialement et très généralement pour bouquets. Semer à l'automne ou au printemps, en planche, en place et à la volée.

G. PANICULÉ *(G. paniculata)*. — Vivace, rustique, de 1 m. de haut, plus fort et moins grêle que le précédent, mais moins utile pour bouquets. Isoler sur les gazons ou disperser dans les plates-bandes, etc. Semis ou division.

HARICOT D'ESPAGNE. — Voy. *Les Légumes.*

Hélénie DE BOLANDER *(Helenium Bolanderi)*. — Vivace, de 60 centimètres de haut, rameux, dressé, à longs pédoncules portant de grandes fleurs jaune vif, à centre brun, utiles pour bouquets. Plates-bandes et massifs. Division. On cultive aussi : H. D'AUTOMNE (*H. autumnale*), H. A FEUILLES MENUES (*H. tenuifolium*), etc.

Héliotrope DU PÉROU (*Heliotropium peruvianum*). — Sous-arbrisseau demi-rustique, à fleurs lilas plus ou moins foncé chez les différentes variétés, en corymbes et d'un parfum très suave. On le cultive

Fig. 190. — HÉLÉNIE DE BOLANDER.

Fig. 191. — HÉLIOTROPE DU PÉROU.

beaucoup en pots, et en pleine terre pendant l'été, pour orner les massifs et les plates-bandes. Hiverner un certain nombre de pieds mères en serre, pour en faire des boutures au printemps, à l'étouffée, ou semer ses graines sur couche au printemps.

Hellébore. ROSE DE NOEL (*Helleborus niger*). — Vivace, rustique, aimant les endroits frais et ombragés, à feuilles persistantes, et produisant entre décembre et mars des fleurs blanc rosé, assez grandes, comme une rose simple, jolies, utiles pour bouquets.

S'emploie fréquemment pour orner les bosquets et les massifs pendant l'hiver. On cultive, sous le nom de H. HYBRIDES, des plantes analogues, mais de coloris variés, issues du croisement de cette espèce avec d'autres moins répandues. Multiplication en septembre, par semis ou par division.

Hémérocalle (*Hemerocallis*). — Plantes vivaces,

Fig. 192. — HELLÉBORE.
ROSE DE NOEL.

Fig. 193. — HÉMÉROCALLE
JAUNE.

rustiques, à racines charnues, à feuilles longues et étroites et à fleurs jaunes ou orangées, en petit nombre au sommet d'une hampe de 75 à 80 centimètres de haut et se montrant de mai en juillet. On cultive surtout l'H. JAUNE (*H. flava*), à fleurs jaunes, un peu petites et très odorantes ; H. FAUVE (*H. fulva*), à fleurs grandes, jaune orangé fauve, *doubles* chez une variété et à *feuilles* panachées chez une autre. Touffes isolées sur les gazons et dans les plates-bandes. Diviser au printemps.

H. BLEUE ET H. DU JAPON. — Voy. *Funkia*.

Hépatique (Hepatica *triloba*). — Vivace, rustique,

un peu délicate, de 15 centimètres, touffue, à feuilles coriaces, trilobées et persistantes; en février-avril nombreuses et jolies petites fleurs bleues, blanches, roses, simples ou doubles chez ses variétés. Aime les terrains frais et sains et une exposition ombragée. Forme de très jolies bordures. Diviser à l'automne.

HIBISCUS. — Voy. *Arbustes d'ornement* et *Ketmie*.

Houblon (*Humulus Lupulus*). — Vivace et rustique, très grimpant, atteignant jusqu'à 15 mètres, à beau

Fig. 194. — HÉPATIQUE.

feuillage, mais à fleurs insignifiantes. S'emploie avec succès pour garnir les treillages, couvrir les berceaux, etc. Semis ou division.

Le H. DU JAPON (*H. japonicus*) est annuel, très vigoureux et atteint environ 5 mètres. Sert aux mêmes usages. Semer au printemps.

Immortelle ANNUELLE (*Xeranthemum annuum*). — Plante annuelle, à ramifications étalées, rigides, grêles, peu feuillées et velues-grisâtres; fleurs ou capitules entourés de nombreuses bractées scarieuses, blanches, purpurines ou violettes selon les variétés; chez la race *superbissima* le centre des fleurs est transformé en pompon bombé et très plein. Orne très bien les plates-bandes et les massifs. Ses fleurs, coupées jeunes et séchés à l'ombre, puis teintes de diverses couleurs, servent beaucoup à confectionner des bouquets perpétuels et des couronnes mortuaires. Semer au printemps, en pépinière et mettre en place en mai.

I. A BRACTÉES (*Helichrysum bracteatum*). — Annuelle et analogue à la précédente par sa culture et son emploi dans les jardins; s'en distingue par ses tiges et rameaux plus forts, moins nombreux, plus feuillés, verts, et par ses capitules plus gros, arrondis,

Fig. 195. — IMMORTELLE ANNUELLE.

Fig. 196. — IMMORTELLE A BRACTÉES.

de coloris plus variés, doubles ou simples, et alors à cœur jaune, moins légers et moins propres à la confection des bouquets et couronnes.

Ipomée (*Ipomœa*). — Plantes annuelles en culture, grimpantes, demi-rustiques, très propres à la garniture des treillages, berceaux, balcons, etc. Fleurs souvent grandes, de diverses couleurs et se succédant pendant fort longtemps. Semer au printemps, en place et un peu clair.

I. VOLUBILIS (*I. purpurea*). — De 3 mètres environ, à fleurs grandes, en cloche, très nombreuses, de coloris très variés, souvent panachées et se succédant pendant tout l'été. C'est la plus vigoureuse et la plus répandue.

I. A FEUILLES DE LIERRE (*I. hederacea*). — De 2 à 3 mètres à fleurs en cloche, bleu clair et à feuilles à trois lobes.

I. QUAMOCLIT. — Petite, grêle, de 1 mètre de haut, à feuilles finement découpées et à fleurs tubuleuses, d'un rouge très vif. Très jolie, mais un peu délicate et aimant les endroits chauds.

Iris. — Plantes bulbeuses ou rhizomateu-

Fig. 197. — IPOMÉE VOLUBILIS.

ses, rustiques ou à peu près, et à fleurs très singulièrement conformées, de dimensions et de coloris très variables. On en forme ordinairement en deux sections : 1° espèces à *rhizome* ; 2° espèces à *bulbe*.

Tous les Iris aiment les terres légères, saines et les endroits chauds et ensoleillés. L'I. d'Allemagne, ses nombreuses variétés et plusieurs espèces à rhizomes rampants sont précieux, par leur rusticité et le peu de soins qu'ils demandent, pour former des bordures d'allées, des touffes dans les plates-bandes, dans les rocailles, etc., leurs fleurs forment en outre de magnifiques gerbes et des bouquets. On les multiplie facilement à l'automne, par sectionnement des rhizomes.

Les *I. bulbeux* servent au contraire à garnir les massifs, plates-bandes, etc., et se traitent comme les Jacinthes.

Au nombre des plus beaux, mentionnons :

I. D'ALLEMAGNE (*I. germanica*). — A gros rhizomes, à feuilles larges, longues, dressées, et à fleurs grandes, naissant par trois-six sur des tiges d'environ 80 centimètres, richement colorées et s'épanouissant en mai-juin ; variétés très nombreuses et fort belles.

I. NAIN (*I. pumila*). — Analogue au précédent, mais

Fig. 198. — Iris
D'ALLEMAGNE.

Fig. 199. — Iris D'ANGLETERRE
OU XIPHIOIDE.

beaucoup plus petit, de 20 centimètres de haut et préférable pour bordures.

I. DE FLORENCE (*I. florentina*). — Semblable aussi au précédent, à fleurs blanc pur, très odorantes, ainsi que ses rhizomes ; ceux-ci réduits en poudre servent à parfumer le linge.

I. FÉTIDE A FEUILLES PANACHÉES (*I. fœtidissima var.*). — De 50 centimètres, à fleurs petites, bleu et jaune ; fruits gros, renfermant des graines rouge-corail et feuilles élégamment rubanées de jaune. Bordures.

I. DE KÆMPFER (. *I. Kæmpferi*). — De 60 à 80 centimètres, à larges et belles fleurs étalées, bleues, blanches, lilas, panachées, etc., chez les nombreuses variétés, et se montrant en juin-juillet. Aime les endroits frais et ombragés.

I. Xiphion ou I. d'Espagne (*I. Xiphium*). — Bulbeux, à tige simple, de 30 à 50 centimètres, portant une à trois divisions étroites, jaunes, bleues, rougeâtres, etc., très jolies, se montrant en mai-juin; feuilles étroites arquées en dehors.

I. xiphioide ou I. d'Angleterre (*I. xiphioides*). — Analogue au précédent, mais plus fort, à fleurs plus amples et plus belles.

On cultive encore fréquemment les *I. suziana*, *I. siberica*, *I. persica*, *I. reticulata*, fort jolis et intéressants.

Jacinthe d'Orient. (*Hyacinthus orientalis*). — Magnifique plante bulbeuse, rustique, à floraison printanière, très cultivée en pots et en pleine terre, pour l'ornement des appartements et celui des massifs. Les variétés en sont innombrables, simples ou doubles et comprennent toutes les teintes possibles.

Bien que l'Orient soit son pays natal, les bulbes qu'on cultive sont principalement élevés en Hollande, où l'on en fait l'objet d'un commerce fort important. Dans tous les autres pays il est à peu près impossible d'obtenir des bulbes aussi gros et donnant naissance à une grappe de fleurs aussi longue et aussi fournie. Au bout de deux ou trois années de culture dans nos jardins, cette grappe finit par ne plus porter qu'un petit nombre de fleurs; il faut donc s'en réapprovisionner sans cesse; leur prix est heureusement fort modeste. Chez cette plante les variétés simples sont plus estimées que les doubles, car les fleurs sont plus nombreuses et forment de plus belles grappes.

La Jacinthe se met toujours en végétation en octobre-novembre. On lui applique trois modes de culture : 1° en pleine terre, pour l'ornement des massifs ; 2° en pots ; 3° sur carafes, pour l'ornement des appartements.

Fig. 200. — Jacinthe de Hollande sur carafe.

La Jacinthe aime une terre douce, fertile et meuble, bien saine et une atmosphère humide.

En massif, on place les bulbes à 7-8 centimètres au plus de profondeur, et à 20 centimètres environ de distance.

En pots, ceux de 10 à 12 centimètres sont bien suffisants, le bulbe doit alors affleurer le niveau du sol ; le forçage s'effectue très facilement, mais auparavant, il est essentiel que les racines soient entièrement développées ; pour cela, on enterre les pots dans un coin du jardin, et on ne les rentre en serre ou en appartement que lorsque les feuilles et les grappes commencent à se montrer.

Sur carafe, il faut que la base du bulbe seule trempe dans l'eau, et il est bon de tenir les vases pendant trois semaines dans un endroit obscur, pour faciliter le développement des racines. L'eau n'aura pas besoin d'être fréquemment renouvelée si on a soin d'y mettre une pincée de sel ou un morceau de charbon de bois. Les bulbes ainsi traités n'ont plus aucune valeur; après la floraison, il est préférable de les jeter, mais ceux qui auront fleuri en pot pourront être mis en pleine terre, où ils donneront, les années suivantes, de petites grappes de fleurs. Ils peuvent rester en terre, mais il est d'usage et plus avantageux, surtout si le sol est un peu humide, de les enlever quand les feuilles sont sèches et de les conserver au sec jusqu'à l'automne suivant. On multiplie facilement la Jacinthe par séparation des caïeux qui naissent autour de ses bulbes.

Voici quelques-unes des plus belles variétés.

SIMPLES.

Incomparable, carmin foncé.

Macaulay, rouge vif, grand et bel épi.

Robert Steiger, rouge foncé; une des plus belles.

Charles Dickens, rose clair, bel épi.

Norma, rose à grands fleurons.

Belle Blanchisseuse, blanc pur; très belle.

Grandeur à merveille, blanc légèrement carné.

La Grandesse, blanc pur; très grand épi.

Mammouth, blanc pur, à très grandes cloches.

Guillaume Ier, bleu noir; épi énorme et compact.

King of the blacks, bleu presque noir.

Roi des Bleues, bleu foncé.

Blondin, bleu argenté; bel épi.

Grand Lilas, bleu pâle; épi énorme.

Pieneman, bleu tendre, à très gros fleurons.

Bird of Paradise, jaune clair.

Roi des Pays-Bas, jaune cuivré; bel épi.

DOUBLES.

Bouquet tendre, rouge superbe, hâtive.

Noble par mérite, rouge, à gros fleurons et bel épi.

Czar Nicolas, rose pâle; bel épi.

Lord Wellington, blanc rosé, à fleurons énormes.

La Tour d'Auvergne, blanche, à gros fleurons; hâtive.

Non plus ultra, blanche à cœur violet.

Sultan Achmet, blanche, à cœur tendre.

Lord Wellington, bleu foncé.

Louis-Philippe. bleu foncé nuancé lilas.

Fig. 201. — JACINTHE DE HOLLANDE SIMPLE.

Fig. 202. — JACINTHE ROMAINE.

A la mode, bleu tendre, à cœur pourpre.

La Grande Vedette, bleu pâle; bel épi.

Van Speyk, bleu-améthyste, à fleurons énormes·

Bouquet d'orange, jaune nankin; semi-double.

Jaune suprême, jaune pur; grand épi.

La J. DE PARIS est une race acclimatée, produisant des grappes florales assez fournies.

La J. ROMAINE produit de petites et courtes grappes de fleurs blanc pur; elle est beaucoup plus hâtive que toutes les autres et, en la forçant, on l'obtient depuis novembre.

Jacinthe du Cap (*Gallonia candicans*). — Grande et belle plante bulbeuse, produisant en juillet de nombreuses fleurs blanches, en grelot et pendantes, disposées en long épi, au sommet d'une hampe forte et dressée, de près de 1 mètre. Planter de préférence à

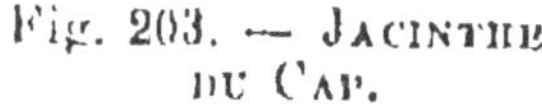

Fig. 203. — Jacinthe du Cap.

Fig. 204. — Joubarbe toile d'araignée.

l'automne. Touffes isolées. Multiplication par semis faits au printemps, et qui fleurissent au deuxième automne, les bulbes ne produisant presque pas de caïeux.

Joubarbe (*Sempervivum*). — Plantes grasses rustiques ou à peu près, à feuilles charnues, formant une petite rosette symétrique, à fleurs jaunes ou rouges, en bouquet lâche au sommet d'une forte tige centrale feuillée, de 20 à 30 centimètres. On emploie plusieurs espèces pour former des petites bordures et des dessins dans les massifs, pour orner les rocailles, etc. Aiment les endroits secs et ensoleillés. Multiplication par séparation des petites rosettes.

Les plus cultivées sont : J. DES TOITS (*S. tectorum*), assez forte et verte ; J. TOILE D'ARAIGNÉE (*S. arachnoideum*), à sommet des feuilles couvert en été de filaments blancs, simulant à s'y méprendre une toile d'araignée ; *S. calcareum*, *S. soboliferum*, etc.

Julienne DES JARDINS (*Hesperis matronalis*). — Vivace, rustique, dressée, ramifiée, de 50 à 80 centimètres, produisant, de mai en juillet, de nombreuses et longues grappes de fleurs violet purpurin, blanches, simples ou doubles, selon les variétés, et très odorantes. Aime les terres substantielles. l'ombre

Fig. 205. — JULIENNE DES JARDINS.

Fig. 206. — JULIENNE DE MAHON.

et la fraîcheur. Massifs et plates-bandes. Multiplication au printemps, par semis et division.

Julienne DE MAHON (*Malcolmia maritima*). — Annuelle, de 20 à 30 centimètres, ramifiée, à végétation très rapide, produisant, quelques mois après le semis, de nombreuses petites fleurettes blanches ou roses. Très propre à former des bordures, des potées, des gazons fleuris, etc. Semer à l'automne et pendant tout l'été, en place.

Ketmie DES MARAIS (*Hibiscus palustris*). — Vivace et rustique à l'aide d'une légère protection, à tiges fortes, simples, de 1 mètre et plus de haut, produisant en automne de très grandes fleurs simples, purpurines ou blanches. Très recommandable pour isoler sur les gazons et dans les plates-bandes. Aime les terres profondes et fraîches et les endroits chauds. Éclats ou semis.

Les K. ROSE (*H. roseus*) et K. MILITAIRE (*H. militaris*) sont analogues comme port, beauté, traitement, etc.

Lagurus OVATUS. — Graminée annuelle, de 30 à à 40 centimètres de haut, touffue, produisant des épis gros, courts et laineux, qu'on emploie pour la confection des bouquets frais, ou secs et alors souvent teints. Semer à l'automne ou au printemps, en pépinière ou en place.

Lamium MACULATUM. Ortie tachée. — Vivace, très rustique, de 30 centimètres de haut, à tiges simples, nombreuses, portant des feuilles panachées de blanc et de rose sombre. Bordures. Multiplication par division.

Lantana CAMARA. — Arbuste demi-rustique, à fleurs en nombreux bouquets, jaunes, orangées, purpurines, etc., inodores et se succédant pendant tout l'été. S'emploie fréquemment, à l'état de jeunes plantes, pour orner les massifs. Hiverner en serre ou sous châssis. Traitement général de l'*Héliotrope*.

Lavatère A GRANDES FLEURS (*Lavatera trimestris*). — Grande et belle plante annuelle, de 1 mètre de haut, rameuse supérieurement, à végétation très rapide, produisant, de juillet à septembre, de grandes fleurs simples, roses ou blanches, précieuses pour la confection des bouquets et les gerbes de fleurs. Aime les terrains frais et les endroits chauds ; semer de préférence en mars-avril, en place mais très clair, sur le bord des massifs d'arbustes, dans les plates-bandes, ou en planches pour la fleur à couper.

Fig. 207. — LANTANAS HYBRIDES VARIÉS.

Fig. 208. — LAVATÈRE A GRANDES FLEURS.

On cultive aussi la L. EN ARBRE (*L. arborea*), qui est vivace et demande à être hivernée en orangerie.

Leptosiphon. — Plantes annuelles, de 20 à 30 centimètres de haut, rameuses, compactes, à feuillage finement découpé et produisant en mai-juin de nombreuses petites fleurs à long tube, jaunes, blanches, roses, purpurines, etc., chez les diverses espèces et variétés. Massifs, plates-bandes, bordures, etc. Semer de préférence en automne, en pépinière, et mettre en place au printemps. On cultive surtout : *L. androsaceus*, *L. aureus*, *L. densiflorus* et *L. roseus*.

Leucanthème ou GRANDE MARGUERITE DES PRÉS

(*Leucanthemum grandiflorum*). — Vivace et rustique, formant des touffes de 30 centimètres de haut, se

Fig. 209. — Leptosiphon roseus.

couvrant en mai-juillet de grandes et belles fleurs blanches, des plus utiles pour bouquets. Plates-bandes. Semer au printemps, en pé-pinière, et mettre en place à l'au-tomne, ou diviser les vieilles touf-fes.

L. « *Chrysan-thème* » des lacs (*Ch. lacustre*). — Plus fort dans toutes ses parties, à très grandes fleurs, mais analogue à

Fig. 210. — Leucanthème des lacs.

l'espèce précédente comme port, emploi et culture.

L. « *Chrysanthème* » tardif (*Chrysanthemum serotinum.*) — Touffu comme un Aster et fleurissant à la même époque; ses fleurs sont semblables à celles de la

Marguerite des prés, et la plante se traite comme elle.

Lin (*Linum*). — Plantes rustiques, annuelles ou vivaces, de 25 à 35 centimètres de haut, à rameaux grêles, produisant en été de très nombreuses et jolies fleurs blanches, bleues, rouges, jaunes, etc., mais de très courte durée. Massifs, plates-bandes et bordures. Semer à l'automne ou de préférence au printemps, en place et très clair. On cultive surtout :

L. A GRANDES FLEURS (*L. grandiflorum*). — Annuel, à

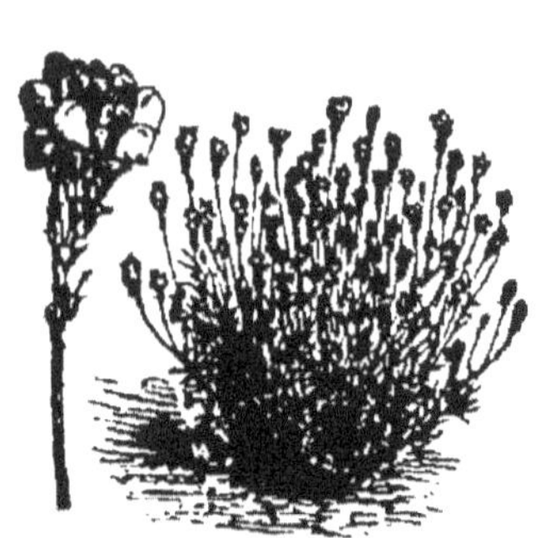

Fig. 211. — LINAIRE RÉTICULÉE.

Fig. 212. — LIN
A GRANDES FLEURS

grandes et nombreuses fleurs rouges; recommandable pour massifs.

L. VIVACE (*L. perenne*). — Vivace, à fleurs bleues ou blanches et formant de grosses et belles touffes.

L. CAMPANULÉ (*L. flavum*). — Vivace, très rameux. glauque et à fleurs jaune doré.

Linaire (*Linaria*). — Plantes presque toutes annuelles, touffues, rameuses, de 10 à 40 centimètres de haut, produisant en été de nombreuses fleurs, analogues pour la forme à celles des Mufliers, et réunies en petits épis dressés. Massifs, bordures, potées, etc. Semer à l'automne ou au printemps, en pépinière ou en place. On cultive surtout :

L. POURPRE (*L. bipartita*). — De 30 à 40 centimètres, à fleurs rose pourpré ou blanches.

L. DU MAROC (*L. maroccana*). — De 25 à 30 centimètres, à fleurs d'un beau violet ou roses.

L. RÉTICULÉE (*L. reticulata*). — A fleurs brun velouté et jaune d'or.

L. POINTILLÉE (*L. multipunctata*). — De 10 centimètres de haut, touffue, compacte, à nombreuses petites fleurs jaunes, toutes pointillées de brun.

L. CYMBALAIRE (*L. Cymbalaria*). — Vivace, très rustique, traînante, gazonnante, à petites fleurs solitaires, lilacées, peu voyantes. Rocailles, vieux murs et suspensions.

Lis (*Lilium*). — Beau genre de plantes bulbeuses, rustiques ou à peu près, à tige simple, de 50 centimètres à 1 m. 50, portant une ou plusieurs grandes fleurs blanches, roses, rouges, etc. et très odorantes.

Les Lis sont très nombreux en espèces, mais beaucoup sont délicats et ne persistent guère dans les jardins, même en les cultivant en pots ; quelques-uns seulement sont susceptibles d'y prospérer et s'y multiplier. Tous aiment les terres légères, bien saines, et redoutent surtout l'humidité stagnante.

Le Lis blanc (*L. candidum*) a un mode de végétation spécial, en ce qu'il est en repos en juin-juillet, époque pendant laquelle il faut le transplanter, puis il développe ses feuilles avant l'hiver et monte à fleur au printemps suivant.

Tous les autres restent en repos jusqu'au printemps ; il y a tout avantage à les planter de bonne heure, dès février-mars, et, si le sol est un peu frais, de mettre une poignée de sable autour du bulbe. Ceux-ci ne se conservent jamais au sec, quand il y a lieu de les tenir hors terre, il faut les couvrir de sable. Multiplication par séparation des jeunes bulbes et par les bulbilles qui se développent parfois sur la tige. Au nombre des plus employés pour la culture en pot et des plus rustiques pour l'ornement des plates-bandes citons :

L. MARTAGON. — A fleurs petites, violet rosé et à pétales retournés ; feuilles verticillées.

L. DES PYRÉNÉES (*L. pyrenaicum*). — A 2-4 petites fleurs jaunes, à pétales retournés ; tige forte, de 60 centimètres ; bulbe gros.

L. A FEUILLES LANCÉOLÉES (*L. speciosum*, *L. lancifolium*). — A 3-10 grandes fleurs étalées, longuement

Fig. 213. — LIS A FEUILLES LANCÉOLÉES.   Fig 214. — LIS DORÉ DU JAPON.

pédonculées, blanches, blanc rosé ou carminées, et à pétales retournés ; très cultivé en pots.

L. TIGRÉ (*L. tigrinum*). — A 2-6 fleurs écarlate orangé, ponctuées de noir, à pétales étroits et retournés ; tige portant souvent des bulbilles ; très beau, fréquemment cultivé en pot, et rustique avec couverture en hiver. Variété *double*.

L. BLANC (*L. candidum*). — A 3-15 grandes et belles fleurs blanc pur, en cloche, très odorantes, s'épanouissant en mai-juin ; tige de 1 mètre et plus ; le plus rustique et le plus répandu dans les jardins ; s'y multiplie rapidement. Variétés *rougeâtre, double, à feuilles panachées*.

L. DE HARRIS (*L. Harrisii*). — A 2-7 longues fleurs tubulées, étalées, blanc pur ; très précoce, supporte bien le forçage ; à cultiver en pot.

L. DORÉ DU JAPON (*L. auratum*). — A 3-10 fleurs très grandes, ouvertes, blanches, avec des ponctuations brunes et une bande jaune sur chaque pétale ; bulbe très gros ; un des plus beaux et des plus estimés pour la culture en pot ; mais les bulbes persistent peu d'années en culture.

L. ORANGÉ (*L. croceum*). — A 4-10 fleurs moyennes, en entonnoir, rouge orangé-safrané ; un des plus rustiques et prospérant bien en terrain sain.

L. BULBIFÈRE (*L. bulbiferum*). — Analogue au précédent et aussi rustique ; tige portant de nombreux bulbilles.

Lobelia ERINUS. — Annuel, de 10-15 centimètres de haut, très rameux, touffu, en boule, produisant pendant tout l'été d'innombrables et jolies petites fleurettes bleues, blanches ou roses, chez ses nombreuses variétés. Précieux et beaucoup employé pour former des bordures et des dessins. Semer de préférence à l'automne, en pépinière, en repiquant et hivernant les plants sous châssis, ou au printemps sur couche ; mettre en place en mai.

Parmi les plus jolies variétés citons : *L. E. Crystal-Palace*, étalé, à feuillage pourpre, et sa variété *erecta* ; *L. E. stricta multiflora*, bleu, en boule ; *L. E. erecta* blanc, *L. E. compacta kermesina*, rose foncé.

Les *L. fulgens*, *L. cardinalis*, *L. syphilitica*, sont de belles espèces vivaces, peu rustiques, dressées, de près de 1 mètre de haut, à grandes et belles fleurs rouges, roses, bleues, etc., chez les variétés hybrides. et réunies en longs et beaux épis terminaux ; les feuilles sont rouge foncé luisant dans la variété *Queen Victoria*. Isoler sur les pelouses et dans les plates-

Fig. 215. — LOBELIA ERINUS STRICTA MULTIFLORA.

Fig. 216. — LOBELIA CARDINALIS QUEEN VICTORIA.

bandes. Couvrir fortement de feuilles sèches pendant l'hiver, ou de préférence les hiverner sous châssis.

Lunaire ANNUELLE (*Lunaria biennis*). — Bisannuelle, dressée, rameuse supérieurement, de près de 1 mètre de haut, à fleurs violet purpurin ou blanches, en grappe lâche, se montrant en mai-juin, et auxquelles succèdent des capsules plates, dont la membrane interne est argenté luisant. On emploie beaucoup les branches fructifères pour la garniture perpétuelle des vases d'appartement, et les fleurs sont utiles pour bouquets. Plates-bandes et massifs. Semer de préférence en mai-juin, en place, pour fleurir l'année suivante.

Lupin (LUPINUS). — Plantes annuelles ou vivaces,

nombreuses, de taille variable; fleurs blanches, bleu pourpré ou jaunes, en épis terminaux, dressés. On les emploie pour orner les corbeilles, les plates-bandes, confectionner les bouquets, et le *L. polyphylle* pour former des touffes isolées. Tous refusent de croître dans les terrains calcaires; ils préfèrent les sols siliceux et n'ont presque pas besoin d'être arrosés. On les sème toujours en place,

Fig. 217. — Lupin polyphylle.   Fig. 218. — Lupin nain.

en avril-mai, et on éclaircit au besoin. Les plus beaux sont :

L. nain (*L. nanus*). — De 20 à 30 centimètres, à fleurs blanc et bleu, en longs et nombreux épis. Corbeilles, bouquets, etc.

L. jaune (*L. luteus*). — De 40 à 60 centimètres, à fleurs jaunes, très odorantes.

L. hybride de Cruikshanks (*L. Cruikshankii hybr.*). — De 1 mètre à 1 m. 50 de haut, rameux, à fleurs d'un joli bleu, puis partiellement blanches, et à la fin violacées, en très longs épis. Corbeilles et bouquets.

L. POLYPHYLLE. L. vivace (*L. polyphyllus*). — D'environ 1 mètre, à fleurs bleues ou bleu et blanc, très nombreuses et en longs épis. Recommandable pour isoler et pour grandes corbeilles.

Lychnis. — Plantes vivaces, rustiques, dont plusieurs sont cultivées sous les noms de COQUELOURDE

Fig. 219. — LYCHNIS DE HAAGE NAIN.

(Voy. ce nom). Les suivantes produisent en été de très jolis bouquets de fleurs rouges ou roses, très convenables pour bouquets et ornant admirablement les massifs et les plates-bandes. Aiment les terrains légers, sains et un peu frais. Semer en mai-juin, en pépinière, ou diviser les touffes des variétés doubles.

L. CROIX DE JÉRUSALEM (*L. chalcedonica*). — De 1 mètre de haut, à tiges simples, fortes et dressées, produisant en été des bouquets terminaux de belles fleurs rouge éclatant, à pétales en croix ; variétés blanche, rose chair, double rouge et double blanche.

L. VISQUEUSE (*L. viscaria*). —De 40 à 50 centimètres de haut, à fleurs rouge pourpré, formant plusieurs bouquets sur les tiges. On cultive surtout les variétés *doubles*. Plates-bandes.

L. DE HAAGE (*L. Haageana*). — De 40 à 50 centimètres de haut, à grandes fleurs rouge orangé, roses, blanches etc., en bouquets lâches et terminaux. Variété *naine*; recommandable pour massifs.

Maïs PANACHÉ (*Zea Mais var.*). — Variété de Maïs, haute de 1 m. à 1 m. 50, à feuilles nombreuses et fortement rubanées de blanc-jaunâtre. Très utile pour garnitures pittoresques, grands massifs et pour isoler sur les pelouses. Semer en petits pots, au printemps, sur couche.

Malope à TROIS LOBES (*Malopa trifida*). — Annuelle, très voisine de la *Lavatère*, dont elle diffère par des détails botaniques, par ses fleurs d'un rose plus purpurin plus foncé ou blanches. Mêmes traitement et emploi.

Matricaire Mandiane (*Matricaria Parthenium*). — Annuelle, parfois vivace, rustique, touffue, dressée, à odeur forte et à nombreuses fleurs blanches, *doubles* chez les variétés cultivées. Convient à l'ornement des corbeilles, plates-bandes, massifs, etc., et les fleurs forment de très jolis bouquets. Culture facile en tous terrains. Semer au printemps.

Fig. 220. — MATRICAIRE MANDIANE EXIMIA.

La var. *eximia* est très recommandable. — Le *Pyrèthre doré* est une variété de cette plante.

M. INODORE DOUBLE BLANC DE NEIGE (*M. inodora var.*).

— De 50 centimètres environ de haut, très ramifiée, étalée en tous sens, à fleurs excessivement nombreuses et se succédant pendant une partie de l'été. Culture et emploi de l'espèce précédente.

Millepertuis à GRANDES FLEURS (*Hypericum calycinum*). — Herbacé, vivace, rustique, à tiges simples, très nombreuses, touffues, de 30 centimètres de haut,

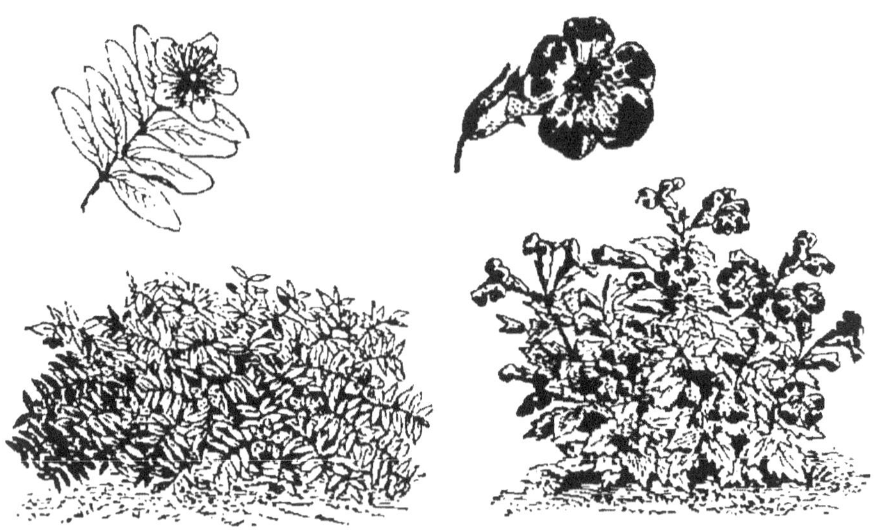

Fig. 221. — MILLEPERTUIS A GRANDES FLEURS.

Fig. 222. — MIMULUS CUIVRÉ HYBRIDE.

à feuilles persistantes, et produisant de juillet en septembre de grandes et nombreuses fleurs jaune vif. Propre à orner les endroits secs et surtout à former de larges bordures dans les bosquets. Tous terrains ; vient bien à l'ombre. Semis et division.

Mimulus CUIVRÉ HYBRIDE (*Mimulus cupreus var.*). — Annuel, de 20 à 30 cent., rameux, étalé ; en été, grandes et belles fleurs pourpre brunâtre ou à fond jaune, souvent fortement couvertes de taches et de ponctuations brun foncé, formant des dessins excessivement bizarres et variés. Aime les terrains légers, mais un peu frais, et prospère aussi bien à mi-ombre qu'au soleil. Massifs et bordures. Semer à l'automne ou au printemps, en pépinière, en recouvrant à peine les graines ; dans le premier cas, repiquer en godets et hiverner sous châssis.

M. MUSQUÉ. Musc. (*M. moschatus*). — Vivace, de 10 centimètres de haut, rameux, vert jaunâtre et velu, à petites fleurs jaunes. Exhale une très forte odeur de musc. Se cultive fréquemment en petits pots. Traitement du précédent.

Momordique à FEUILLE DE VIGNE (*Momordica charantia*). — Annuelle, grimpante à l'aide de vrilles, à feuilles découpées ; fleurs insignifiantes, mais à gros fruits verruqueux, orangé vif à la maturité et laissant alors voir des grains rouge vif. Treillages, berceaux. etc. Aime les endroits chauds. Semer au printemps, sur couche et mettre en place en mai.

Monarde ÉCARLATE (*Monarda didyma*). — Vivace et rustique, à tiges simples, de 60 à 80 centimètres de haut, produisant en juin-juillet un bouquet terminal de fleurs tubuleuses, rouge ponceau, blanches, roses, etc., chez ses variétés. Plates-bandes. Multiplication au printemps, par éclats ou division.

Montbretia CROCOSMAEFLORA. — Plante bulbeuse, traçante et rustique, à port de Glaïeul, dont les tiges, hautes de 60 à 80 centimètres, produisent de juillet en octobre plusieurs épis de fleurs lâches, étalées, rouge orangé, carminées, jaune vif, etc., chez ses variétés. On l'emploie beaucoup aujourd'hui pour former des touffes éparses dans les corbeilles, les plates-bandes ou pour isoler sur les pelouses. Les fleurs font le meilleur effet dans les bouquets. Planter les bulbes de préférence en novembre, en petits pots, hiverner ceux-ci sous châssis et mettre en place en mai. Multiplication par séparation des petits bulbes.

Morelle. — Voy. *Solanum*.

Muflier a grandes fleurs (*Antirrhinum majus*). — Vivace, bisannuel en culture, rustique, ramifié, dressé, produisant en été de longues grappes terminales de fleurs singulièrement conformées et de coloris excessivement variés. On cultive trois races : *grand*, de 50 à 80 centimètres de haut; *demi-nain*, et *nain* ou *Tom-pouce*, n'ayant qu'environ 20 centimètres. Tous sont des plus utiles pour orner les massifs, les

Fig. 223. — Montbretia crocosmæflora.

Fig. 224. — Muflier demi-nain.

plates-bandes, etc., les demi-nains surtout; les grands sont préférables pour la fleur à couper, et les nains conviennent à la formation des bordures. Aiment les terrains légers et fertiles, et supportent facilement la sécheresse. Semer en août; repiquer en pépinière abritée, et mettre en place avril; on bouture facilement les variétés d'élite.

Muguet de mai (*Convallaria majalis*). — Vivace, rustique, de 10 centimètres de haut, à rhizomes grêles et très traçants, produisant en avril-mai de petites grappes de fleurs blanches, en grelot et pendantes, à odeur très suave. Aime les terrains légers et prospère surtout à mi-ombre.

Les rhizomes ou bourgeons florifères cultivés sont beaucoup plus gros que ceux de nos bois ; ils supportent très facilement le forçage en botte ou mis par 5-8 dans des pots de 10 centimètres. Placés en appartement, près du jour et tenus bien humides, ils y fleurissent dès février. Les jeunes bourgeons de l'année ne fleurissent qu'au bout de deux ans. Multiplication

Fig. 225. — Muguet de mai.   Fig. 226. — Muscari chevelu.

à l'automne, par semis ou par séparation des drageons.

Muscari. — Petites plantes bulbeuses, rustiques, produisant au printemps des grappes de fleurettes bleues ou blanches, en grelot et pendantes. Bordures et potées. Planter les bulbes à l'automne, par cinq à six quand on les met en petits pots. On cultive les M. A GRAPPE (*M. botryoides*) et M. ODORANT (*M. moschatum*).

Le **M**. CHEVELU OU MONSTRUEUX est une curieuse variété du *M. comosum*, dans laquelle les fleurs sont toutes transformées en longs pédicelles violet luisant, qui forment une grosse grappe chevelue, très décorative.

Myosotis DES ALPES (*Myosotis alpestris*). — Bisannuel en culture, rustique, de 20 à 30 centimètres de haut, produisant de mars en mai de nombreuses grappes de petites fleurettes blanches, bleues ou roses, chez ses variétés, dont plusieurs sont *naines*. Se cultive beaucoup pour orner, avec les Pensées, Silènes etc., les massifs au premier printemps, ou former de très jolies bordures. Semer en juillet-août, en pépinière, repiquer, puis mettre en place en novembre ou en février-mars, à 25-30 centimètres en tous sens. Les

Fig. 227. — MYOSOTIS DES ALPES ELEGANTISSIMA.

races *naine et elegantissima*, sont très recommandables.

On cultive encore fréquemment, de la même manière et pour les mêmes usages, les M. A GRANDES FLEURS (*M. azorica*), et le M. DES MARAIS (*M. palustris*) (Ne m'oubliez pas), lequel demande un sol au moins très humide, car il est aquatique et sert aussi à orner les pièces d'eau.

Narcisse (*Narcissus*). — Jolies plantes bulbeuses, nombreuses en espèces, presque toutes rustiques, à feuilles longues et épaisses, produisant au printemps une tige de 15 à 25 centimètres, portant le plus souvent une seule mais grande fleur jaune ou blanche, simple ou double. Ils forment des touffes dans les plates-bandes, de jolies bordures ou des potées pour orner les appartements. Aiment les terrains légers et sains. Planter les bulbes à l'automne, comme les Jacinthes, ceux-ci peuvent rester plusieurs années en place. Multiplication par séparation des caïeux ou jeunes bulbes. Les plus beaux et les plus cultivés sont :

N. Jaune. Coucou, Porillon, etc. (*N. pseudo-Narcissus*). — Commun dans les prés, très précoce, à fleur solitaire, jaune pâle, dont la couronne est aussi

Fig. 228. — Narcisses, bouquet varié.

longue que les divisions. Les variétés sont excessivement nombreuses; celle à *fleur double* est très répandue.

N. incomparable (*N. incomparabilis*). — A fleur solitaire, jaune ou blanche chez certaines de ses nombreuses variétés, et dont la couronne n'atteint que le milieu des divisions. Les variétés *doubles* produisent une grosse fleur blanc et jaune, ou jaune clair et foncé, excessivement belle.

N. ODORANT. Campernelle ou Grande Jonquille (*N. odorus*). — A tige portant 2-8 fleurs jaunes, odorantes, assez semblables à celles du précédent. Variété *double*.

N. JONQUILLE (*N. Jonquilla*). — A feuilles et tige arrondie, celle-ci portant 3-5 petites fleurs jaune foncé, fortement et finement parfumées. Variété *double*.

N. DES POÈTES (*N. poeticus*). — A fleur solitaire, blanche, odorante, avec une très petite couronne rougeâtre, ne s'épanouissant qu'en mai. Très utile pour bouquets. Variété *double*.

N. DE CONSTANTINOPLE. N. à bouquet (*N. Tazetta*). — A tige portant plusieurs petites fleurs jaunes, jaune et blanc ou blanc pur, simples ou doubles, très odorantes et beaucoup employées pour bouquets ; la variété simple blanc pur (*N. totus albus*) surtout : c'est elle qu'on vend en grande quantité pendant tout l'hiver ; elle vient du Midi. N'est pas rustique chez nous ; cultiver en potées et sous châssis.

Némophile (*Nemophila*). — Plantes annuelles, de 15 à 20 centimètres de haut, ramifiées, touffues, à végétation rapide et produisant de nombreuses et jolies petites fleurettes. S'emploient beaucoup pour former des bordures, des gazons fleuris, et même orner entièrement les massifs. Semer en septembre ou de mars en juillet, en place, mais très clair.

On cultive surtout : *N. insignis*, à fleurs bleu tendre ou blanches ; *N. punctata*, et ses variétés ponctuées et à disque noir ; *N. maculata*, à pétales portant chacun une tache foncée au sommet.

Nierembergia. — Vivaces en serre, de 20 à 30 centimètres de haut, rameux, touffus, produisant tout l'été de nombreuses petites fleurs blanc lilacé. S'emploient avec avantage pour former des bordures, orner les corbeilles, etc. Semer au printemps, sur couche, repiquer en petits pots, puis mettre en place en mai. On cultive les *N. frutescens* et *N. gracilis*.

Fig. 229. — NEMOPHILA INSIGNIS. Fig. 230. — NIEREMBERGIA GRACILIS.

Nigelle (*Nigella*). — Plantes annuelles, rustiques, dressées, rameuses, fleurissant au printemps et très propres à orner les massifs, les plates-bandes, etc. Semer en place en mars-avril, et éclaircir assez fortement. On cultive :

N. DE DAMAS. Cheveux de Vénus, Patte d'araignée (*N. damascena*). — De 50 centimètres de haut, à fleurs bleues ou blanches, simples ou doubles, entourées d'une collerette verte et très finement découpée. Variété *naine*, de 30 centimètres, très recommandable.

N. D'ESPAGNE (*N. hispanica*). — De même taille, à

fleurs bleues, blanches ou pourpres, sans collerette.

Œillet DES FLEURISTES (*Dianthus caryophyllus*). — Espèce vivace, la plus importante du genre, ayant produit par suite de fort longue culture et de sélections, d'innombrables variétés toutes doubles, de coloris excessivement variés et qu'on a groupées en plusieurs races. Ces Œillets forment d'admirables

Fig. 231. — NIGELLE DE DAMAS NAINE DOUBLE.

massifs, des touffes dans les plates-bandes ; on les élève aussi fréquemment en pots, et leurs fleurs, fort belles et très odorantes, sont recherchées pour bouquets.

Quoique rustique, l'Œillet des fleuristes souffre de l'humidité et de la neige sous notre climat, on est obligé d'hiverner sous châssis les variétés d'élite. Il aime les terre très saines, légères, fertiles et le plein soleil. La plante se déforme ordinairement après la première floraison, ce qui oblige le plus souvent à la renouveler. Trois procédés sont employés à cet effet :

1° Le *semis*, que l'on fait à la fin du printemps, en pépinière ; on hiverne les plantes sous châssis froid et on les met en place au printemps suivant ; au moment de la floraison, on élimine tous les pieds simples, lesquels sont toujours assez nombreux.

2° Le *bouturage*, qu'on emploie parfois pour les variétés d'élite ; les boutures se font en juin-juillet, sous cloches ou sous châssis ; la reprise est parfois assez difficile.

3° Le *marcottage*, qu'on adopte le plus généralement pour toutes les variétés de collection ; on pratique la marcotte par incision avec talon (Voy. fig. 9), en juillet ; six semaines après, l'enracinement doit être effectué ; on sèvre alors les marcottes, on les empote et on les hiverne sous châssis.

Les principales races sont :

Œ. *flammand*, à grosses fleurs bien faites, rayées de diverses couleurs et à pétales entiers ; ce sont les plus estimés des amateurs.

Œ. *de fantaisie*, à fleurs plus ou moins piquetées, surtout sur les bords, et frangées.

Œ. *remontant*, caractérisé surtout par sa floraison prolongée ; c'est de cette race qu'est sorti l'Œ. *remontant à tige de fer*, qu'on cultive beaucoup aujourd'hui pour la floraison hivernale en serre.

Œ. *Marguerite*, cultivé comme annuel à cause de sa végétation très rapide, qui lui permet de fleurir dès la première année, quand on effectue le semis de très bonne heure, sur couche ; résiste du reste très mal aux froids. Variété à *tige de fer*, naine.

Œ. Mignardise (*D. plumarius*). — Vivace, rustique, de 20 à 30 centimètres, formant de larges touffes feuillues et produisant de nombreuses fleurs *doubles*, chez les variétés cultivées, de diverses couleurs, très odorantes, moyennes et à pétales fortement frangés. S'emploie beaucoup pour former des bordures durables et ses fleurs sont précieuses pour bouquets. Multiplication par semis et plus souvent par boutures ou par division des touffes, pour les variétés doubles, dont quelques-unes sont très répandues.

Fig. 232. — ŒILLET DES FLEURISTES DOUBLE.

Fig. 233. — ŒILLET MIGNARDISE.

Œ. FLON (*D. semperflorens*). — Plante vivace et rustique, qu'on croit hybride, et tenant le milieu entre l'Œ. des fleuristes et le suivant ; produit tout l'été de jolies petites fleurs doubles, peu odorantes, blanches, roses, rouges, etc. Très convenable pour orner les corbeilles, former des bordures et confectionner les bouquets. Multiplication facile en automne, par éclats ou division.

Œ. DE CHINE (*D. chinensis*). — Annuel ou bisannuel, excessivement variable dans son port, dans la forme et les nombreux coloris de ses fleurs, ayant produit plusieurs races, simples ou doubles, bien distinctes. C'est une des meilleures plantes pour orner les corbeilles, les plates-bandes, etc., pendant l'été, et qu'on emploie aussi fréquemment pour bouquets. Aime les terres fertiles et meubles et de copieux arrosements pendant la sécheresse. Semer à l'automne, en protégeant les plantes pendant l'hiver, ou au printemps, sur

Fig. 234. — Œillet Flon.

Fig. 235. — Œillet
de Chine double.

couche, et mettre en place en avril-mai, à 25-30 centimètres en tous sens. Les plus cultivés, sont :

Œ. *de Ch. double*, de 25 à 30 centimètres et de coloris très variés.

Œ. *de Ch. double nain*, de 20 centimètres ou seulement 10 à 15 chez la race *très naine*.

Œ. *de Ch. de Heddewig, simple* et *double*, présentant des panachures parfois très bizarres, comme aussi l'*Œ. de Ch. Reine de l'Orient*.

Œ. *de Ch. lacinié*, à fleurs simples, très grandes, profondément dentelées, richement et diversement colorées.

Œ. DE POÈTE (*D. barbatus*). — Vivace et rustique,

très distinct par ses petites fleurs simples ou doubles, réunies en larges bouquets terminaux, atteignant 40 centimètres, et moins chez sa race *naine*. Les coloris sont excessivement variés et très élégants, surtout chez les simples, qui sont en conséquence plus recherchés. L'Œ. de poète orne très bien les massifs et les plates-bandes, et ses fleurs sont si faciles à mettre en bouquet qu'elles lui ont valu le nom de *Bouquet tout fait*. Renouveler les plantes après la première floraison, parce qu'elles se déforment. Semer en mai-juin; repiquer en pépinière et mettre en place à l'automne ou au printemps.

Fig. 236. — ŒILLET DE POÈTE.

ŒILLET D'INDE. — Voy. *Tagète*.

Ornithogale PYRAMIDALE (*Ornithogalum pyramidale*). — Bulbeuse, rustique, à petites fleurs blanches, en long épi terminal, à tige de 50 à 60 centimètres, se montrant en juin juillet, quand les feuilles sont desséchées. Peut former des touffes dans les plates-bandes. Planter les bulbes à l'automne, en terrain sain.

O. D'ARABIE (*O. arabicum*). — Peu rustique, mais à fleurs très grandes, blanc pur, à cœur noir, formant un large bouquet terminal, à tige de 30 à 40 centimètres de haut et se montrant en avril-mai. Cultiver de préférence en pots; planter les gros bulbes à l'automne et hiverner sous châssis. Fleurit bien sur carafe, traité comme les *Jacinthes*.

Oxalis. — Petites plantes rustiques ou à peu près, annuelles ou vivaces, à racines tuberculeuses ou fibreuses, et à fleurs jaunes, roses, pourpres, etc., Bordures, gazons fleuris, potées, etc. Semer les espèces annuelles, telles que les suivantes, à l'automne, en pépinière, sous châssis, ou bien au printemps et alors en place, très clair.

O. CORNICULATA PURPUREA. — Annuel en culture, à

Fig. 237. — ORNITHOGALE D'ARABIE.   Fig. 238. — OXALIS FLORIBUNDA.

petites fleurettes jaunes, insignifiantes, et à feuillage pourpre foncé. Propre à former des bordures, des tapis, etc.

O. ROSE (*O. rosea*). — Annuel, de 20 centimètres, touffu, vert gai, à jolies et nombreuses petites fleurs d'un beau rose et se succédant tout l'été.

O. FLORIBUNDA. — Vivace, de 30 centimètres, touffu à fleurs très nombreuses, rose tendre, se succédant tout l'été ; variété à fleurs *blanches*.

O. VALDIVIANA. — Annuel en culture, de 20 centimètres, à fleurs jaunes, en bouquets longuement pédonculés.

Pancratium. — Intéressantes plantes à gros bulbe, produisant en été un bouquet de grandes fleurs blanches, odorantes, à long tube et excessivement élégantes. Planter en automne, très profond, et les laisser en place. Le *P. d'Illyrie* est plus rustique et préférable, pour notre climat, au *P. maritime*.

Pâquerette (*Bellis perennis*). — Très naine, vivace et rustique, produisant de mars-mai de nombreuses fleurs *doubles*, blanches, rouges ou roses, en forme

Fig. 239. — Pancratium d'Illyrie.   Fig. 240. — Pâquerette
double.

de Marguerite, et dont les pétales sont *tuyautés* dans une race de ce nom, qui est la plus parfaite. S'emploie beaucoup pour former de très jolies bordures. Semer en juillet-août, en pépinière, repiquer, puis mettre en place à l'automne ou au printemps, en motte, en supprimant alors tous les pieds à fleurs simples ou imparfaites. On a fréquemment recours à la division des fortes touffes.

Pavot des jardins (*Papaver somniferum*). — Annuel, dressé, rustique, peu rameux, de 80 centimètres, et moins chez les races *naines*, produisant en juin-juil-

let de très grosses fleurs bien doubles, de coloris très
voyants et variés, mais durant malheureusement
fort peu. Très recommandable pour orner les grands
massifs. Semer de préférence à l'automne, en place,
ou en février-mars, et éclaircir fortement.

P. Coquelicot (*P. Rhæas*). — Annuel, touffu, étalé-
dressé, de 50 centimètres environ; produisant de
mai en juillet de nombreuses fleurs plus ou moins
doubles, de nuances très variées, de peu de durée,

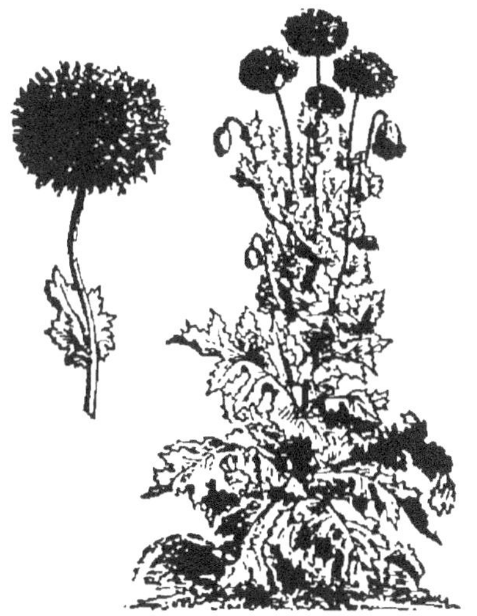

Fig. 241. — Pavot somnifère
double.

Fig. 242. — Pavot-
Coquelicot double.

mais se renouvelant sans cesse. Forme de très jolies
corbeilles. Semer à l'automne ou dès février-mars,
en place et clair.

On cultive encore, et de la même manière, plusieurs
autres jolis Pavots annuels, à port de Coquelicot,
simples ou doubles, notamment les *P. umbrosum*,
P. Tulipe (*P. glaucum*), **P. Danebrog**, etc., tous à fond
rouge et parfois maculés.

P. vivace a bractées (*P. bracteatum*). — Vivace et
rustique, formant de grosses et belles touffes feuil-

lues, desquelles sortent en mai-juin de fortes tiges dressées, de 1 mètre et plus de haut, produisant une immense fleur simple, rouge très vif. Isoler sur les pelouses. Semer en mai-juin, en pépinière, repiquer et mettre en place à l'automne, ou bouturer les racines.

Le **P.** DE TOURNEFORT (*P. bracteatum*) s'en distingue par ses fleurs d'un rouge plus clair et dépourvues de bractées. Mêmes usage et traitement.

P. SAFRANÉ (*P. cambricum*). — Petite espèce vivace, à feuillage touffu, dont les fleurs, très longuement pédonculées, sont jaune plus ou moins vif, orangées, simples ou doubles, chez ses variétés. Plates-bandes

Fig. 243. — PAVOT VIVACE
A BRACTÉES.

Fig. 244. — PÉLARGONIUMS
ZONALE ET INQUINANS.

et rocailles. Semer en automne ou au printemps, en place ou en pépinière.

Pélargonium. — Plantes vivaces, de serre froide, à branches ramifiées, charnues, à feuilles arrondies, souvent zonées de brun ou panachées de diverses couleurs, et produisant pendant tout l'été de grosses ombelles de fleurs rouges, blanches, roses, etc., simples ou doubles, selon les variétés. Celles-ci sont aujourd'hui excessivement nombreuses et descendent principalement des *P. zonale* et *P. inquinans*.

Ces plantes, qu'on nomme familièrement, mais à tort, *Géraniums*, sont des plus estimées, tant pour la culture en pleine terre que pour celle en pots. Les simples sont préférables aux doubles pour l'ornement des massifs et des plates-bandes.

Les Pélargoniums aiment les terrains sains, meubles et très fertiles. Bien qu'ils puissent vivre pendant de très longues années, on ne conserve souvent pour l'année suivante que de jeunes boutures faites en août-septembre. Celles-ci s'enracinent facilement dans du sable et sous un châssis froid, ou même au nord d'un mur ; on les empote ensuite dans des godets. Les hiverner sous châssis froid ou en serre, leur donner le plus d'air et de lumière possible et n'arroser que très modérément. La mise en pleine terre ne peut s'effectuer qu'au commencement de mai ; on ménage environ 30 centimètres d'espacement entre les plantes. Il est utile de pailler le sol pour le tenir frais et d'enlever par la suite les fleurs fanées. Voici quelques-unes des plus belles variétés :

Amédée Achard, simple, rouge.

Bijou, à feuilles panachées de blanc ; fleurs simples, rouges.

Duchesse des Cars, simple, blanc.

Jules Grévy, simple, rose.

Mme Oddos, simple, rose saumoné.

Mme Sallerons, à feuilles bordées de blanc ; nain, touffu et ne fleurissant presque pas.

Mistress Pollock, à feuilles zonées de jaune, de vert et de rose ; fleurs simples, *rouges*.

Paul Louis Courier, simple, rouge ; très grandes ombelles.

Mme Thibaut, semi-double, rose.

Raspail, double, rouge et demi nain.

Souvenir de Carpeaux, semi-double, rouge.

P. A FEUILLES DE LIERRE (*P. lateripes*). — Très diffé-rent du précédent par ses ti-ges allongées, faibles, déje-tées, à feuilles épaisses, an-guleuses, et à fleurs en om-belles beaucoup plus grêles. Se cultive surtout dans des vases suspendus, mais on peut aussi avantageusement en or-ner les massifs. Demande aussi un peu plus de chaleur en hiver et se multiplie de

Fig. 245. — PÉLARGONIUM A FEUILLES DE LIERRE, en suspension.

la même manière. Voici quelques-unes des plus belles variétés :

Albert Crousse, double, carmin vif.

Album grandiflorum, simple, blanc.

Émile Lemoine, double, rouge-capucine.

Jeanne d'Arc, double, blanc pur.

A feuilles panachées, très décoratif.

P. ROSAT (*P. capitatum*). — Espèce dressée, grêle, à feuilles fortement dentées, velues, exhalant une forte odeur de rose, surtout lorsqu'on les froisse ; fleurs petites, rougeâtres, presque insignifiantes. Surtout estimé à cause de son parfum et souvent cultivé en pots. Traitement des précédents.

Pennisetum A LONG STYLE (*P. longistylum*). — Jolie Graminée annuelle en culture, de 60 centimètres, produisant de gros épis plumeux, légers, faisant le meilleur effet dans les bouquets frais ou secs. Semer au printemps, sous châssis.

Pensée (*Viola tricolor var.*). — Très jolie plante bisannuelle en culture, naine, rustique, dont les fleurs, plates et grandes, sont aujourd'hui parées de coloris aussi riches que variés. On l'emploie beaucoup pour faire des bordures et orner les massifs au

Fig. 246. — Pensée a grandes macules.   Fig. 247. — Pensée a grandes fleurs.

printemps, concurremment avec les Myosotis, Silènes, etc.

Les races et variétés en sont assez nombreuses et diffèrent surtout entre elles par la disposition des couleurs de leurs fleurs. Les plus estimées sont : *P. à grandes macules*, présentant un masque ou large tache foncée couvrant tout le centre de la fleur ; la *P. Bugnot* en est un choix d'élite ; puis viennent les *P. à grandes fleurs*, très larges, à centre souvent jaune ; *P. demi-deuil*, moitié blanche et moitié violet foncé ; *P. panachée*, curieusement rayée de teintes sombres sur fond clair ; et enfin une série de variétés *unicolores*, un peu petites, mais très florifères.

La Pensée aime les terrains meubles, fertiles et frais. On la sème de préférence en juillet-août, dans un endroit un peu frais et ombragé (la levée est un peu capricieuse, surtout quand les graines sont très fraîches); on repique les plants en pépinière, puis on les met en place et en motte à l'automne, ou de préférence au printemps, parce qu'il est alors plus facile de protéger les plants pendant les grands froids. En mettant quelques pieds en pots et sous châssis, on obtient la floraison pendant l'hiver, et si on sème la Pensée de bonne heure. elle fleurit dès l'automne, mais les fleurs sont alors bien moins belles.

Pentstemon. — Plantes vivaces, rustiques, dressées, à belles fleurs tubuleuses. en épis terminaux.

Fig. 248. — Pentstemon
hybride.

Fig. 249. — Perce-neige.

propres à orner les massifs, les plates-bandes, à confectionner les bouquets, etc.

La race *hybride*, issue surtout du *P. gentianoides*, est la plus décorative ; ses fleurs sont très nombreuses, grandes, et forment de longues grappes ramifiées, terminales, de coloris très variés, se succédant depuis juillet jusqu'en automne. Semer en pépinière, en juillet-août, repiquer en petits pots, hiverner sous châssis et mettre en place en mai, à 40 ou 50 centimètres de distance ; on peut aussi faire des boutures en juillet-août, sous cloches.

On cultive encore de la même manière les *P. heterophyllus*, à fleurs bleu franc, *P. Murrayanus*, *P. puniceus*, rouge vif, *P. pubescens*, etc.

Perce-neige. GALANTINE (*Galanthus nivalis*). — Petite plante bulbeuse, rustique, de 10 centimètres, produisant en février des fleurettes blanches, pédonculées, pendantes, estimées pour leur précocité et utiles pour petits bouquets. Se force facilement. Aime les endroits frais et ombragés. Bosquets, plates-bandes, potées, etc. Planter les bulbes en octobre-novembre. Variété à *fleurs doubles*.

Perilla DE NANKIN (*P. nankinensis*). — Annuel, de 50 à 80 centimètres, rameux, dressé, à odeur forte, et pourpre brunâtre foncé dans toutes ses parties. S'emploie fréquemment pour orner partiellement les grands massifs, les plates-bandes ou le bord des bosquets. Semer au printemps, sous châssis, repiquer en pépinière et mettre en place en avril-mai. Variétés à *feuilles cloquées* et à *feuilles laciniées*.

Pervenche (*l'inca*). — Vivaces, rustiques, à tiges herbacées, mais persistantes ainsi que leurs feuilles, étalées, traînantes et produisant en mai-juin de jolies fleurs bleues, blanches, rouges, etc., un peu en clochette. Les P. GRANDE (*V. major*), P. PETITE (*Vinca minor*) et leurs variétés *doubles*, ainsi que celle *panachée* de cette dernière, sont d'excellentes plantes pour tapisser les sous-bois et les endroits ombragés, ou y former de larges bordures à la façon du Lierre. Multiplication facile au printemps, par séparation des tiges enracinées.

La **P.** DE MADAGASCAR (*V. rosea*) est une fort belle espèce annuelle, touffue, produisant tout l'été de nombreuses fleurs roses ou blanches et se cultivant

Fig. 250. — PERILLA DE NANKIN.

Fig. 251. — PERVENCHE DE MADAGASCAR.

plus particulièrement en pot. parce qu'il lui faut beaucoup de chaleur. On peut cependant en orner les corbeilles bien exposées. On la sème au printemps, sur couche.

Pétunia HYBRIDE. — Plante annuelle ou vivace en serre, issue, par voie de sélections et fécondations, des *P. nyctaginiflora*, *P. violacea*, etc., comptant aujourd'hui plusieurs races excessivement variées de coloris et des plus appréciées pour l'ornement estival des corbeilles, des plates-bandes, etc.; certaines variétés à très grandes fleurs sont aussi fréquemment cultivées en pots, pour orner les terrasses, les vérandas, etc. Semer de préférence au printemps, sous châssis, repiquer en pépinière, puis mettre en place en avril-mai, de préférence avec une petite motte, à 40-50 centimètres en tous sens.

On distingue les P. GLOIRE DE SEGREZ, à petites fleurs évasées, d'un rose très frais; P. HYBRIDE PANACHÉ, à fleurs moyennes, mais très nombreuses et élégam-

Fig. 252. — PÉTUNIA HYBRIDE PANACHÉ.

Fig. 253. — PÉTUNIA HYBRIDE DOUBLE.

ment rayées d'une teinte différente; P. H. A GRANDES FLEURS PANACHÉES; P. H. A LARGE GORGE (*superbissima*), celle-ci est très ouverte, blanche et striée; P. H. A FLEURS FRANGÉES-MACULÉES; P. H. DOUBLES. P. H. DOUBLES A GRANDES FLEURS FRANGÉES-MACULÉES, etc.

Phacelia CAMPANULARIA. — Annuel, de 25 centimètres de haut, dressé, touffu, à fleurs bleu foncé, très nombreuses et se succédant de juin en septembre. Massifs et bordures. Semer en place, en avril-mai, et éclaircir au besoin.

On cultive aussi les *Ph. congesta* et *Ph. bipinnatifida*; ce dernier souvent comme plante mellifère.

Phalangère (*Phalangium*). — Plantes vivaces, rustiques, à racines fasciculées, charnues, à feuilles longues et étroites et à fleurs blanches, petites et étoilées, ou assez grandes, se montrant en été, en grappe simple ou rameuse et pédonculée. Forment de jolies touffes dans les plates-bandes. Aiment une terre légère et le plein soleil. Multiplication facile par division. On cultive :

Ph. FLEUR DE LIS (*Ph. Liliago*). — A fleurs assez grandes, en grappe simple, de 50 centimètres de haut.

Ph. RAMEUSE (*Ph. ramosum*). — A fleurs petites, étoilées, nombreuses, en grappe

Fig. 254. — PHALANGÈRE FAUX-LIS.

rameuse, de 60 à 80 centimètres de haut.

Ph. FAUX-LIS (*Ph. « Paradisia » liliastrum*). — A 4-6 grandes fleurs en entonnoir et étalées, se montrant en mai-juin.

Phalaris ARUNDINACEA PICTA. Ruban de bergère, Chiendent panaché. — Vivace et rustique, traçant, touffu, de 30 à 40 centimètres de haut, à feuillage élégamment et fortement rubané de blanc rosé, puis jaunâtre. Croît à toute exposition et convient particulièrement à la formation des bordures. Aime surtout les terrains frais. Diviser au printemps.

Phlox DE DRUMMOND (*Phlox Drummondii*). — Annuel, rameux, étalé-dressé, de 30 à 50 centimètres de haut, à jolies fleurs très ouvertes, en nombreux petits bouquets et de coloris très variés.

Il existe des *Ph. de Dr. à grandes fleurs, nain, panaché, cuspidé*, ce dernier à cinq pointes simulant une étoile. On les emploie beaucoup pour bordures, massifs et même pour bouquets. Aiment les terrains meubles, frais et fertiles. Semer de préférence en août-septembre et hiverner les plants sous châssis, ou en mars-avril, sur couche, et même en mai, en place

Fig. 255. — Phlox de Drummond a grande fleur, bouquet varié.

Fig. 256. — Phlox vivace, bouquet varié.

mais très clair; les pincements les rendent plus rameux et touffus.

Ph. vivace hybride. — Issu du croisement de plusieurs espèces, rustique, formant de grosses touffes, à tiges simples, fortes et dressées, d'environ 1 mètre de haut, produisant en juillet-septembre de gros bouquets de fleurs très variées de coloris, faisant beaucoup d'effet, et des plus convenables pour l'ornement des jardins et la confection des bouquets. Diviser les touffes ou semer les graines, de préférence dès leur maturité.

Phormìum tenax. — Vivace, peu délicat, de 1 mètre

à 1 m. 50 de haut, à feuilles longues et coriaces, disposées en éventail. Recommandable pour isoler sur les pelouses pendant l'été, mais il faut le mettre à l'abri des gelées pendant l'hiver. A cultiver de préférence en caisse ou en grand pot. Variété à *feuilles panachées.*

Pied-d'alouette (*Delphinium*). — Plantes rustiques, annuelles ou vivaces, à port très variable et des plus

Fig. 257. — Pied-d'alouette
des jardins double.

Fig. 258. — Pied-
d'alouette élevé hybride.

utiles pour l'ornement des corbeilles, des platesbandes, la confection des bouquets, etc. Leur multiplication s'effectue de bonne heure au printemps, par semis en place pour les espèces annuelles, et par semis, division ou éclats pour les espèces vivaces. On cultive surtout :

P. des jardins (*D. Ajacis*). — Annuel, à tige presque simple, de 80 centimètres à 1 mètre de haut, terminée par une longue grappe de fleurs très variées de coloris et le plus souvent doubles. Variété *naine*, de 50 centimètres de haut. Massifs et bouquets.

P. des blés double (*D. consolida var*). — Annuel

ramifié, étalé-dressé, à fleurs également de coloris très variés, doubles et formant des grappes plus courtes et plus lâches. Très recommandable pour massifs. Variétés *naine* et *impérial*.

P. ÉLEVÉ HYBRIDE (*D. elatum*, *D. hybridum*). — Vivace, rustique et des plus décoratifs; à tiges peu nombreuses, fortes, droites, un peu ramifiées supérieurement, de 80 centimètres à 1 mètre de haut; en été, longs et beaux épis de fleurs de diverses nuances de bleu; très utiles pour la confection des gerbes de fleurs. Fait le meilleur effet dans les plates-bandes. Variété à *fleurs doubles*.

P. DE LA CHINE (*D. grandiflorum*). — Analogue au précédent, mais n'ayant que 50 à 60 centimètres de haut et à fleurs plus grandes, plus ouvertes et également bleues, mais souvent de nuance plus tendre.

Les **P.** DU CASHMIR (*D. cashmirianum*), à fleurs bleues ou blanches; **P.** A TIGES NUES (*D. nudicaule*) et **P.** ÉCARLATE (*D. cardinale*), tous deux à fleurs rouges, et plusieurs autres sont bien moins cultivés que les précédents.

PIGAMON. — Voy. *Thalictrum*.

Pivoine HERBACÉE (*Pæonia officinalis*, *P. sinensis*, etc.) — Plantes vivaces et rustiques, à souche formée de racines charnues, touffues, feuillues, de 60 à 80 centimètres de haut, produi-

Fig. 259. — PIVOINE HERBACÉE, DOUBLE.

sant en avril-mai de très grandes et belles fleurs simples, semi-doubles ou pleines et de nuances variées, utiles pour orner les grands vases d'appartement. Plates-bandes; isoler sur les pelouses, etc. Prospère presque partout. Multiplication par semis, et par division, surtout pour les nombreuses variétés horticoles. Les *P. officinalis*, *P. tenuifolia*, *P. corallina* et *P. sinensis* sont les plus importantes du groupe.

Pois DE SENTEUR (*Lathyrus odoratus*). — Annuel, grimpant à l'aide de vrilles, de 1 mètre environ de haut, à jolies fleurs roses, rouges, blanches, violettes, etc., très odorantes et se montrant en mai-juin.

Fig. 260. — POIS DE SENTEUR.

Treillages, balcons, berceaux, etc. Semer en mars, en place.

P. VIVACE (*L. latifolius*). — Analogue au précédent, mais plus élevé, plus vigoureux et plus fort, à fleurs plus grandes, en plus grand nombre sur les grappes, plus tardives et inodores. Mêmes emploi et culture.

Polémoine BLEUE (*Polemonium cæruleum*). — Belle plante vivace, bisannuelle en culture, rustique, touffue, de 50 centimètres de haut, à tiges dressées, portant au sommet des bouquets de fleurs bleues, se montrant en juin-juillet. Massifs et plates-bandes.

Fig. 261. — POLÉMOINE BLEUE.

Fig. 262. — POURPIER A GRANDES FLEURS.

Semer au printemps, en pépinière, et mettre en place à l'automne, à 40-50 centimètres de distance. Variétés *blanche* et *naine*.

Potentille ROUGE (*Potentilla atrosanguinea*). — Vivace et rustique, à tiges de 50 centimètres environ de haut, produisant en juillet-septembre de nombreuses fleurs rouge sang. Massifs et plates-bandes. Semer en avril-mai, en pépinière, repiquer, puis mettre en place à l'automne. Variété à fleurs *semi-doubles*, plus décorative. Plusieurs autres espèces de Potentilles sont cultivées dans les jardins.

Pourpier A GRANDES FLEURS (*Portulaca grandiflora*). — Annuel, à feuilles et tiges charnues, étalées, gazonnantes, produisant en été de nombreuses petites fleurs blanches, rouges, jaunes, *simples* ou *doubles*, selon les variétés, et ne s'épanouissant qu'en plein soleil. Aime les terres légères et sèches, et sert à former des bordures, des tapis, etc. Semer au printemps, en pépinière ou en place, mais très clair et recouvrir très légèrement les graines.

Primevère (*Primula*). — Un certain nombre d'espèces, notamment la *P. de Chine*, sont des plantes de serre froide dont nous ne pouvons nous occuper ici, mais beaucoup d'autres prospèrent en pleine terre ; de celles-ci nous ne parlerons encore que des plus répandues ; ce sont :

P. AURICULE (*P. Auricula*). — Vivace, demi-rustique, à feuilles larges, épaisses et poudreuses, produisant de

Fig. 263. — PRIMEVÈRE AURICULE.

Fig. 264. — PRIMEVÈRE DES JARDINS.

mars en mai et parfois à l'automne, de larges ombelles de fleurs présentant souvent plusieurs couleurs disposées en cercles concentriques ; il en existe aussi de *doubles*. L'Auricule est délicate ; elle aime la terre de bruyère, la mi-ombre, craint l'humidité, la sécheresse, et a besoin d'être hivernée sous châssis ; dans le nord, on la cultive fréquemment sur les fenêtres. Multiplication par semis et par séparation des rejets.

P. A GRANDES FLEURS OU P. ACAULE (*P. grandiflora*,

P. acaulis). Vivace et rustique, à pédoncules de 8 à 10 centimètres, portant une seule fleur, parfois double et alors formée de deux corolles emboîtées; coloris assez nombreux; fleurit en février-mars. Convient à la formation des bordures. Multiplication par semis ou de préférence par division des pieds à l'automne.

P. DES JARDINS (*P. elatior*, *P. variabilis*.) — Diffère surtout de la précédente par ses fleurs réunies en ombelle au sommet d'une tige commune, de 10 à 20 centimètres, de haut. Mêmes traitement et emploi.

P. DU JAPON (*P. japonica*). — Vivace, demi-rustique, à fleurs de diverses couleurs, réunies en assez grand

Fig. 265. — PYRÈTHRE DORÉ.

Fig. 266. — PYRÈTHRE ROSE.

nombre en trois quatre verticilles, sur des tiges atteignant jusqu'à 30 centimètres de haut; feuilles grandes, vertes, étalées en rosette. Multiplication des espèces précédentes; hiverner sous châssis ou sous cloches.

Pyrèthre DORÉ (*Pyrethrum Parthenium aureum*). — Vivace, demi-rustique, issu de la Matricaire Mendiane, dont il diffère surtout par la teinte jaune doré de son feuillage et par ses fleurs peu nombreuses et sans effet décoratif. Cette teinte, très décorative, le fait employer en très grande quantité pour former des bordures ou des dessins dans les massifs. Pour cet usage, on sème le Pyrèthre de préférence à l'automne, on repique les plants en petits pots, on les hiverne sous châssis et on les met en place en mai. En outre du type, on distingue des variétés *selaginoïdes*, à feuilles découpées ; *discoïdeum*, à fleurs sans rayons blancs ; *mousse*, à feuilles très fines et frisotées.

P. ROSE (*P. carneum*). — Vivace et rustique, produisant en mai de grosses fleurs *doubles*, roses, rouges ou blanches, solitaires au sommet de tiges simples, de 50 à 60 centimètres, de haut et propres à la confection des bouquets. Diviser au printemps.

P. GAZONNANT (*P. Tchihatchewii*). — Vivace, étalé, traçant, à petites fleurs de Marguerite, blanches, presque insignifiantes. On l'estime surtout pour gazonner les talus. Semis, éclats et boutures.

P. FRUTESCENT. — Voy. *Anthémis*.

Reine-Marguerite (*Callistephus sinensis*). — Magnifique plante annuelle, dressée, ramifiée, ayant produit par la culture un grand nombre de races, toutes à fleurs doubles et de coloris très variés. On les emploie pour orner les massifs, les plates-bandes. et beaucoup pour la confection des bouquets.

La Reine-Marguerite aime les terres un peu fortes. meubles, bien fertiles et de copieux arrosements pendant la sécheresse. Semer en mars, sur couche, repiquer les plants encore sous châssis, pour les mettre en place en mai à 30-40 cent., de distance. Il ne faut recueillir que les graines des fleurs absolument parfaites comme duplicature et coloris. Parmi les plus belles races mentionnons :

R.-M. Reine des hâtives, petite, mais floraison très précoce.

R.-M. Pivoine, de 50 centimètres, de haut, à grosses fleurs doubles et en boule ; une des plus belles.

R.-M. Chrysanthème, de 50 centimètres de haut, à fleurs très fortes, formées de pétales irrégulièrement retournées en dehors. Variété *naine*, très estimée pour les corbeilles.

R.-M. Comète, à fleurs très grandes, à pétales déjetés et contournés en tous sens, comme dans les Chrysanthèmes japonais.

R.-M. perfection et *R.-M. imbriquée*, à fleurs assez grandes, nombreuses, bien doubles et très régulières.

R.-M. Victoria ou à aiguilles, à pétales enroulés en petits tuyaux.

Fig. 267. — Reine-Marguerite couronnée.

R.-M. couronnée, grosse, avec tout le centre de la fleur toujours blanc pur.

R.-M. pyramidale, à ramifications formant la pyramide.

R.-M. naines, de 30 à 35 centimètres de haut, formant des sous-sections des races précédentes.

R.-M. très naine et *très naine pompon*, n'ayant pas plus de 20 centimètres de haut, à fleurs petites ; très propres à former des bordures.

Renoncule des fleuristes (*Ranunculus asiaticus*). — Vivace et rustique, à petites racines charnues, fasciculées, nommées *griffes* ; tiges de 15 à 30 centimètres, dressées, simples, portant au sommet une grande fleur semi-double ou entièrement pleine, de nuances très variées chez ses nombreuses variétés, se montrant en mai-juin et utiles pour corbeilles, plates-bandes, bordures, bouquets, etc. On estime particulièrement la race *semi-double*, dont les fleurs sont grandes, légères et richement colorées. Traitement général des *Anémones*.

Les R. RAMPANTE (*R. repens*), R. ACRE (*R. acris*) et R. BULBEUSE (*R. bulbosus*) à FLEURS DOUBLES ou Bouton

Fig. 268. — RENONCULE DES JARDINS SEMI-DOUBLE.

Fig. 269. — RÉSÉDA PYRAMIDAL.

d'or, sont des plantes vivaces, très rustiques, la première étalée, de 30 centimètres de haut, la deuxième dressée, de 50 à 60 centimètres, la troisième de 30 à 40 centimètres et à souche munie d'un petit bulbe arrondi, produisant toutes en mai-juillet de nombreuses fleurettes doubles et jaune doré, utilisables pour bouquets. Touffes dispersées dans les plates-bandes. Multiplication au printemps, par division.

Réséda ODORANT (*Reseda odorata*). — Annuel ou bisannuel en culture, étalé-dressé, feuillu et touffu, de 20-30 centimètres, à fleurs en épis rougeâtres ou verdâtres, peu décoratives, mais excessivement parfumées et se succédant pendant tout l'été, si on a soin d'effectuer des semis successifs. Se cultive en bordures, en potées ou en planches pour la fleur à couper. Semer toujours en place et très clair, 1° en septembre, en petits pots que l'on hiverne sous châssis, 2° de mai en juillet en plein air. Les *R. pyramidal* et *R. nain compact* sont des variétés perfectionnées.

Fig 270. — RICIN SANGUIN.

Fig. 271. — ROSE TRÉMIÈRE.

Rhubarbe (*Rheum*). — Très fortes plantes vivaces, rustiques, à grandes et larges feuilles souvent rougeâtres; fleurs en grande panicule, de 2 et plus de haut. S'emploient surtout isolées sur les pelouses, et, à ce titre, la *R. officinale* est une des plus décoratives. Les *R. palmatum* et *R. undulatum*, sont aussi fort beaux. Multiplication par division.

Ricin COMMUN (*Ricinus communis*). — Plante majestueuse, annuelle en culture, à végétation très rapide;

tige simple, forte, droite, de 2 mètres et plus de haut, à grandes feuilles. On emploie beaucoup ses variétés : *sanguin, glauque, de Gibson, nain*, etc., pour orner les grands massifs, les plates-bandes, les bosquets trop clairs, les pelouses, etc. Aime les endroits chauds, une terre fertile et de copieux arrosements. Semer en février-mars, sur couche, séparément dans des godets, et mettre en place en mai.

ROSE D'INDE. — Voy. *Tagète*.

Rose trémière (*Althæa rosea*). — Grande et belle plante vivace et bisannuelle en culture, à tige forte, simple, atteignant jusqu'à 3 mètres et portant sur toute sa partie supérieure de larges fleurs sessiles, bien pleines, de coloris très variés. Isoler dans les plates-bandes longeant les allées et sur les pelouses. Semer en mai, en pépinière, repiquer, puis mettre en place à l'automne, trois pieds par touffe.

La ROSE TRÉMIÈRE DE LA CHINE est plus hâtive, plus naine que la précédente, et peut fleurir la première année si on la sème de très bonne heure.

Roseau ou CANNE DE PROVENCE (*Arundo Donax*). — Plante vivace et traçante, presque rustique, à tiges de 4 à 5 mètres, garnies de longues feuilles formant deux rangées opposées. Ses tiges servent de canne à pêche. S'emploie pour orner les pelouses et de préférence sur le bord des eaux. Protéger en hiver. Multiplication par éclats. Sa variété *panachée* est plus décorative mais aussi un peu plus délicate.

Rudbeckia. — Plantes annuelles ou vivaces, rustiques, de 50 centimètres à 1 mètre et plus de haut, propres à orner les massifs et les plates-bandes, notamment les *R. speciosa, R. Drummondi*, à fleurs jaunes se montrant en juillet-octobre. Semer à l'automne, sous châssis, ou diviser les touffes au printemps.

Safran. — Voy. *Crocus*.

Sainfoin d'Espagne (*Hedysarum coronarium*). — Bisannuel en culture, rameux, étalé-dressé, de 60 à 80 centimètres; en été, nombreux et beaux épis de fleurs odorantes, rouges, ou blanches chez sa variété. Massifs et plates-blandes. Semer en mai-juillet, hiverner de préférence sous châssis et mettre en place au printemps.

Salpiglossis (*S. sinuata*). — Annuel, dressé, un peu

Fig. 272. — Salpiglossis hybride.

Fig. 273. — Saponaire officinale double.

grêle, peu ramifié, de 80 cent. à 1 mètre; en été, fleurs assez grandes, très élégamment panachées et striées de diverses couleurs. Massifs et plates-bandes. Semer en avril-mai, en place, et éclaircir au besoin.

Saponaire officinale (*Saponaria officinalis*). — Vivace, rustique, traçante, de 70 à 80 centimètres de haut; en juillet-septembre, bouquets terminaux de fleurs rose tendre, utiles pour bouquets. Variété *double*, plus décorative et plus cultivée. Aime les endroits frais, et orne fort bien les plates-bandes et les endroits un peu négligés. Semis ou division.

S. DE CALABRE (*S. calabrica*). — Annuelle, très naine, étalée, touffue, de 15 à 20 centimètres, produisant en été, selon l'époque du semis, des myriades de fleurettes roses, rouge vif ou blanches. Bordures, tapis fleuris, potées, etc. Semer : 1° en pépinière, à l'automne et hiverner de préférence sous châssis, 2° en place, de mars en mai.

Sange (*Salvia*). — Plantes bisannuelles ou vivaces,

Fig. 274. — SAUGE ÉCLATANTE.   Fig. 275. — SAUGE FARINEUSE.

touffues, dressées, assez élevées, nombreuses en espèces, dont plusieurs sont très employées pour l'ornement estival des massifs. Aiment les endroits chauds et les terres légères et fertiles. Multiplication au printemps, par semis sur couche, ou par boutures faites à chaud et à l'étouffée. On cultive surtout :

S. HORMIN (*S. Horminum*). — Bisannuelle, de 50 centimètres de haut, à épis de fleurs lilacées, accompagnés de nombreuses bractées bleu violacé ou rouges, qui constituent la partie décorative. Corbeilles.

S. ÉCLATANTE (*S. splendens*). — Vivace, de 1 mètre et plus de haut, formant un fort buisson, se couvrant de juillet jusqu'aux gelées de nombreux épis de fleurs rouge très vif, ainsi que leurs bractées. C'est la plus employée et la plus belle. Sa variété *Ingénieur Clavenad* est plus florifère et plus précoce.

S. FARINEUSE (*S. farinacea*). — Vivace, ayant le port de la précédente, mais n'atteignant que 60 à 80 centimètres, à fleurs très petites, bleu foncé et blanc, en épis longs et grêles. très farineux-blanchâtres. Mêmes culture et emploi.

S. A GRANDES FLEURS BLEUES (*S. patens*). — Vivace, mais un peu délicate, atteignant de 60 à 80 cent ; en juillet-septembre, très grandes et belles fleurs d'un bleu magnifique. Semis.

S. SCLARÉE (*S. Sclarea*). — Bisannuelle, robuste, de 1 m. à 1 m. 20 de haut, à larges feuilles et à fleurs bleu lilas, un peu petites, à l'aisselle de grandes bractées. Propre à isoler. Rustique. Semer d'avril en juillet, en pépinière, et mettre en place à l'automne.

Saxifrage (*Saxifraga*). — Plantes presque toutes vivaces, rustiques, excessivement nombreuses, dont beaucoup sont introduites dans les jardins. Quelques-unes sont souvent employées pour former des bordures, des gazons, etc., notamment les deux premières. Multiplication très facile par division et éclats.

S. HYPNOÏDE (*S. hypnoides*). — A tiges allongées, traînantes, émettant de petites rosettes de feuilles serrées, et en mai des panicules grêles de fleurettes blanches. Bordures et gazons.

S. SPONHEMICA. — A tiges courtes, dressées, touffues et à feuilles étalées, assez grandes et raides ; fleurs blanches en panicules plus fournies. Très employé pour bordures.

S. UMBROSA. Désespoir des peintres. — Dressé, en touffe, à feuilles assez grandes, simplement dentées; en mai-juin fleurs blanches, finement pointillées de jaune et de rouge. Bordures.

S. SARMENTEUSE (*S. sarmentosa*). — A rejets longuement traçants et formant des rosettes de feuilles

Fig. 276. — SAXIFRAGE
HYPNOÏDE.

Fig. 277. — SAXIFRAGE
A FEUILLES ÉPAISSES

assez grandes, arrondies, grisâtres; en mai-juin, fleurs blanches, ponctuées de jaune, en panicules dressées, multiflores. Hiverner en serre ou sous châssis. Convient surtout pour la culture en vases suspendus.

S. A FEUILLES ÉPAISSES (*S. crassifolia*). — Forte plante vivace, à feuilles larges, épaisses, vert luisant, étalées et touffues; en mars-avril, fleurs rose foncé, en bouquets denses, au sommet de pédoncules charnus, dressés, de 15 à 20 centimètres de haut. Plates-bandes. Protéger pendant les grands froids. Diviser au printemps

Les *S. cordifolia* et *S. ligulata* ne diffèrent du prérédent que par des détails botaniques; leur port, emploi, etc., sont les mêmes.

S. DE HUET (*S. Huettiana*). — Petite espèce annuelle, ramifiée, touffue, de 10 à 15 centimètres de haut, produisant en avril-juin des myriades de petites fleurettes jaune vif. Très recommandable pour orner les massifs, avec les Pensées, Myosotis, etc. Semer à l'automne, repiquer les plants par trois ou quatre dans des godets, les hiverner sous châssis et les mettre en place en mars.

Fig. 278. — SAXIFRAGE DE HUET.

Scabieuse DES JARDINS (*S. atropurpura*). — Annuelle en culture, rustique, de 70 à 80 centimètres de haut ou moins chez sa variété *naine*, dressée, un peu touffue; en été, capitules de fleurs simples ou doubles et de coloris variés, très convenables pour bouquets. Corbeilles et plates-bandes. Semer: 1° à l'automne, repiquer à bonne exposition et mettre en place au printemps, 2° d'avril en mai, en pépinière ou en place, très clair.

S. DU CAUCASE (*S. caucasica*). — Vivace, rustique, de 70 à 80 centimètres de haut; en juillet-septembre grandes fleurs bleu tendre, à longs pédoncules, utiles pour bouquets. Semis et division des touffes.

Schizanthus. — Plantes annuelles, un peu délicates, dressées, ramifiées et un peu grêles, de 50 à 80 centimètres de haut; en été nombreuses fleurs multicolores et excessivement élégantes. Massifs, plates-bandes et potées fleuries. Semer de préférence en pépinière et hiverner sous châssis. On cultive surtout les *S. pinnatus*, *S. refusus* et leurs variétés.

Schizostylis COCCINEA. — Vivace, presque rustique, à port de Glaïeul, de 50 centimètres de haut, produisant en octobre-novembre de longs épis de fleurs

Fig. 279. — SCABIEUSE
DES JARDINS.

Fig. 280. — SCHIZOSTYLIS
COCCINEA.

rouge vif, d'une longue durée. Division ou semis au printemps.

Scille (*Scilla*). — Plantes bulbeuses, rustiques ou à peu près, à port variable, produisant au printemps des petites grappes de fleurs bleues ou blanches. S'emploient en bordures ou en touffes dans les plates-bandes. Se cultivent facilement en pots, quelques-unes s'associent même fréquemment aux Crocus, Perce-neige, etc., pour former des potées ou orner les vases et jardinières d'appartement. Traitement général et multiplication des *Jacinthes*. On cultive surtout :

S. DU PÉROU (*S. peruviana*). — Assez forte, à gros bulbe et produisant une grande ombelle de fleurs longuement pédicellées. Peut se cultiver sur carafes, comme les *Jacinthes*. Protéger pendant l'hiver.

S. CAMPANULÉE (*S. campanulata*). — A fleurs en longue et forte grappe dressée, de 20 à 30 centimètres, et à bulbe assez gros.

S. DE SIBÉRIE (*S. siberica*). — De 15 à 20 centimètres de haut, à nombreux petits épis portant 3-5 fleurs d'un beau bleu d'azur. S'emploie beaucoup, ainsi que

Fig. 281. — SCILLE DU PÉROU. Fig. 282.— SCILLE DE SIBÉRIE.

sa voisine la S. AGRÉABLE (*S. amœna*), pour potées et pour garnir les jardinières; forme aussi de très jolies bordures.

On cultive encore les S. D'ITALIE (*S. italica*), S. A DEUX FEUILLES. (*S. bifolia*); S. PENCHÉE ou Jacinthe des bois (*S. nutans*), et parfois même la S. MARITIME (*S. maritima*), à bulbe énorme.

Sedum. — Plantes grasses presque toutes vivaces et rustiques, très nombreuses et à port excessivement variable. Aiment les endroits secs et ensoleillés. Diviser les touffes ou bouturer les rameaux au printemps.

Les *S. spectabile*, *S. maximum*, *S. Maximowiczii*, etc., sont forts, touffus, de 60 à 80 centimètres de haut, à larges feuilles et produisent de grands bouquets terminaux de fleurs blanches ou rouges. Plates-bandes.

Les *S. spurium*, *S. dasyphyllum*, *S. album*, etc., sont

Fig. 283. — SEDUM MAXIMUM.   Fig. 284. — SEDUM SIEBOLDII.

nains, gazonnants et propre à former des tapis et des bordures.

Le *S. cæruleum*, à nombreuses petites fleurs bleues, est annuel et se sème au printemps.

Le *S. Sieboldii* et sa variété *panachée*, ont des rameaux pendants et conviennent à orner les suspensions. Hiverner en serre ou en appartement.

Le *S. sarmentosum*, à tiges nombreuses, touffues, garnies de petites feuilles étroites et bordées de jaune, s'emploie fréquemment pour former des dessins dans les massifs. Hiverner sous châssis.

Seneçon ÉLÉGANT (*Senecio elegans*). — Annuel en culture, dressé, rameux, touffu, de 50 à 60 centimètres

et moins chez sa race *naine*; en été, nombreuses petites fleurs en pompon, rouges, roses, blanches, violettes, etc., chez ses nombreuses variétés, et très
utiles pour bouquets. Massifs et plates-bandes. Semer
au printemps, en place ou de préférence en pépinière.

Silène A BOUQUET (*Silene Armeria*). — Annuelle,
dressée, rameuse, un peu grêle, de 50 à 60 centimètres; en juin-août, nombreux bouquets terminaux

Fig. 285. — Senecon élégant
double nain.

Fig. 286. — Silène pendula
nain compact.

de fleurs rouges, blanches ou carnées, utiles pour la
confection des bouquets. Convient à l'ornement des
massifs et des plates-bandes. Croît presque partout.
Semer à l'automne ou au printemps, en pépinière
ou en place.

S. PENDULA. — Jolie espèce naine, ramifiée, touffue,
compacte et rustique, à nombreuses petites fleurs
roses, rouges, blanches, simples ou doubles chez ses
nombreuses variétés, très cultivée pour orner au
printemps les massifs et plates-bandes, former des
bordures, etc., où on l'associe souvent aux Pensées et
aux Myosotis. Se sème le plus souvent à l'automne,
on repique les plants en pépinière, puis on les met en

place en novembre ou au printemps, à 15-20 centimètres de distance. Recommandons en particulier les *S. p. nain compact*, *S. p. ruberrima Bonnetti* et *S. p. doubles*.

Solanum. Morelle. — Plantes très nombreuses, à port, emploi, etc., souvent très différents. On utilise sous ce nom plusieurs grandes espèces arbustives, non rustiques, pour orner les grands massifs, les plates-bandes ou les pelouses. Multiplication par semis fait au printemps, sur couche, ou par boutures faites sous cloches. A l'automne, on raccourcit fortement leurs pousses, on les met dans de grands pots et on les place dans un local éclairé ou sous les tablettes d'une

Fig. 287. — SOLANUM MARGINATUM

serre, puis on les replante en mai. Les principales espèces qui se traitent ainsi sont : *S. marginatum*, à feuilles simplement dentées, presque blanches; *S. robustum*, à très grandes feuilles rousses; *S. pyracanthos*, *S. giganteum*, *S. Warscewirzii*, etc.

Le *S. pseudo-Capsicum* ou Pommier d'amour, forme un petit buisson se couvrant à l'automne de nombreux petits fruits globuleux, rouges, qui le rendent très décoratif. Se cultive ordinairement en pots.

Le *S. ovigerum* ou Plante aux œufs, est une Aubergine à fruits blancs.

Soleil ANNUEL. Tournesol (*Helianthus annuus*). — Annuel, vigoureux, à tige très forte, de 2 mètres et plus, portant au sommet une immense fleur jaune, à centre noir, qui peut atteindre, à la maturité des graines, jusqu'à 30 centimètres de diamètre ; celles-ci sont recherchées par les oiseaux domestiques, notamment les perroquets. Se cultive souvent pour cet usage. Il existe des variétés *double jaune de Californie* et *globosus fistulosus*, plus décoratives, à fleur pleine et jaune. Isoler dans les grandes plates-bandes, sur

Fig 288. — SOLEIL ANNUEL.

Fig. 289. — SOLEIL VIVACE.

les pelouses, dans les bosquets, etc. Semer au printemps, en pépinière ou en place.

S. VIVACES. — Assez nombreux, tous rustiques et très vigoureux : propres à former des touffes éparses dans les plates-bandes ou sur le bord des bosquets. Ne donnent pas de graines. Multiplication très facile par division. Parmi les plus jolis citons : les *H. rigidus* et *H. lætiflorus*, de 1 mètre à 1 mètre 50 de haut ; en août-octobre nombreuses fleurs de 8 à 10 centimètres de large, d'un très beau jaune et recherchées pour gerbes et bouquets. Viennent ensuite les

H. multiflorus, souvent semi-double, *H. orgyalis*, etc.

Souci (*Calendula officinalis*). — Annuel, ramifié, touffu, de 40 à 50 centimètres de haut, très rustique ;

tout l'été, nombreuses et grandes fleurs doubles, jaune doré. Massifs, plates-bandes, etc. Semer au printemps ou à l'automne, en pépinière et repiquer en place. Les variétés les plus recommandables sont : *S. double Météore*, *S. double blanc jaunâtre*, *S. double Le Proust.*

Fig. 290. — Souci double Météore.

Statice. — Plantes vivaces et rustiques, assez nombreuses et employées pour orner les plates-bandes et le bord des bosquets, etc. Leurs grandes panicules florales, très raides et divariquées,

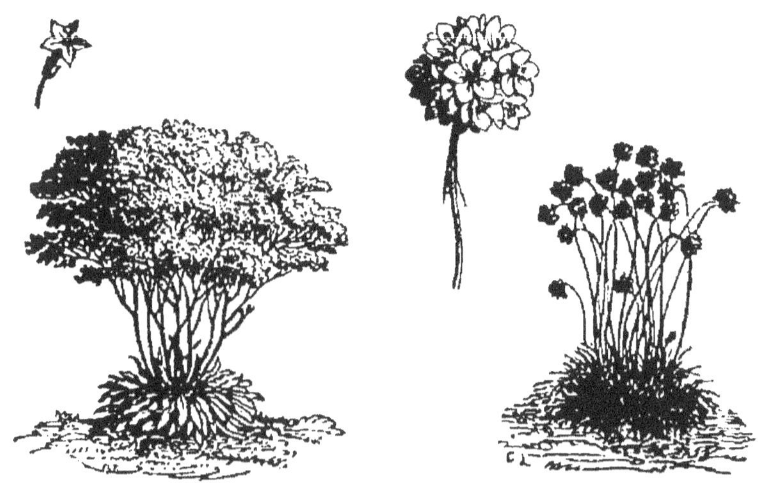

Fig. 291. — Statice tatarica   Fig. 29_. — Statice Armeria.

s'emploient fréquemment pour bouquets frais ou secs. Aient les terrains frais, légers, et prospèrent bien à l'ombre. Parmi les plus répandus mentionnons : *S. tatarica S. incana hybrida*, à petites fleurs roses, *S. Limonium*, et *S. sinuata*, à fleurs bleues, etc.

S. ARMERIA. Gazon d'Olympe, etc. — Vivace, rustique, touffu, de 10 centimètres de haut; au printemps, naissent des pédoncules de 15 à 20 centimètres, portant un capitule serré de fleurs roses. S'emploie beaucoup pour bordures, dans les endroits secs, pour gazonner les talus, etc. Semer au printemps, ou de préférence diviser les fortes touffes.

Le *S. faux-Armeria*, a un port analogue, mais il est plus fort dans toutes parties et a besoin d'être protégé pendant l'hiver.

Stevia SERRATA. — Plante annuelle en culture, dressée, de 50 à 60 centimètres, rameuse, touffue; en juin-octobre, nombreux bouquets terminaux de petites fleurs blanches, ou roses chez le *S. purpurea*, presque spécialement utilisées pour bouquets. Semer au printemps, surcouche, repiquer en pépinière, puis mettre en place à 50-60 centimètres en tous sens.

Tabac (*Nicotiana Tabacum*). — Annuel en culture, de 2 mètres et plus de haut, à feuillage ample et pro-

Fig. 293. — TABAC GÉANT A GRANDES FLEURS POURPRES.

duisant en juillet-août quelques panicules de *grandes fleurs pourpres*, dans la variété de ce nom, cultivée pour l'ornement. S'emploie surtout pour isoler sur les pelouses ou dans les plates-bandes. Semer au printemps, sur couche, repiquer, puis mettre en place en mai, de préférence trois pieds par touffe.

T. BLANC ODORANT (*N. affinis*). — Entièrement différent du précédent, à tiges nombreuses, de 75 centimètres, produisant des fleurs longuement tubuleuses, blanches, très odorantes et s'ouvrant le soir. Très convenable pour massifs et plates-bandes. Culture du précédent.

Tagète ŒILLET D'INDE (*Tagetes patula*). — Annuel, très vigoureux, dressé, ramifié, de 60 centimètres de haut, à odeur forte, et produisant pendant tout l'été de nombreuses fleurs le plus souvent *doubles*, jaune plus ou moins vif, et fréquemment maculées de brun. Variétés très nombreuses, *grandes, naines*

Fig. 294. — TAGÈTE ŒILLET D'INDE, DOUBLE TRÈS NAIN.

Fig. 295. — TAGÈTE ROSE D'INDE DOUBLE NAINE.

ou *très naines* (10 à 15 cent.) et toutes très utiles pour orner massifs, plates-bandes, bordures, etc. Semer en mars-avril, en pépinière abritée, puis repiquer les plants en place.

T. ROSE D'INDE (*T. erecta*). — Très voisine de la récédente, mais moins touffue, plus haute, à fleu plus grandes et bien doubles. Mêmes culture et emploi. On en cultive 5-6 variétés, dont une *naine*.

T. signata pumila. — Plante naine, très ramifiée, de 20 à 30 centimètres, formant des touffes très compactes, qui se couvrent, entre juin octobre, de très nombreuses petites fleurs jaune vif. Très recommandable pour massifs et bordures. Culture des précédents.

Thalictrum. Pigamon. — Plantes vivaces, rustiques, assez nombreuses, de taille variable, à beau

Fig. 296. — Tagète signata pumila.

feuillage et propres à former des touffes dans les plates-bandes et endroits frais. Leurs fleurs sont utiles pour bouquets. On cultive surtout : le *T. aquilegifolium*, de 1 mètre et plus de haut, à fleurs blanches ou roses.

Thlaspi (*Iberis*). — Annuels ou vivaces, presque tous rustiques, de taille variable, dont quelques-uns sont très généralement employés pour orner les massifs, former des bordures, pour bouquets. etc. Semer à l'automne ou au printemps, en pépinière ou en place, ou bouturer les espèces vivaces. Les plus cultivés sont :

T. blanc (*I. amara*). — Annuel, de 20 à 25 centimètres, ramifié ; en mai-juin, fleurs blanches, odorantes, couvrant toute la plante.

T. lilas (*I. umbellata*). — Annuel, de 30 à 40 centimètres ; de juin en août, fleurs lilas, carnées, violettes, etc., en ombelles très nombreuses et très

utiles pour bouquets, massifs et plates-bandes.
Variété *naine*, à coloris très variés.

T. TOUJOURS VERT (*I. sempervirens*). — Vivace, très
rustique, rameux, touffu, de 20 à 30 centimètres de
haut; en avril-mai, fleurs blanches, en ombelles.
Bordures, talus, etc. Semis et boutures.

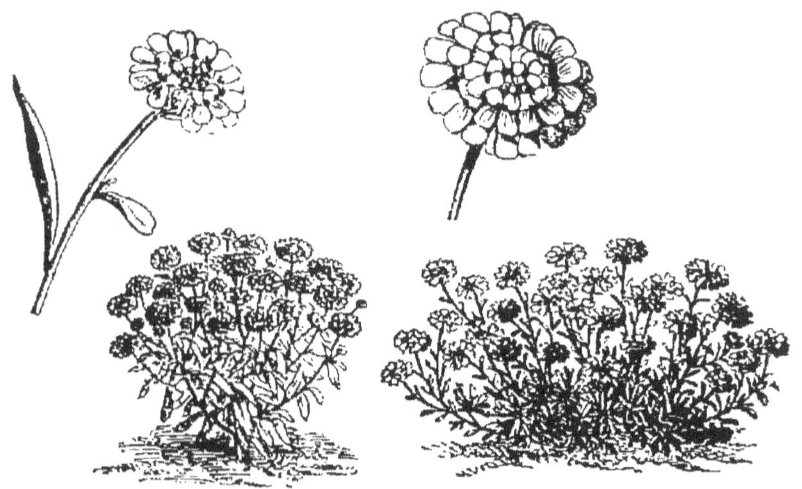

Fig. 297. — THLASPI LILAS NAIN.   Fig. 298. — THLASPI TOUJOURS VERT.

Tigridia. — Plantes bulbeuses, presque rustiques,
de 30-40 centimètres de haut, à fleurs jaunes ou
blanchâtres, tigrées, fort belles et très grandes,
mais très éphémères, se montrant en août-octobre.
Aiment les terres saines et fertiles. Hiverner les
bulbes en cave et les planter en avril, à 6-8 centimètres de profondeur. Les *T. Pavonia* et ses variétés,
T. conchiflora et autres, sont fréquemment cultivés.

Tritoma. — Belles plantes vivaces, à peu près
rustiques, à longues feuilles arquées, en touffe, et
produisant en août-octobre de gros épis compacts, de
fleurs orangées, puis jaunes, insérés au sommet de
hampes fortes, d'environ 1 mètre de haut. Isoler sur

les pelouses ou dans les plates-bandes. Protéger pendant l'hiver. Multiplication par éclats. On cultive

Fig. 299. — TIGRIDIA
CONCHIFLORA.

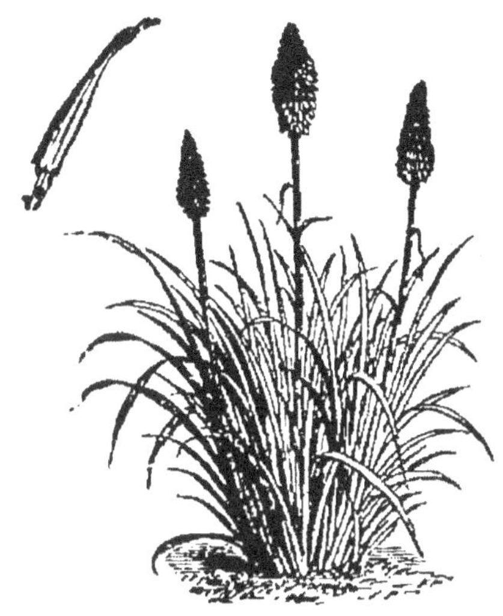

Fig. 300. — TRITOMA UVARIA.

surtout *T. Uraria grandiflora*, *T. Mac-Owani*, nain,
T. corallina, à florai-
son très hâtive.

Tubéreuse. — Plan-
te bulbeuse, estimée
pour le parfum très
suave de ses fleurs
blanches, qui se déve-
loppent en automne,
au sommet d'une tige
de 1 mètre et plus de
haut. Toutefois, com-
me elle est tardive et
non rustique, on la
cultive ordinairement

Fig. 301. — TUBÉREUSE DOUBLE.

en pots, sous châssis, en plantant ses bulbes dès la fin
de mars. La *T. double la Perle* est la plus recherchée.

Tulipe DES FLEURISTES (*Tulipa Gesneriana*). — Plante bulbeuse et rustique, à fleurs grandes, simples ou doubles et de coloris et panachures excessivement variées. La Tulipe est la plante pour laquelle les amateurs se sont le plus passionnés. Le nombre de ses variétés a dépassé plus de 1,500, et le prix de quelques-unes a parfois atteint des sommes fabuleuses; on cite des bulbes qui furent payés 10,000, 15,000 et jusqu'à 30,000 francs. Elle est au moins aussi estimée que la Jacinthe et plus précieuse qu'elle pour l'ornement des jardins, parce qu'elle y dégénère fort peu, et, sauf la culture sur carafe, tous les modes d'emploi de celle-ci lui sont applicables; son traitement et sa multiplication sont aussi les mêmes. Bien que ses bulbes puissent rester en terre, il est préférable de les relever quand les feuilles sont sèches. Les principales races sont :

T. SIMPLES HATIVES. — S'épanouissant en avril, à fleurs unicolores, blanches, rouges, jaunes, etc., ou souvent bordées d'une autre couleur bien tranchée. Les **T.** DUC DE THOL (*T. suaveolens*), comprises dans cette section, sont les plus précoces et les plus convenables pour la garniture des vases d'appartement et le forçage.

On cultive beaucoup, pour la fleur à couper, les variétés simples hâtives : *la Candeur*, blanc pur; *jaune pur*; de *Gesner*, grande et écarlate brillant.

T. DOUBLES HATIVES. — Qui partagent les caractères et les aptitudes des précédentes, avec des fleurs pleines et de plus longue durée.

T. SIMPLES TARDIVES, FLAMANDES OU BIZARRES. — S'épanouissant en mai, à fleurs très grandes, ordinairement à fond blanc ou jaune, avec de fortes et nombreuses bandes et stries obliques, de teinte

violacée ou ardoisée, gris de lin, carminée, etc.
Ce sont les variétés de cette section qui ont le
plus passionné des amateurs, celles qui ont atteint
les prix les plus élevés; elles sont encore les plus
recherchées.

T. DOUBLES TARDIVES. — Grandes ou naines, grosses

Fig. 302. — TULIPE SIMPLE HATIVE.

Fig. 303. — TULIPE DOUBLE HATIVE.

et souvent très pleines, unicolores ou panachées,
mais moins nettement que les précédentes.

T. DRAGONNES OU PERROQUET (*T. turrica*). — Très
bizarres par leurs grandes fleurs simples, souvent
penchées, à pétales irrégulièrement déchiquetés,
contournés et déjetés, avec des panachures irrégulières, sur fond rouge, orangé, jaune, etc.

Les T. ŒIL DU SOLEIL et T. PRÉCOCE (*T. Oculus solis*
et *T. præcox*), sont deux belles espèces méridionales,
à fleurs précoces, rouge très vif, avec le cœur noir,
mais peu rustiques sous notre climat.

Le *T. Greigi* est très rustique, à grande fleur rouge écarlate orangé et à feuilles tachées de brun.

Tussilage ODORANT. Héliotrope d'hiver (*Tussilago fragrans*). — Plante vivace, très traçante, rustique, à feuilles radicales, étalées, produisant en plein hiver des épis dressés de fleurs blanc rosé, puis purpurin, délicieusement parfumées. Aime des endroits frais et ombragés, et se multiplie très facilement par divi-

Fig. 304. — TUSSILAGE
ODORANT.

Fig. 305. — VALÉRIANE DES
JARDINS ROUGE.

sion. Mettre quelques touffes en pots et en les rentrer dans les serres ou les appartements, pour jouir de l'agréable parfum de leurs fleurs.

Valériane DES JARDINS (*Centranthus ruber*). — Vivace et rustique, à tiges dressées, peu rameuses, de 80 centimètres à 1 mètre de haut; de juin en août, nombreux bouquets de fleurs rouges ou blanches. Se plaît particulièrement sur les vieux murs, plates-bandes, etc. Orne très bien les lieux arides. Semis ou division.

V. MACROSIPHON (*C. macrosiphon*). — Annuelle, ra-

mifiée, touffue, de 30 à 40 centimètres ; en juillet-
août, très grands bouquets de fleurs rose vif, carnées,
blanches, etc., selon les variétés. Corbeilles, plates-
bandes, etc. Semer à l'automne ou au printemps,
repiquer, puis mettre en place à 80 centimètres en
tout sens.

Verge d'or DU CANADA (*Solidaga canadensis*). — Vivace, rustique, dressée, touffue, à tiges simples, portant, en août-septembre, une grande panicule terminale de fleurs jaune d'or, utile pour la confection
des grandes gerbes. Disperser dans les plates-bandes.
Tout terrain lui convient. Multiplication facile par
division. On cultive encore plusieurs autres espèces.
analogues.

Véronique (*Veronica*). — Plantes presque toutes
vivaces et rustiques, nombreuses et à port très va-

Fig. 306. — VÉRONIQUE
EN ÉPI.

Fig. 307. — VERVEINE
DES JARDINS HYBRIDE.

riable. On cultive surtout, pour former des touffes
dans les plates-bandes et pour en couper les fleurs :
V. EN ÉPI (*V. spicata*); V. MARITIME (*V. maritima*); V. DE

VIRGINIE (*V. virginica*) produisant toutes de longs et beaux épis de petites fleurs bleues, blanches. roses, etc. Multiplication par division.

Les *V. speciosa* et *V. Lindleyana* ou Véroniques en arbre, sont deux espèces demi-rustiques, à feuilles persistantes et à fleurs bleues, roses, etc., en épis axillaires. On les emploie souvent, à l'état de jeunes plantes, pour orner les massifs et les plates-bandes pendant l'été. Il faut les rentrer pendant l'hiver.

Verveine HYBRIDE (*Verbena var.*). — Annuelle en culture, mais vivace en serre, à tiges traînantes, radicantes; tout l'été, nombreuses ombelles de fleurs excessivement variées de coloris, panachées-striées dans la V. ITALIENNE, et grandes, avec un œil blanc au centre dans la V. A FLEUR D'AURICULE. S'emploient beaucoup en massifs, en bordures, etc. Semer en mars-avril, sur couche, ou en automne et alors hiverner les plants sous châssis; bouturer sous cloches les plantes d'élite.

On cultive encore, de la même manière et pour les mêmes usages, les *V. venosa*, V. ÉLÉGANTE (*V. teucrioides*) et une *V. Mahoneti*, à jolies petites fleurs rouges, bordées de blanc, mais qui ne produit pas de graines.

Violette ODORANTE (*V. odorata*). — Plante vivace et rustique, estimée et très cultivée pour ses jolies fleurs printanières, bleues ou blanches, très agréablement parfumées, et beaucoup employées pour petits bouquets; ceux-ci donnent lieu à un commerce très important. Les variétés simples ou doubles en sont nombreuses, et quelques-unes très répandues dans les cultures privées ou industrielles, notamment, les *V. des quatre saisons*, *V. le Czar ou de Russie*, *V. de Parme*, à grandes fleurs doubles et lilas pâle. On en obtient aujourd'hui des fleurs depuis octobre jusqu'en mai-juin. Les Violettes servent à former des bordures, garnir les bosquets, les sous-bois peu touffus, etc. Multiplication très facile par séparation des nombreux rejets enracinés. Le semis est peu employé, car la germination ne s'effectue qu'au bout de deux ans et encore irrégulièrement.

Fig. 308. — Violette odorante des quatre saisons.   Fig. 309. — Whitlavia grandiflora.

Plusieurs autres espèces, telles que les *V. cornuta*, fleurissant en été et V. DE MUNBY (*V. Munbyana*), à fleur de Pensée, sont fréquemment cultivées dans les jardins.

Whitlavia GRANDIFLORA. — Annuel, rameux, touffu, de 40 à 50 centimètres de haut; en juin-août, très nombreuses fleurs violet bleu, ou *blanches* chez sa variété. Convient à l'ornement des corbeilles et des plates-bandes. Semer de préférence en mars, sur couche, et mettre les plants en place, en mai, à 40-50 centimètres de distance.

Zinnia ÉLÉGANT (*Z. elegans*). — Annuel, dressé. ramifié, touffu, produisant tout l'été de nombreuses

et jolies fleurs doubles, en pompon, de nuances très variées et se succédant pendant tout l'été. On cultive aujourd'hui plusieurs races, notamment des *Z. doubles ordinaires et Z. doubles à grandes fleurs*, de 60 à 80 centimètres de haut, *Z. nains*, de 50 centimètres, *Z. Lilliputs* ou *pompons*, à petites fleurs, etc. Tous sont précieux pour orner les plates-bandes et les corbeilles. On les sème en mars, sur couche, puis on met les plants en place en avril-mai, à environ 50 centimètres de distance.

Fig. 310. — ZINNIA ÉLÉGANT DOUBLE.

Z. du Mexique (*Z. mexicana*). — Diffère du précédent par ses tiges dressées, dichotomes, hautes de 40 centimètres environ, et par ses fleurs moyennes, jaune orangé, simples ou *doubles* chez sa variété, très nombreuses et se succédant pendant fort longtemps. Mêmes traitement et emploi.

CHAPITRE VII

LES GAZONS

Les gazons jouent un rôle si important dans les jardins d'agrément, même ceux de dimensions très restreintes, que nous n'avons pas cru pouvoir les passer sous silence. Le plus souvent les gazons sont un mélange d'herbes ou de Graminées choisies et appropriées à la nature du terrain, puis traitées spécialement en vue d'obtenir un tapis de verdure fine et compacte. Les plantes les plus importantes composant les gazons sont : certaines Fétuques, le Paturin des prés, les Agrostis, le Trèfle blanc et surtout le Ray-Grass anglais. Le mélange de ces plantes varie selon la nature du sol. Dans le commerce, on vend couramment trois sortes de gazons rustiques et durables : le *G. pour terrain sec* ou *Lawn-grass*, le *G. pour terrains à l'ombre* et le *G. pour terrains humides*. Dans de bonnes conditions, la durée de ces gazons peut dépasser dix ans ; mais, dans bien des cas ils périssent bien avant, et souvent par manque de soins d'entretien. Le gazon à l'ombre est celui dont la durée peut être la moins longue, selon l'intensité du couvert, car, là où celui-ci est absolu, rien ne peut venir sauf peut-être le Lierre ou la Pervenche.

Tous les gazons contiennent toujours une assez forte quantité de Ray-Grass, car c'est la plante par excellence pour former rapidement un tapis de verdure, mais sa durée ne dépasse guère deux ou trois ans; il fait alors place aux autres plantes, plus longues à s'installer. Toutefois, quand on voudra établir un gazon en très peu de temps, on devra lui donner la préférence; c'est lui aussi qui forme les tapis les plus fins et les plus verts, à la condition d'être tondu très fréquemment, de ne pas souffrir de sécheresse et d'être ressemé tous les ans.

Le Trèfle blanc, quoique formant une herbe courte et épaisse, ne doit pas dominer dans un gazon, car il est envahissant et finit par étouffer l'herbe. Quant aux Pâquerettes, Boutons d'or, etc., qu'on aime à y voir fleurir, l'introduction n'est pas non plus à recommander, car c'est toujours au détriment de l'herbe que ces plantes prospèrent. Le mieux serait peut être d'y introduire des Perce-neige, Crocus, *Eranthis hyemalis*, etc. qui fleurissent de très bonne heure et dont les bulbes restent tout l'été en repos.

Pour créer un gazon d'une façon durable, on laboure soigneusement le sol en hiver et on le fume copieusement; en mars-avril, de préférence, on ameublit la surface, ou y répand les graines très régulièrement, à raison de 1 k. 500 à 2 kilos par are, on les enterre au râteau, puis on répand, quand on le peut, une mince couche de terreau. La dernière opération consiste à y faire passer à plusieurs reprises un rouleau assez pesant ou bien à tasser le sol à l'aide d'une batte ou même d'une pelle, à défaut de mieux, afin qu'il soit ferme et bien uni. On parvient à en éloigner les moineaux, qui sont très friands des graines, en posant en tous sens des branchages sans feuilles sur le sol, ou en tendant en croix des fils de laine sur des petits piquets, et après lesquels on attache encore des bouts d'étoffe. S'il fait sec, il ne faut pas négliger d'arroser. Dès que l'herbe a 7-8 centimètres, il faut la couper. On emploie à cet effet la faucille, la faux, ou une machine spéciale nommée tondeuse. On doit même donner la préférence à ce dernier instrument, parce qu'il opère plus rapidement et plus uniformément ; on en construit aujourd'hui depuis 50 francs et même moins. Il est nécessaire de tondre tous les quinze jours, et même toutes les semaines si on veut avoir un gazon très fin et épais ; la tonte faisant beaucoup ramifier l'herbe. Après chaque opération, il est bon de donner sans crainte un bon coup de rouleau.

Pendant l'hiver, on se trouvera bien de répandre sur les gazons une bonne couche de fumier gras, que les pluies laveront et dont il ne restera au printemps que des pailles ; on enlèvera alors facilement celles-ci à l'aide d'un coup de râteau. Quand on peut se procurer du bon terreau de couche, celui-ci répandu au printemps, à 2 ou 3 centimètres d'épaisseur, remplacera avantageusement le fumier. On arrachera aussi les mauvaises herbes, on enlèvera les pierres et, si la mousse a envahi le terrain et qu'on ne puisse en venir à bout avec le râteau, on arrosera le gazon avec de l'eau contenant 5 % de sulfate de fer et à raison de 100 litres par are ; si la surface était trop étendue, on répandrait cette substance à l'état de sel, mais alors à raison de 12 kilos par are.

En résumé, le moyen d'obtenir de beaux gazons consiste surtout à bien les fumer au printemps, les arroser le plus copieusement possible pendant la sécheresse, et à les tondre et les rouler très fréquemment.

Dans les terrains en pente, tels que les talus ou bien certaines bordures étroites, où il devient à peu près impossible de semer, ou encore dans les endroits qui doivent être immédiatement gazonnés, on a recours à un autre moyen, celui du *placage*, lequel consiste à enlever, dans un endroit peu en vue et à l'aide d'une bêche tranchante, des plaques de gazon d'environ 25 centimètres en tous sens et 5 centimètres d'épaisseur. On les pose ensuite à l'endroit désiré, lequel aura été ameubli au préalable, tout près les unes des autres, on les bat soigneusement pour qu'elles adhèrent bien au sol, puis on arrose finalement. Si le terrain était très en pente, on enfoncerait quelques petits morceaux de bois dans les plaques. pour les tenir en place. Quant à la place qui aura été dénudée, on la labourera et on la ressèmera de nouveau en gazon, s'il y a lieu de le faire.

CHAPITRE VIII

CALENDRIER DES SEMIS, PLANTATIONS ET PRINCIPAUX TRAVAUX

Janvier.

Dans ce mois, les froids sont ordinairement si intenses qu'il n'est guère possible d'effectuer aucun travail important, si ce n'est des défoncements ou des mouvements de terrains. Par contre, on veillera attentivement à ce que toutes les plantes délicates en plein air et celles sous châssis ou en serre soient suffisamment couvertes pour que les gelées ne puissent les faire périr. Les arrosements seront aussi restreints que possible et administrés dans la matinée. Chaque fois qu'il fera doux et soleil, on donnera de l'air et de la lumière partout où on le pourra ; on enlèvera avec soin les feuilles mortes et autres débris susceptibles de propager la pourriture.

Février.

Continuer à donner aux plantes abritées tous les soins que nous avons indiqués dans le mois précédent. Les froids devenant moins intenses, on commencera, quand le temps le permet, à effectuer certains des nombreux travaux du printemps, tels que fumures, labours, plantations, taille des arbustes d'ornement et des arbres fruitiers.

On sèmera à la fin du mois :

LÉGUMES

Sous châssis.	*En pleine terre.*
Carotte très courte.	Ail (*gousses*).
Chou express.	Asperges.
Haricots nains et hâtifs.	Carottes hâtives.
Laitues de printemps.	Chicorée sauvage.
Ognons blancs.	Echalote (*bulbes*).
Poireaux.	Fèves.
Pois nains et hâtifs.	Ognon jaune.
Pommes de terre hâtives (*germées*).	Persil.
	Pois hâtifs (*au pied des murs*)
	Salsifis blanc.
Etc.; etc.	Etc., etc.

FLEURS

Il est encore tôt pour effectuer la plupart des semis de fleurs destinées à l'ornementation estivale des jardins, on pourra cependant commencer à semer, dans la deuxième quinzaine, celles dont on désire obtenir la floraison de bonne heure, ou celles tardives et dont il devient utile de hâter le développement, telles que :

Sous châssis.	
Agératums.	Pétunias.
Centaurée Cinéraire.	Pyrèthre doré.
Chrysanthèmes vivaces.	Sauge éclatante.
Dahlias (*graines*).	Solanums.
Héliotropes.	Verveines hybrides.
Lobelias Erinus.	*En pleine terre.*
Œillet-Marguerite.	Anémones (*pattes*).
Penstemon hybrides.	Centaurée-Bleuet.
	Coquelicots.

Julienne de Mahon.
Némophiles.
Nigelles.
Pavots.

Pieds-d'Alouette annuels.
Renoncules (*griffes*).
Soucis.
Thlaspis annuels, etc.

Mars.

Les travaux deviennent très variés et nombreux dans ce mois, car c'est le moment d'effectuer les labours profonds, préparer les planches, les corbeilles, etc., pour recevoir les plantes estivales, tailler tous les arbres fruitiers et les arbustes d'ornement. Greffer en fente, en couronne, approche, etc. Découvrir, au moins partiellement, les plantes délicates. Terminer les plantations d'arbres et d'arbustes. Refaire les bordures de Buis. Multiplier par division ou éclats beaucoup de plantes vivaces; faire les boutures d'arbres et d'arbustes, celles de certaines plantes de serre ou de châssis. Protéger la floraison hâtive de certains arbres fruitiers, tels que Pêchers, Amandiers, Cerisiers.

On sème dans ce mois les Gazons, ainsi que :

LÉGUMES

Sous châssis.

Les variétés du mois précédent, et :
Artichauts (*graines*).
Cardons.
Céleris.
Chicorées frisées et Scaroles.
Choux Cabus et Milans.

Choufleurs.
Concombres et Cornichons.
Courges.
Melons, etc., etc.

En pleine terre.

Les variétés du mois précédent, et :

Arroche.
Betteraves à salade (*fin du mois*).
Cerfeuil.
Choux Cabus et Milans.
Choux rouges.
Chou de Bruxelles.
Choux-raves.
Ciboule.
Cresson alénois.
Cresson de fontaine (*graines et plants*).
Épinards.
Laitues de printemps et d'été.

Navet des Vertus marteau.
Ognon de Mulhouse (*bulbilles*).
Oseille.
Panais.
Pissenlit.
Poireaux.
Pomme de terre hâtives, germées (*endroit abrité*) et protéger au besoin.
Radis.
Scorsonère.
Tétragone, etc., etc.

FLEURS

C'est dans ce mois qu'il convient d'effectuer la plupart des semis de fleurs annuelles, employées pour l'ornementation estivale des jardins. Citons simplement, en plus de celles du mois précédent, quelques-unes des plus répandues.

Sous châssis.
Agrostis.
Amarantes.
Balsamines.
Bégonias (*mise en végétation des tubercules*).
Belle de nuit.
Cannas (*mise en végétation des rhizomes*).
Chrysanthèmes à carène et des jardins.
Clarkias.
Cobée (*en godets*).
Coquelourde des jardins.
Coréopsis.
Dahlias (*mise en végétation des tubercules*).

Gaillarde.
Giroflée quarantaine.
Godetias.
Immortelles.
Lin.
Lychnis.
Mimulus.
Œillets de Chine.
Œillets d'Inde.
Périlla.
Pétunias.
Phlox de Drummond.
Reines-Marguerites.
Réséda (*en potées*).
Rose d'Inde.
Stevia.
Tagetes signata.

Verveines.
Zinnias, etc., etc.

En pleine terre.

Les plantes du mois pré-
cédent, ainsi que les

plus rustiques de celles
de la liste ci-dessus,
qu'on pourra semer
dans la deuxième quin-
zaine, au pied des murs,
et protéger au besoin.

Avril.

Tous les travaux indiqués dans le mois précédent, qui n'auraient pas été effectués, doivent l'être sans retard. Préparer les corbeilles et les plates-bandes pour recevoir les plantes estivales ; commencer à la fin du mois à y planter les fleurs les plus rustiques, dont les plants sous châssis sont déjà forts. Surveiller attentivement tous les jeunes semis et boutures, re-piquer ceux qui doivent l'être. Rempoter les plantes de serre froide ou de châssis, leur donner de la chaleur et de la lumière pour les mettre en végétation.

On peut encore semer la plupart des légumes et des fleurs des listes précédentes, presque toutes en pleine terre, et en outre :

LÉGUMES

En pleine terre.
Artichauts (*plants*).
Carottes.
Céleri-rave.
Choux-navets.
Ciboulette (*plants*).
Estragon (*plants*).

Fraisiers (*plants et graines*).
Haricots (*c'est tôt*).
Laitues et Romaines.
Poirées.
Pois (2ᵉ *saison*).
Pommes de terre (*non germées*), etc., etc.

FLEURS

En outre de beaucoup de plantes *annuelles* des

listes du mois précédent, on sème maintenant en place :

Brachycome.	Lavatère.
Capucines	Lins annuels.
Collinsia.	Lupins annuels.
Godetias.	Malope.
Gypsophile.	Phlox de Drummond.
Haricot d'Espagne.	Pois de senteur.
Ipomées (*Volubilis*).	Pourpier.

On commence à semer en pépinière les plantes *bisannuelles* ou *vivaces*, dont la floraison ne s'effectue alors que l'année suivante, notamment :

Ancolies.	Lupin vivace.
Asters.	Myosotis.
Campanules.	Mufliers.
Chrysanthèmes vivaces.	OEillet des fleuristes.
Digitales.	Pâquerettes.
Énothères.	Pavot vivace.
Giroflée grosse espèce.	Phlox vivace.
Giroflée jaune.	Pieds-d'Alouette vivaces.
Lin vivace.	Thlaspi vivace, etc., etc.

PLANTES BULBEUSES

Agapanthes.	Hémérocalles.
Amaryllis divers.	Lis (*de préférence en mars*).
Anémones.	Renoncules.
Bégonias.	Tigridias.
Boussingaultia.	Tritomas.
Cyclamen.	Tubéreuses, etc., etc.
Glaïeuls de Gand et autres.	

Mai.

Dans la deuxième quinzaine de ce mois, on peut peut effectuer la mise en place, dans les corbeilles, plates-bandes, etc., des plantes annuelles ou vivaces, qui seront suffisamment fortes, ou celles des espèces demi-rustiques, telles que *Bégonias, Cannas, Dahlias, Pélargoniums, Lobelias Erinus, Pyrèthre doré*, etc. Repiquer en pépinière les plants qui sont encore jeunes. Ombrer les châssis, cloches et serres lorsque le soleil devient ardent. Ébourgeonner et commencer les pincements des arbres fruitiers. Supprimer les drageons ou sauvageons de certains arbres et arbustes. Arroser le soir au lieu du matin.

Dans ce mois, on sème encore beaucoup de légumes et de fleurs que nous avons indiqués dans le mois précédent, et en particulier :

LÉGUMES

Chicorées frisées et Scaroles.	Navets hâtifs.
Chicorée sauvage.	Pois tardifs.
Haricots.	Radis de tous les mois, etc., etc.

FLEURS

Annuelles.

Coloquintes.
Énothères.
Eschscholzia.
Gaillardes.
Godetias.
Gourdes.
Haricot d'Espagne.
Julienne de Mahon.
Matricaire.
Némophiles.
Perilla.
Réséda (*en place*).
Saponaire de Calabre.

Scabieuse des jardins.
Seneçon des Indes.
Thlaspi blanc.

Vivaces.

Allysse Corbeille d'or.
Arabette des Alpes.
Aubrietia.
Gaillarde vivace.
Julienne des jardins.
Lobelias vivaces.
Lychnis.
Rose-trémière.
Valériane des jardins, etc., etc.

Juin.

Effectuer la mise en place de toutes les plantes suffisamment fortes, garnir toutes les corbeilles, plates-bandes, etc. Repiquer en pépinière les plantes bisannuelles et vivaces dont la floraison ne s'effectuera que l'année suivante. Pailler les corbeilles, plates-bandes, planches du jardin potager, etc. Aérer fortement et ombrer la serre et les châssis, ou même enlever ceux-ci totalement. Continuer à arroser le soir, et de plus en plus copieusement. Pincer et palisser les arbres fruitiers, éclaircir les fruits quand il y a lieu. Tondre les gazons, etc.

On sème encore dans ce mois certains légumes et beaucoup des fleurs annuelles à végétation rapide que nous avons indiquées dans les mois précédents. ainsi que la plupart des plantes bisannuelles et vivaces déjà indiquées.

Juillet.

Tous les travaux de plantations et garnitures d'été étant terminés, il ne reste qu'à entretenir, c'est-à-dire arroser, tuteurer, pincer les plantes qui en ont besoin, enlever les fleurs fanées, tondre les gazons, etc. Enlever les ognons des plantes bulbeuses à floraison printanière. Continuer les travaux d'été. tels que pincements, cassements, incisions, ciselle-ment des grappes de raisin, effeuillage, etc. Dans le jardin potager, arroser copieusement, repiquer, transplanter, etc., tous les légumes qui en ont besoin, ainsi que les fleurs semées le mois dernier.

On sème encore en place des plantes *annuelles* a végétation rapide telle que :

LÉGUMES

Carottes courtes.	Mâches.
Cerfeuil.	Navets.
Cresson.	Radis de tous les mois.
Épinards.	Radis longs et R. d'hiver.
Haricots hâtifs.	Raiponce, etc., etc.
Laitues d'automne.	

FLEURS

Clarkias.	Phlox de Drummond.
Collinsia.	Pourpier.
Eschscholzia.	Réséda.
Julienne de Mahon.	Souci.
Némophiles.	Thlaspi odorant, etc., etc.

On sème aussi plusieurs plantes *bisannuelles* ou *vivaces*, dont la production ou la floraison n'arrivera que l'année suivante notamment :

LÉGUMES

Choux de Milan (*mieux en juin*).	Ognon blanc de Paris.
	Oseille.
Choux Cabus précoces.	Scorsonère.
Choux-Brocolis.	Poireaux, etc.

FLEURS

Les plantes vivaces de la liste du mois de mai et :	Saxifrage de Huet.
	Silènes.
Myosotis des Alpes.	Thlaspi toujours vert, etc.
Pensées.	

Août.

Continuer tous les travaux d'entretien mentionnés dans le mois précédent. Bouturer les Pélargoniums, marcotter les OEillets, greffer les Rosiers en écusson, effectuer la taille en vert. Repiquer les semis du mois dernier qui en ont besoin ; effectuer ceux des plantes pour l'année suivante qui n'auraient pu être faits, etc. Récolter les fruits mûrs et certains légumes tels que Ail, Échalote, Ognons, etc.

Septembre.

Continuer tous les travaux d'entretien des mois précédents. Faire des boutures de plantes vivaces herbacées dont on désire conserver la variété bien franche. Récolter les fruits au fur et à mesure de leur maturité. Arracher les Haricots mûrs pour en conserver le grain. Semer, surtout quand le temps est humide, les gazons dans les endroits nus, dans le but de les obtenir plus garnis et plus forts l'année suivante. Mettre en place certaines plantes bisannuelles ou vivaces semées au printemps.

Dans ce mois on sème encore certains légumes d'hiver indiqués dans les mois précédents, notamment :

Épinards.	Radis de tous les mois, etc.
Mâches.	Fraisiers (*mise en place des*
Navets hâtifs.	*plants*).
Cresson alénois.	

On sème, surtout à cette époque, beaucoup de fleurs annuelles, bisannuelles ou même vivaces, dans le but de les obtenir plus fortes et plus tôt fleuries l'année suivante; selon leur rusticité, on les repique en pépinière, en plein air ou au pied d'un mur et on les protège au besoin. Parmi les plus importantes citons :

<table>
<tr><td>Alysse odorant.</td><td>Pensées (c'est tard).</td></tr>
<tr><td>Aspérule odorante.</td><td>Phlox de Drummond (hiverner sous châssis).</td></tr>
<tr><td>Bleuet.</td><td></td></tr>
<tr><td>Clarkias.</td><td>Pieds-d'Alouette annuels.</td></tr>
<tr><td>Coquelicots (en place).</td><td>Pieds-d'Alouette vivaces (c'est tard).</td></tr>
<tr><td>Coréopsis.</td><td></td></tr>
<tr><td>Enothères.</td><td>Primevères des jardins.</td></tr>
<tr><td>Eschscholzia.</td><td>Pyrèthre doré.</td></tr>
<tr><td>Gaillardes.</td><td>Réséda (en pots et hiverner sous châssis).</td></tr>
<tr><td>Godetias.</td><td></td></tr>
<tr><td>Immortelles.</td><td>Saponaire de Calabre.</td></tr>
<tr><td>Linaires.</td><td>Scabieuses.</td></tr>
<tr><td>Lobelia Erinus (hiverner sous châssis.)</td><td>Silènes (c'est tard).</td></tr>
<tr><td></td><td>Soucis.</td></tr>
<tr><td>Matricaires.</td><td>Tagetes signata pumila (hiverner sous châssis).</td></tr>
<tr><td>Mimulus(hiverner sous châssis).</td><td></td></tr>
<tr><td></td><td>Valériane des jardins.</td></tr>
<tr><td>Myosotis (c'est tard).</td><td>Verveines hybrides (hiverner sous châssis).</td></tr>
<tr><td>OEillets de Chine.</td><td></td></tr>
<tr><td>Pâquerettes (c'est tard).</td><td>Violettes, etc., etc.</td></tr>
<tr><td>Pavots (en place).</td><td></td></tr>
</table>

Octobre.

Dans la deuxième quinzaine de ce mois, la température commençant à s'abaisser d'une façon sensible, on s'occupe à relever de pleine terre certaines plantes frileuses et à les placer sous châssis, à rentrer les *Bégonias*, *Dahlias*, *Cannas*, *Pélargoniums*, etc., à arracher les autres Ognons à fleurs plantés au printemps. Diviser ou éclater dans ce mois les plantes vivaces peu délicates. Repiquer en pépinière les semis de fleurs du mois dernier. Commencer à planter, dans les terrains sains, les arbres et arbustes à feuilles caduques ou persistantes. Remplacer par des Pensées, Silènes et autres, les plantes usées des corbeilles les plus en vue. Récolter soigneusement tous les fruits de conservation et les placer dans une pièce saine.

Il y a très peu de semis de légumes ou de fleurs à faire dans ce mois, si ce n'est celui de graines telles que celles du Cerfeuil tubéreux, dont la germination ne s'effectue qu'au printemps suivant, et qu'on met alors de préférence en stratification.

C'est aussi le meilleur moment pour planter en pleine terre ou en pots beaucoup de plantes bulbeuses dont les principales sont :

Anémones des fleuristes, et autres.	Montbretia crocosma-flora.
Anémone du Japon.	Muguet de mai.
Crocus printanier.	Muscaris.
Eranthis hyemalis.	Narcisses.
Fritillaires.	Ornithogales.
Glaïeul Colvillei, et autres.	Phalangères.
Hémérocalles.	Perce-neige.
Iris d'Espagne et d'Angleterre.	Renoncules des fleuristes.
	Scilles.
Jacinthes de Hollande (en terre ou sur carafes).	Tritomas.
	Tulipes, etc.
Lis rustiques.	

Novembre.

Terminer au commencement du mois la rentrée des plantes susceptibles de geler, protéger à l'aide de feuilles ou de litière celles qui peuvent rester en pleine terre avec cet abri. Effectuer les divers travaux du mois précédent qui n'auraient pu être faits. Planter le plus tôt possible les Ognons à fleurs indiqués dans le mois dernier. Commencer les labours et fumures d'automne, refaire les bordures de Buis, etc.

Il n'y a aucun semis que l'on puisse faire avantageusement en pleine terre à cette saison, si ce n'est peut-être celui du Pois Michaux ordinaire, qu'on croit encore être plus précoce étant semé à la Sainte-Catherine qu'au printemps.

Décembre.

Toutes les plantes délicates étant placées sous châssis, en serre ou suffisamment protégées sur place, il ne reste guère qu'à leur donner de l'air et de la lumière quand le temps le permet. On pourra aussi bêcher, défoncer, ouvrir à l'avance des trous d'arbres, etc.

TABLE MÉTHODIQUE DES CHAPITRES

PRÉFACE................ 1
LE JARDIN..... 1
LA PLANTE............. 3

CHAPITRE I. Culture.... 7
LES ÉLÉMENTS.......... 7
  Le sol................ 7
  L'eau et les arrosements 8
  Les bassinages........ 9
  La chaleur........... 10
  Les engrais.......... 11
  Le paillis............ 12
  Les composts........ 12
LES OPÉRATIONS CULTU-
  RALES 13
  Empotage et rempotage 13
  Repiquage........... 14
  Plantation 15
  Binage 17
  Hivernage 18
  Taille, Cassement, É-
  bourgeonnement,
  Pincement, etc...... 19
LES ABRIS 22
  Murs............... 23
  Châssis............ 24
  Cloches.... 24
  Paillassons 24

  Serre.............. 24
  La couche........... 25
CHAPITRE II. Multiplica-
  tion 27
  Les semis........... 27
  Les boutures........ 32
  Les marcottes........ 36
  Les greffes.......... 39
  Les éclats et les divi-
  sions 49
CHAPITRE III. Les lé-
  gumes.............. 51
CHAPITRE IV. Les arbres
  et arbustes fruitiers.. 116
CHAPITRE V. Les arbres
  et arbustes d'orne-
  ment................ 155
CHAPITRE VI. Les fleurs. 191
CHAPITRE VII. Les ga-
  zons................ 327
CHAPITRE VIII. Calendrier
  des semis, plantations
  et principaux travaux. 331
Table alphabétique des
  noms usuels. 347

TABLE ALPHABÉTIQUE DES NOMS USUELS

Abricotier	123	Aspérule	201
Abris	23	Asphodèle	201
Acacia	179	Aster	201
Acanthe	195	Aubépine	156
Aconit	195	Aubergine	56
Agapanthe	195	Aubriétie	201
Agératum	196	Aucuba	158
Ail	52		
Ailante	156		
Alaterne	176	Bacharis	158
Alisier	156	Baguenaudier	158
Althéa	171	Balisier	208
Alysse	196	Balsamine	201
Amandier	124	Basilic	56
Amarante	197	Bassinages	9
Amaryllis	198	Bégonia	209
Anémone	198	Belle de jour	204
Ancolie	199	Belle de nuit	205
Ansérine	52	Betterave	57
Anthémis	200	Bibacier	173
Arabette	200	Bignone	158
Arbres fruitiers	116	Binage	17
— d'ornement	155	Bleuet	211
Arbustes fruitiers	116	Boule de neige	158
— d'ornement	155	Bouleau	159
Argousier	157	Boussingaultia	205
Aristoloche	157	Boutures	32
Arroche	53	Brachycome	205
Arrosements	8	Brize	206
Artichaut	53	Broussonetier	159
Asperge	55	Brugnon	132

Buis...... 159
Buisson ardent....... 157
Bulbeuses (plantes) 191

Caladium........... 206
Calcéolaire.. 206
Calystegia 207
Camélia 161
Campanule........ 207
Canche 208
Canna 208
Capucine 210
Cardon 58
Carotte...... 59
Casse 161
Cassement.... 20
Céanothe 161
Cèdre... 161
Céleri.... 60
Centaurée........ 211
Cerastium 2.2
Cerfeuil 61
Cerisier...... 124, 162
Chalef...... 162
Chaleur...... 10
Chamæcyparis 162
Chamécerisier.. 163
Champignon 62
Charme...... 162
Châssis........... 23
Chèvrefeuille...... 163
Chicorée frisée. 63
— sauvage...... 64
Chou...... 66
— Brocoli 70
— de Bruxelles...... 69
— cabus...... 67
— -fleur...... 70
— de Milan...... 69
— -navet 71
— -rave...... 73
Chrysanthème...... 212
Cinéraire...... 216
Clarkia...... 216
Clématite...... 164
Cloches...... 23

Cobée 216
Cognassier...... 127, 165
Coleus...... 217
Collinsia.. 218
Coloquinte...... 218
Composts 12
Concombre 73
Coquelicot...... 282
Coquelourde 219
Coréopsis...... 220
Cornichon 73
Cornouiller...... 165
Corydalis 221
Couche...... 35
Courge...... 74, 241
Cresson...... 77
Cressonnette 79
Crocus...... 221
Crosne...... 79
Culture...... 7
Cyclamen.... 221
Cynoglosse. 222
Cyprès...... 165
Cytise 166

Dahlia...... 222
Daphne...... 166
Datura 226
Deutzia...... 167
Dielytra 226
Digitale... 227
Division...... 49
Doronicum...... 227
Dracocéphale 227

Eau 8
Ebourgeonnement.. 20, 121
Eccremocarpus.. 228
Echalote...... 79
Echeveria.. 228
Eclats...... 49
Empotage...... 13
Engrais 21
Enothère 228
Entaille...... 124

Ephémère 229
Epilobe 229
Epinard 80
Epine-vinette 167
Erable 167
Eranthis. 229
Erigeron. 229
Eschscholzia 230
Estragon 81
Eucharidium. 230
Fève 81
Févier. 168
Ficoïde. 230
Figuier. 128
Fleurs. 191
Forsythia. . . . 168
Fragon 168
Fraisier. 82
Framboisier 128
Fraxinelle. 231
Frêne 168
Fritillaire. 231
Fuchsia. 169
Funkia 232
Fusain. 232

Gaillarde 232
Gainier 170
Galéga. 233
Gaura 233
Gazania. 234
Gazon 000
Genêt 170
Genévrier. 171
Géranium. 234, 282
Gilia 235
Ginkgo 171
Giraumon. 75
Giroflée 235
Glaïeul 237
Glycine. 171
Godetia 240
Gouet 241
Gourde. 241
Greffes 39
Groseillier. 129, 171

Gynerium. 242
Gypsophile 242

Haricot. 85
Hélénie. 242
Héliotrope 243
Hellébore. 243
Hémérocalle. 232, 244
Hépatique 244
Hêtre. 171
Hibiscus 171, 255
Hivernage 18
Hortensia 172
Houblon. 245
Houx. 172
Hydrangée. 172
Hyssope 88

Immortelle. 245
Incision. 121
Indigotier 173
Ipomée 246
Iris. 247

Jacinthe 248, 251
Jardin. 1
Jasmin 173
Joubarbe 253
Julienne 254

Kalmia 173
Kerria. 173
Ketmie. 171, 255

Lagurus 255
Laitue. 89
Lamium 255
Lantana 255
Laurier-cerise 173
    —   d'Apollon. 174
    —   -rose 174
    —   -tin 174

Lavatère............. 255
Légumes............. 54
Leptosiphon 256
Leucanthème........... 256
Lierre.... 174
Lilas 174
Lin................. 258
Linaire............. 258
Lis................. 259
Lobelia............. 261
Lunaire............. 262
Lupin 262
Lychnis..... .... 219, 264

Mâche............. 92
Maïs............... 265
Magnolier........... 175
Mahonia............. 175
Malope 265
Marcottes.......... 36
Marjolaine.......... 93
Marronnier.......... 175
Matricaire 265
Mélisse............ 93
Melon 93
Menthe 94
Millepertuis........... 266
Mimulus... 266
Momordique. 267
Monarde 267
Montbretia.......... 267
Muflier 268
Muguet............. 268
Multiplication.......... 27
Muscari............ 269
Myosotis 270
Narcisse... 270
Navet 95

Nectarine........... 138
Néflier........ .. 130, 176
Némophile. 272
Nerprun............ 176
Nierembergia 273
Nigelle.............. 273

Noisetier.......... 130, 176
Noyer 131

Œillet 274
  — d'Inde 316
Ognon..... 96
Oranger........... 167
Origanum... 93
Ornithogale.......... 278
Oseille............. 98
Oxalis 279

Paillassons 24
Paillis.... 12
Palissage........... 121
Palmette............ 133
Panais 99
Pancratium............ 280
Pâquerette.......... 280
Passiflore........... 177
Patisson 75, 77
Paulownia 177
Pavia............. 176
Pavot............. 281
Pêcher 132, 177
Pélargonium... 282
Pennisetum.......... 284
Pensée 285
Pentstemon.......... 286
Perce-neige.......... 287
Perilla............. 287
Persil............. 99
Pervenche........... 287
Pétunia............ 288
Peuplier.... 177
Phacelia............ 289
Phalangère 290
Phlox............. 290
Phormium............ 291
Photinia........... 178
Pied-d'alouette.......... 292
Piment 100
Pin............. 178
Pincement 20, 121
Pissenlit............ 100

Pivoine............... 178, 293
Plantation 16, 118
Plante la 3
Poireau.............. 101
Poirier 138
Pois............... 102, 194
Polémoine.............. 295
Pomme de terre........... 105
Pommier.... ... 145, 178
Potentille............. 295
Potiron 75, 76
Pourpier. 108, 295
Primevère 295
Prunier.... ... .. 148, 179
Pyrèthre.............. 297

Radis.......... 108
Raifort.............. 111
Raiponce 111
Reine-Marguerite........ 298
Rempotages........... 13
Renoncule............. 299
Repiquage 15
Réséda 300
Rhubarbe............ 301
Ricin............... 301
Robinier.... 179
Romaine.... 91
Roquette 112
Rose trémière........... 302
 — d'Inde............ 316
Roseau 303
Rosier............... 180
Rudbeckia............ 302

Safran 221
Sainfoin 303
Salpiglossis........... 303
Salsifis 112
Sapin................ 184
Saponaire............ 303
Sarriette 113
Sauge............ 304
Saule............. 181
Saxifrage 305

Scabieuse............. 307
Schizanthus............ 307
Schizostylis 308
Scille 308
Sedum............ 309
Semis............ 27
Seneçon 311
Sequoia 187
Seringat............. 184
Serre.............. 24
Scorsonère........... 113
Silène 311
Sol............ . 7
Solanum 312
Soleil............. 313
Sophora 185
Sorbier............. 185
Souci.... 314
Spirée 185
Staphylée 186
Statice............. 311
Stevia............ 315
Sumac 186
Sureau 186
Symphorine.... 187

Tabac............ 315
Tagète 316
Taille............ 18, 119
Tamarix 187
Taxodium........... 187
Tétragone 113
Thalictrum.......... 317
Thlaspi............. 317
Thuya............. 187
Thym............. 113
Tigridia 318
Tilleul............. 187
Tomate 115
Tritoma 318
Troène 188
Tubéreuse............ 319
Tulipe............ 320
Tulipier............ 188
Tussilage............ 322

Valériane................ 322
Verge d'or............. 323
Véronique............. 323
Verveine............... 324
Vigne.................. 149
Vigne vierge........... 188
Violette................ 324
Viorne.......... 189
Virgilier............... 189

Volubilis 247

Weigelia.. 189
Whitlavia....... 325

Yucca................ 189

Zinnia................ 326

PARIS. — IMPRIMERIE F. LEVÉ, RUE CASSETTE, 17.

Hachette-BnF s'est donné pour mission de réimprimer à l'identique des œuvres issues du patrimoine historique et littéraire français puisées dans les collections de livres anciens et rares libres de droits de la bibliothèque en ligne de la BnF, Gallica.

Grâce à la technologie de l'impression à la demande, ce sont plus de 260 000 titres qui sont disponibles en fac-similés pour satisfaire les lecteurs éclairés, chercheurs, amateurs et passionnés.

Plus d'infos sur : http://www.hachettebnf.fr